高等职业教育"十四五"规划旅游大类精品教材
研学旅行管理与服务专业系列专家指导委员会、编委会

专家指导委员会

总顾问

王昆欣　　世界旅游联盟（WTA）研究院首席研究员
　　　　　教育部全国旅游职业教育教学指导委员会副主任委员

顾　问

文广轩　　郑州旅游职业学院原校长
李　丽　　广东工程职业技术学院党委副书记、院长
李　欢　　华中科技大学出版社旅游分社社长

编委会

总主编

魏　凯　　山东旅游职业学院副校长，教授
　　　　　山东省旅游职业教育教学指导委员会秘书长
　　　　　山东省旅游行业协会导游分会会长

编委（排名不分先后）

陈佳平　　河南职业技术学院文化旅游学院院长
王亚超　　北京中凯国际研学旅行股份有限公司董事长
郭　峻　　山东理工职业学院文化旅游与艺术学院党总支书记
陈　瑶　　广东行政职业学院文化旅游学院党总支书记、院长
张楗让　　郑州旅游职业学院旅游管理学院党总支副书记
刘雁琪　　北京财贸职业学院科技处处长
李智贤　　四川职业技术学院创新创业学院院长
李风雷　　湖北三峡职业技术学院旅游与教育学院院长
乔海燕　　嘉兴职业技术学院文化与旅游学院院长
蒋永业　　武汉职业技术学院旅游与航空服务学院院长
陈天荣　　武汉软件工程职业学院文化旅游学院院长
丁　洁　　南京旅游职业学院旅游管理学院副院长
杨　琼　　青岛幼儿师范高等专科学校文旅学院副院长
张清影　　漳州职业技术学院文旅学院副院长
王锦芬　　泉州幼儿师范高等专科学校外语旅游学院副院长
李晓雯　　黎明职业大学外语与旅游学院副院长
叶一青　　福建幼儿师范高等专科学校外语教育学院副院长
杜连丰　　广东研学汇实践教育研究院院长
程伟勇　　云驴通上海照梵软件有限公司总经理
谢　璐　　山东旅游职业学院旅游管理教研室主任
王　虹　　马鞍山师范高等专科学校旅游管理专业带头人
宋斐红　　山东旅游职业学院旅游信息系主任
朱德勇　　武汉城市职业学院旅游教研室主任
吕开伟　　酒泉职业技术学院旅游与烹饪学院旅游管理系主任
李坤峰　　湄洲湾职业技术学院研学旅行管理与服务专业主任
边喜英　　浙江旅游职业学院旅行服务与管理学院副教授
莫明星　　广西体育高等专科学校体育管理学院副教授
郭瑞娟　　山西旅游职业学院旅游管理系副教授
王超敏　　广东生态工程职业学院旅游与文化学院副教授
余珊珊　　丽江文化旅游学院旅游管理学院副教授
邓　菲　　江西工业职业技术学院经济管理学院副教授
李广成　　江阴职业技术学院经济管理系副教授
吴　敏　　闽西职业技术学院文化与旅游学院副教授

高等职业教育"十四五"规划旅游大类精品教材
研学旅行管理与服务专业系列

总顾问 ◎ 王昆欣　　总主编 ◎ 魏　凯

研学旅行课程设计

主　编：谢　璐　王　玲
副主编：高　凤　宋红军　余　晨
编　委：朱嫚嫚　黄　飘　陈瀚峰

华中科技大学出版社
http://press.hust.edu.cn
中国·武汉

内容简介

本书依据人社部《研学旅行指导师国家职业标准(征求意见稿)》与《研学旅行指导师(中小学)专业标准》中对研学旅行课程设计方面的岗位要求与规范,遵照"理实一体""任务驱动"的职业教育教学理念编写完成。

本书共分为九个项目,以研学旅行课程设计的工作流程为框架,将研学旅行课程设计的基本知识作为切入点,分别从研学旅行课程的需求调研与分析、研学旅行课程主题的设计、研学旅行课程目标的制定、研学旅行课程内容的组织设计、研学旅行课程评价的设计、研学旅行主题课程方案的设计、研学旅行学生手册的设计等方面进行阐述,并结合典型案例,以专题的形式将常见的研学旅行主题课程进行集中呈现,旨在为该领域的从业人员提供系统、标准、可操作的研学旅行课程设计的知识与方法。

本书可作为中高职院校、应用型本科院校旅游管理专业、研学旅行管理与服务专业、导游专业等专业的教学用书,也可作为1+X研学旅行课程设计与实施职业技能等级认证考试的参考教材,还可作为中小学教师、研学旅行从业人员的培训用书,以及研学旅行课程开发、实施人员的工作指导用书。

图书在版编目(CIP)数据

研学旅行课程设计/谢璐,王玲主编. -- 武汉:华中科技大学出版社,2024.6(2025.7重印). (高等职业教育"十四五"规划旅游大类精品教材). -- ISBN 978-7-5772-0947-0

Ⅰ.F590.75

中国国家版本馆 CIP 数据核字第 2024GM9737 号

研学旅行课程设计
Yanxue Lüxing Kecheng Sheji

谢璐 王玲 主编

总 策 划:李 欢
策划编辑:王雅琪 王 乾
责任编辑:聂筱琴 胡弘扬
封面设计:原色设计
责任校对:刘小雨
责任监印:周治超

出版发行:华中科技大学出版社(中国·武汉)　　电话:(027)81321913
　　　　　武汉市东湖新技术开发区华工科技园　　　邮编:430223
录　　排:孙雅丽
印　　刷:武汉科源印刷设计有限公司
开　　本:787mm×1092mm　1/16
印　　张:15.25
字　　数:338千字
版　　次:2025年7月第1版第2次印刷
定　　价:49.80元

本书若有印装质量问题,请向出版社营销中心调换
全国免费服务热线:400-6679-118　竭诚为您服务
版权所有　侵权必究

序一

习近平总书记在党的二十大报告中深刻指出,要"统筹职业教育、高等教育、继续教育协同创新,推进职普融通、产教融合、科教融汇,优化职业教育类型定位""实施科教兴国战略,强化现代化建设人才支撑""要坚持教育优先发展、科技自立自强、人才引领驱动""开辟发展新领域新赛道,不断塑造发展新动能新优势""坚持以文塑旅、以旅彰文,推进文化和旅游深度融合发展",这为职业教育发展提供了根本指引,也有力地提振了旅游职业教育发展的信念。

2021年,教育部立足增强职业教育适应性,体现职业教育人才培养定位,发布了新版《职业教育专业目录(2021年)》,2022年,又发布了新版《职业教育专业简介》,全面更新了职业面向、拓展了能力要求、优化了课程体系。因此,出版一套以旅游职业教育立德树人为导向、融入党的二十大精神、匹配核心课程和职业能力进阶要求的高水准教材成为我国旅游职业教育和人才培养的迫切需要。

基于此,在全国有关旅游职业院校的大力支持和指导下,教育部直属的全国重点大学出版社——华中科技大学出版社,在党的二十大精神的指引下,主动创新出版理念、改进方式方法,汇聚一大批国内高水平旅游院校的国家教学名师、全国旅游职业教育教学指导委员会委员、全国餐饮职业教育教学指导委员会委员、资深教授及中青年旅游学科带头人,编撰出版"高等职业教育'十四五'规划旅游大类精品教材"。本套教材具有以下特点:

一、全面融入党的二十大精神,落实立德树人根本任务

党的二十大报告中强调:"坚持和加强党的全面领导。"党的领导是我国职业教育最鲜明的特征,是新时代中国特色社会主义教育事业高质量发展的根本保证。因此,本套教材在编写过程中注重提高政治站位,全面贯彻党的教育方针,"润物细无声"地融入中华优秀传统文化和现代化发展新成就,将正确的政治方向和价值导向作为本套教材的顶层设计并贯彻到具体项目任务和教学资源中,不仅培养学生的专业素养,还注重引导学生坚定理想信念、厚植爱国情怀、加强品德修养,以期落实"立德树人"这一教育的根本任务。

二、基于新版专业简介和专业标准编写,兼具权威性与时代适应性

教育部2022年发布新版《职业教育专业简介》后,华中科技大学出版社特邀我担任

总顾问,同时邀请了全国近百所旅游职业院校知名教授、学科带头人和一线骨干教师,以及旅游行业专家成立编委会,对标新版专业简介,面向专业数字化转型要求,对教材书目进行科学全面的梳理。例如,邀请职业教育国家级专业教学资源库建设单位课程负责人担任主编,编写《景区服务与管理》《中国传统建筑文化》及《旅游商品创意》(活页式);《旅游概论》《旅游规划实务》等教材成为教育部授予的职业教育国家在线精品课程的配套教材;《旅游大数据分析与应用》等教材则获批省级规划教材。经过各位编委的努力,最终形成"高等职业教育'十四五'规划旅游大类精品教材"。

三、完整的配套教学资源,打造立体化互动教材

华中科技大学出版社为本套教材建设了内容全面的线上教材课程资源服务平台:在横向资源配套上,提供全系列教学计划书、教学课件、习题库、案例库、参考答案、教学视频等配套教学资源;在纵向资源开发上,构建了覆盖课程开发、习题管理、学生评论、班级管理等集开发、使用、管理、评价于一体的教学生态链,打造了线上线下、课内课外的新形态立体化互动教材。

本套教材既可以作为职业教育旅游大类相关专业教学用书,也可以作为职业本科旅游类专业教育的参考用书,同时,可以作为工具书供从事旅游类相关工作的企事业单位人员借鉴与参考。

在旅游职业教育发展的新时代,主编出版一套高质量的规划教材是一项重要的教学质量工程,更是一份重要的责任。本套教材在组织策划及编写出版过程中,得到了全国广大院校旅游教育教学专家教授、企业精英,以及华中科技大学出版社的大力支持,在此一并致谢!

衷心希望本套教材能够为全国职业院校的旅游学界、业界和对旅游知识充满渴望的社会大众带来真正的精神和知识营养,为我国旅游教育教材建设贡献力量。也希望并诚挚邀请更多旅游院校的学者加入我们的编者和读者队伍,为进一步促进旅游职业教育发展贡献力量。

王昆欣

世界旅游联盟(WTA)研究院首席研究员

教育部全国旅游职业教育教学指导委员会副主任委员

高等职业教育"十四五"规划旅游大类精品教材总顾问

序二
XUER

2024年5月17日,全国旅游发展大会在北京召开。在本次会议上,习近平总书记对旅游工作作出重要指示,强调"新时代新征程,旅游发展面临新机遇新挑战",要"坚持守正创新、提质增效、融合发展"。党的十八大以来,我国旅游业日益成为新兴的战略性支柱产业和具有显著时代特征的民生产业、幸福产业,成功走出了一条独具特色的中国旅游发展之路。当下,我国旅游业正大力发展新质生产力,推动全行业高质量发展,加速构建旅游强国。

在这个知识经济蓬勃发展的时代,教育的形式正经历着前所未有的变革。随着素质教育理念的深入人心与国家政策的积极引导,研学旅行作为教育创新的重要实践,已成为连接学校教育与社会实际、理论学习与实践探索的桥梁。"读万卷书,行万里路",研学旅行不仅丰富了青少年的学习体验,更是培养其综合素质、创新意识、民族使命感、社会责任感的有效途径。自2016年11月30日教育部等11部门联合出台《关于推进中小学生研学旅行的意见》以来,研学旅行作为教育新形式、旅游新业态在国内蓬勃发展,成为教育和文旅行业的新增长点。2019年10月,"研学旅行管理与服务"专业正式列入《普通高等学校高等职业教育(专科)专业目录》,研学旅行专业人才培养正式提上日程。但是行业的快速发展也暴露了研学旅行专业人才短缺、相关理论体系不完善、专业教材匮乏、管理与服务标准不一等问题。为了有效应对这些挑战,在此背景下,我们联合全国旅游院校的多位优秀教师与行业精英,经过深入调研与精心策划,推出研学旅行管理与服务专业的系列教材,旨在为这一新兴领域提供一套专业性、系统性、实用性兼备的教学资源,助力行业人才培养。

习近平总书记指出,要抓好教材体系建设。从根本上讲,建设什么样的教材体系,核心教材传授什么内容、倡导什么价值,体现的是国家意志,是国家事权。教材建设是育人育才的重要依托,是解决培养什么人、怎样培养人以及为谁培养人这一根本问题的重要载体,是教学的基本依据。教材建设要紧密围绕党和国家事业发展对人才的要求,扎根中国大地,拓宽国际视野,以全面提高质量为目标,以提升思想性、科学性、民族性、时代性、系统性为重点,形成适应中国特色社会主义发展要求、立足国际学术前沿、门类齐全、学段衔接的教材体系,为培养担当民族复兴大任的时代新人提供有力支撑。新形态研学旅行管理与服务专业教材的编写既是一项迫切的现实任务,也是一项重要的研究课题。本系列教材根据专业人才培养目标准确进行教材定位,按照应用导向、能力导向要求,优化教材内容结构设计,融入丰富的典型案例、延伸材料等多元化内容,全线贯穿课程思政理念,体现对工匠精神、红色精神、团队精神、文化传承、文化创新、文明旅游、生态文明和社会主义核心价值观的弘扬和引导,提升教材的人文精神。同时广泛调查和研究应用型本科高等职业教育学情特点和认知特点,精准对标研学旅行相关岗位的职业特点及人才培养的业务规格,突破传统教材的局限,打造一套能够积极响应旅游强国战略,适应新时代职业教育理念的高质量专业教材。本系列教材共包含十二本,每一本都是对研学旅行或其中某一关键环节的深度剖析与实践指导,形成了从理论到实践、从课程设计到运营管理的全方位覆盖。这套教材不仅是一套知识体系的构建,更是一个促进教育与旅游深度融合,推动行业标准化、专业化发展的积极尝试。它为相关专业学生、教师、行业从业人员提供权威、全面的学习资料,助力培养一批具备教育情怀、专业技能与创新能力的研学旅行管理与服务人才,进一步推动我国研学旅行事业向更高水平迈进。

研学旅行管理与服务专业教材的编写对于专业建设、人才培养意义重大,影响深远。华中科技大学出版社与山东旅游职业学院、浙江旅游职业学院等高校,以及北京中凯国际研学旅行股份有限公司深度合作,以科学、严谨的态度,在全国范围内凝聚院校和行业优秀人才,精心组建编写团队,数次召开研学旅行管理与服务专业系列教材编写研讨会,深入一线对行业、院校进行调研,广泛听取各界专家意见,为教材的高质量编写和出版奠定了扎实的基础。在此向学界、业界携手共建教材体系的各位同仁表示衷心的感谢!

我们相信,这套教材的出版与应用能够为研学旅行的发展注入新的活力,促进理论与实践的有机结合,为研学旅行专业人才的培养赋能,也为教育创新和旅游业的转型升级、提质增效贡献力量。同时,我们也期待读者朋友们能为本系列教材提出宝贵的意见和建议,以便我们不断改进和完善教材内容。

魏凯

山东旅游职业学院副校长,教授

山东省旅游职业教育教学指导委员会秘书长

山东省旅游行业协会导游分会会长

前言
QIANYAN

为全面贯彻落实党的二十大精神、习近平新时代中国特色社会主义思想,贯彻党的教育方针,落实立德树人根本任务,培养德智体美劳全面发展的社会主义建设者和接班人,满足研学旅行专业的教材建设需求,特编写本教材。

"十四五"期间,随着教育与文旅产业的融合发展,"教育+旅游"的新业态进入高质量发展的快车道。2019年,教育部在《普通高等学校高等职业教育(专科)专业目录》中增补了研学旅行管理与服务专业。2022年出版的《中华人民共和国职业分类大典(2022年版)》中新增了"研学旅行指导师"(现为研学旅游指导师)这一职业。2024年1月,教育部更新了《职业教育专业目录(2021年)》,在高等职业教育本科专业增设研学旅行策划与管理专业。作为一种"教育+旅游"的融合型新业态,研学旅行为学生组织开展体验式教育和研究性学习,让学生走出课堂、走向户外。研学旅行不仅为文旅消费注入了新的活力,也推动了教育与旅游的双赢,日益受到广大师生和家长的关注与青睐。研学旅行不仅为学生提供了走出课堂、亲近自然、体验社会的机会,更在无形中培养了他们的创新意识、实践能力和社会责任感。因此,如何科学、系统地设计研学旅行课程,使其真正发挥教育价值,成为当前教育领域亟待解决的问题。

《研学旅行课程设计》正是在这样的背景下应运而生的。本书旨在为广大研学旅行管理与服务专业的学生、研学旅行从业者等群体提供一份全面、实用的研学旅行课程设计指南,帮助大家深入理解研学旅行课程的内涵与特征,掌握研学旅行课程设计的原理与方法,进而设计出既符合学生发展需要又符合学校与市场需求的高质量研学旅行课程。

本书从研学旅行课程的内涵与特征入手,逐步深入到课程设计的各个环节。本书首先对研学旅行课程设计进行了概述,探讨了研学旅行课程的内涵与特征,明确了课程设计的基本方向。其次,介绍了研学旅行课程的需求调研与分析。然后,详细阐述了课程主题的选择、课程目标的制定、课程内容的组织设计等关键环节,以及研学旅行课程的评价方法,力求构建出一个完整、系统的研学旅行课程设计体系。最后,本书特别设置了研学旅行主题课程方案设计、研学旅行学生手册设计以及典型专题课程设计等内容,旨在为读者提供更加具体、实用的操作指南。这些典型案例不仅展示了研学旅行课程设计的多样性和灵活性,更为大家提供了宝贵的参考和借鉴。

编者在编写本书的过程中,力求做到内容全面、条理清晰、语言简洁,力求使每一位读者都可以快速掌握相关知识,并能够轻松上手。同时,编者也非常注重本书内容的实践性和可操作性,希望本书能够让学生在实践中不断提高课程设计能力,为学生的成长和发展贡献更多的力量。

  本书的编写得到了山东旅游职业学院、湖北三峡职业技术学院、桂林师范高等专科学校等院校的大力支持,同时,北京中凯国际研学旅行股份有限公司等企业为本书提供了丰富的研学旅行课程案例与专业的指导,华中科技大学出版社编审团队为本书的出版倾注了大量心血,教育部全国旅游职业教育教学指导委员会副主任委员王昆欣教授、山东旅游职业学院魏凯教授等专家为本书的编写提出了中肯意见,在此一并表示感谢。期待本书能够为广大研学旅行管理与服务专业的学生和研学旅行行业工作者提供有益的参考和借鉴,让我们共同推动研学旅行事业的繁荣发展。

编者

目录
MULU

项目一　研学旅行课程设计概述　　001

任务一　研学旅行课程的内涵与特征　　002
一、研学旅行课程的内涵　　002
二、研学旅行课程的特征　　004

任务二　研学旅行课程设计的内涵与主体　　006
一、研学旅行课程设计的内涵　　007
二、研学旅行课程设计的主体　　008

任务三　研学旅行课程设计的依据与原则　　011
一、研学旅行课程设计的依据　　012
二、研学旅行课程设计的原则　　018

项目二　研学旅行课程的需求调研与分析　　021

任务一　调研课程需求　　022
一、厘清调研内容　　022
二、明确调研对象　　023
三、选择调研方式　　024

任务二　分析课程需求调研结果　　025
一、基本信息分析　　026
二、学情分析　　027
三、课程需求分析　　028
四、接待标准分析　　029
五、撰写需求分析总结　　030

项目三　研学旅行课程主题的设计　031

任务一　课程主题的选择　032
　　一、课程主题的含义及类型　032
　　二、确定课程主题的原则　036
　　三、课程主题常见的选题方法　038
　　四、确定课程主题的步骤　040

任务二　课程主题的命名　043
　　一、课程主题命名的要求　043
　　二、课程主题命名的方法　046
　　三、课程主题命名的步骤　048

项目四　研学旅行课程目标的制定　052

任务一　明确研学旅行课程目标内容　053
　　一、课程目标的含义　053
　　二、不同学段的课程目标　055
　　三、明确课程目标的内容　057

任务二　制定研学旅行课程目标的方式和流程　061
　　一、常见的课程目标制定思路　062
　　二、制定课程目标的流程　068

项目五　研学旅行课程内容的组织设计　073

任务一　研学旅行课程内容的基本知识　074
　　一、研学旅行课程内容的特点　075
　　二、研学旅行课程内容的类型　076
　　三、研学旅行课程内容选择的要求　077

任务二　根据研学旅行课程内容筛选课程资源　080
　　一、查找、搜集课程资源　080
　　二、筛选课程资源　083

任务三　依托研学旅行课程资源组织设计课程内容　085
　　一、参观访问式研学旅行课程的内容设计　086
　　二、体验学习式研学旅行课程的内容设计　087

三、考察探究式研学旅行课程的内容设计　　088
　　四、劳动教育式研学旅行课程的内容设计　　089
　　五、体育拓展式研学旅行课程的内容设计　　090

项目六　研学旅行课程评价的设计　　093

　任务一　研学旅行课程评价的意义与内容　　094
　　一、研学旅行课程评价的意义　　094
　　二、研学旅行课程评价的对象　　095
　　三、研学旅行课程评价的内容　　096

　任务二　研学旅行课程评价设计的方法与流程　　098
　　一、教育评价与研学旅行课程评价　　099
　　二、对学生的评价　　107
　　三、对研学旅行课程的评价　　111
　　四、对研学旅行活动承办方的评价　　116

项目七　研学旅行主题课程方案的设计　　122

　任务一　研学旅行主题课程方案的设计要求与要素　　123
　　一、研学旅行主题课程方案的设计任务与要求　　123
　　二、研学旅行主题课程方案的设计要素　　128
　　三、研学旅行主题课程方案的示范案例　　132

　任务二　研学旅行主题课程方案实施流程的编写　　142
　　一、实施流程的编写要求　　142
　　二、实施流程的内容与示范案例　　143

　任务三　研学旅行的线路制定、行程安排与成本核算　　146
　　一、研学旅行线路的制定要领　　147
　　二、研学旅行线路的行程安排　　149
　　三、研学旅行线路的成本核算　　155

项目八　研学旅行学生手册的设计　　159

　任务一　研学旅行学生手册内容设计　　160
　　一、撰写课程概况　　160
　　二、设计课程单元　　166

三、明确安全须知　　　　　　　　　　　　　　　　　　　　166
　　四、总结与评价　　　　　　　　　　　　　　　　　　　　169

　任务二　研学旅行学生手册典型课程单元设计　　　　　　　171
　　一、学生手册参观式课程单元设计　　　　　　　　　　　172
　　二、学生手册体验式课程单元设计　　　　　　　　　　　179
　　三、学生手册研究性课程单元设计　　　　　　　　　　　181

项目九　研学旅行典型专题课程的设计　　　　　　　　　　186

　任务一　红色革命传统专题课程设计　　　　　　　　　　　187
　　一、红色革命传统专题课程的内涵与目标　　　　　　　　188
　　二、红色革命传统专题课程的内容　　　　　　　　　　　189
　　三、红色革命传统专题课程的设计原则与思路　　　　　　190
　　四、红色革命传统专题课程设计案例　　　　　　　　　　191

　任务二　历史人文专题课程设计　　　　　　　　　　　　　194
　　一、历史人文专题课程的内涵与目标　　　　　　　　　　195
　　二、历史人文专题课程的内容标准与活动建议　　　　　　195
　　三、历史人文专题课程的设计思路与原则　　　　　　　　196
　　四、历史人文专题课程设计案例　　　　　　　　　　　　199

　任务三　自然生态专题课程设计　　　　　　　　　　　　　203
　　一、自然生态专题课程的内涵与目标　　　　　　　　　　204
　　二、自然生态专题课程的内容　　　　　　　　　　　　　205
　　三、自然生态专题课程的设计原则与思路　　　　　　　　206
　　四、自然生态专题课程设计案例　　　　　　　　　　　　207

　任务四　科技创新专题课程设计　　　　　　　　　　　　　209
　　一、科技创新专题课程的内涵与目标　　　　　　　　　　210
　　二、科技创新专题课程的内容标准与活动建议　　　　　　211
　　三、科技创新专题课程的设计思路与原则　　　　　　　　212
　　四、科技创新专题课程设计案例　　　　　　　　　　　　214

　任务五　劳动教育专题课程设计　　　　　　　　　　　　　219
　　一、劳动教育专题课程的内涵与目标　　　　　　　　　　220
　　二、劳动教育专题课程的内容　　　　　　　　　　　　　220
　　三、劳动教育专题课程的设计原则与思路　　　　　　　　221
　　四、劳动教育专题课程设计案例　　　　　　　　　　　　222

参考文献　　　　　　　　　　　　　　　　　　　　　　　225

项目一
研学旅行课程设计概述

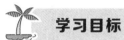 **学习目标**

知识目标

（1）能够充分理解研学旅行课程的内涵和特点。
（2）掌握研学旅行课程设计的内涵、设计主体和设计原则。

能力目标

（1）能够根据研学旅行课程的特点分析实际案例。
（2）理解并能遵循研学旅行课程设计的原则开展课程设计工作。

素养目标

（1）初步形成正确的课程观和教育观。
（2）认识到研学旅行课程对于深化素质教育、促进学生全面发展的现实意义。
（3）提升对研学旅行课程的认识，树立职业自豪感与责任感，为从事研学旅行工作打下良好基础。

 思维导图

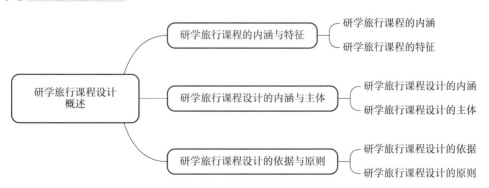

研学旅行课程设计

任务一　研学旅行课程的内涵与特征

🔖 任务导入

某研学旅行企业根据学校的要求,设计了"探寻济南泉水的成因"研学旅行课程,三名研学旅游指导师围绕这个主题开展了不同的准备工作。研学旅游指导师小王围绕课程主题详细制订了课程计划,包括研学旅行地点的选择、研学旅行线路的规划,以及食宿的安排等。研学旅游指导师小赵找出初中地理课本,研究与此主题相关的课程内容。研学旅游指导师小刘则计划带领学生前往济南南部山区,寻找泉水源头。

对于这三位研学旅游指导师的做法,应如何评价?

🔖 任务解析

(1)研学旅游指导师在进行研学旅行课程设计之前,需要对课程内容和课程设计的意义形成科学的认知。

(2)研学旅游指导师要在科学的理论指导下开展研学旅行课程设计活动。

🔖 任务重点

理解研学旅行课程的内涵。

🔖 任务难点

掌握研学旅行课程的特征。

🔖 任务实施

一、研学旅行课程的内涵

教育部等11部门联合发布的《关于推进中小学生研学旅行的意见》中指出:中小学生研学旅行是由教育部门和学校有计划地组织安排,通过集体旅行、集中食宿方式开展的研究性学习和旅行体验相结合的校外教育活动,是学校教育和校外教育衔接的创新形式,是教育教学的重要内容,是综合实践育人的有效途径。研学旅行本质是教育教学活动的一种形式,与其他一般性教学活动一样,课程是研学旅行活动的核心。研学旅行课程与一般性课程的区别在于,它需要依托目的地的相关资源进行精心组织与设计,以达到相应的教学目标,实现预期的教学效果。

研学旅行课程是一种校外综合实践活动课程,应该符合综合实践教育的课程规范,需要有明确的教学目标、系统的教学内容、规范的实施过程和科学的评价体系,以确保研学旅行活动的顺利开展。研学旅行课程内涵主要体现在以下两个方面:

一方面,研学旅行课程是一种研究性的学习活动,在实施过程中,需要学生了解、观察、思考、体验、参与,充分体现了自主学习、合作学习、探究学习的相关特点。

另一方面,研学旅行课程也是一种旅行体验活动,可以通过旅行实现体验式、探究式学习。研学旅行课程和中小学校提供的学科教育课程相互补充、相辅相成,共同助力德智体美劳全面发展的培养目标的达成。

在研学旅行课程中,通过理论探究和亲身体验相结合的方式,教师指导学生构建一个真实、多元、立体的学习空间,增进学生与自我、与自然、与社会的联系,从而培养学生的社会责任感与家国情怀。

行业观察

火爆的研学旅行如何真"研"真"学"

5天的研学旅行时间里,奔着"清北学霸零距离"而来的黄爱,"最大的收获"就是在清华大学门口拍了一张大合照。40多名学生在人挤人的清华大学门口一起拍的这张凌乱的大合照被发到家校联系群里后,家长们纷纷表示感谢:"辛苦老师了""老师真负责"。这些家长不知道的是,他们的孩子根本没能进入清华大学校园。

北京成了这个暑假"最热"的研学旅行目的地。知名高校、博物馆、公园甚至游乐园,通通成为中小学生的研学旅行场所。北京第二外国语学院首都文化和旅游发展研究院执行院长厉新建认为,研学市场火爆的原因是多方面的,既有各个层面高度重视优秀传统文化因素的带动,又有疫情"乙类乙管"后家长对孩子外出旅行的补偿性需求的释放。涌入北京的研学营,撞上了暑期旅游大军,这些使得今年研学旅行市场格外火爆。

但在夏日的高温下,火热的研学旅行活动背后,是学生们走马观花地拍照打卡,是鱼龙混杂的研学旅行机构"开盲盒"式的日程安排,是被蒙在鼓里的家长。很多研学旅行产品将"研学"等同于"旅游",这实在与研学旅行活动的初衷相违背。

(资料来源:《火爆的研学旅行如何真"研"真"学"》,载《中国青年报》,2023年8月2日。)

思考:

研学旅行的核心功能是教育,但今年火爆的研学旅行似乎偏离了这个核心,如何能够避免出现案例中的情况,做到真"研"真"学"?

二、研学旅行课程的特征

（一）具有明确、多元的教学目标

研学旅行课程不是简单的旅游活动，而是被纳入教育部门和中小学校人才培养方案的有组织、有计划的教育教学活动。作为培养人才的手段，研学旅行课程的教育目标不言而喻。研学旅行课程必须具备明确的教育目标，体现多元育人的价值。研学旅行课程要坚持贯彻立德树人的原则，自觉运用社会主义核心价值观教育、引导学生，帮助学生树立正确的世界观、人生观和价值观。研学旅行课程通过旅行的方式，让学生在体验、探究、分析的过程中饱览壮丽的祖国河山，体悟灿烂的历史文化，追忆光荣的革命传统，感受改革开放的伟大成就……同时，学会动手动脑和做人做事，拥有健康的身心和坚强的意志。

研学旅行课程虽然有明确、统一的教学总目标，但各地研学旅行资源具有不同的属性和特点，所以研学旅行课程可以设定多元、多样、多维的具体教学目标。这些教学目标，共同服务于教育部门与中小学校整体的人才培养目标。

（二）具有开放、独立的教学内容

不同于一般性的学科课程，研学旅行课程的教学内容的学科边界不明显，具有典型的开放性。这种开放性决定了研学旅行课程是跨学科的综合性课程，地理、历史、人文、民俗、科技、思政等各个学科的内容，都有可能在教学中互相交融。理论上，研学旅行目的地的各种资源，如旅游资源、工业资源、农业资源、渔业资源、林业资源、商业资源等，都有可能被开发设计为教学内容和课程资源。所以我们要始终保持开放的思维进行教学内容的选择与整合，让教学内容与时俱进。

此外，不同于一般性的学科课程的系统性，研学旅行课程的教学内容虽然是按照一定的逻辑和顺序进行组织和安排的，但每项内容也可以是相对独立的。每项内容可以围绕某一主题单独展开，并能实现独立的教学目标。各教学内容之间可以存在关联或承继关系，但也可以各自作为独立的部分存在。这一特点为整合研学旅行资源和设计教学内容提供了便利。

（三）运用多实践、重体验的教学方式

研学旅行课程属于校外综合实践活动课程，课程的实施必须通过学生的亲身实践和体验才能够实现，学生要亲历整个旅行过程，才能完成课程的学习。在教学方式上，研学旅行课程充分重视学生的实践和体验，通常会采用执行小组任务、体验真实情境、扮演典型角色、展示研学成果等教学方式，强调发挥学生的主动性与能动性，为学生的自主活动创造机会、设定情境、搭建平台。在这一过程中，研学旅游指导师的角色不再等同于普通的教师，而是扮演了教学活动的组织者、管理者，学习活动的指导者、引领者，重点突出实践性，让学生在实验、探究、讨论、设计、创作、反思的过程中进行认知、体验、体悟。学生在全身心参与活动的过程中，发现、分析和解决问题，发展实践创新能力。

（四）兼具社会性与生活性

研学旅行课程是课堂教学和社会教育、生活教育相结合的综合实践活动课程，在课程设计中，要结合中小学生不同学段的身心特征、兴趣爱好、学科知识基础等，引导学生走向生活、走进社会，进而感受生活、了解社会，激发学生对生活的热爱，加深学生对社会的理解与认同。通过研学旅行课程，学生深入社会文化生活，了解乡情、省情、国情，感悟国家的发展与成就，增强民族自信心与自豪感，培养社会责任感。同时，研学旅行课程中也会涉及生活教育，学生在集体住宿、集体就餐、集体交往、集体活动的过程中，锻炼与人交往、沟通协作的能力，增长生活常识，提升生活技能，体验不同的生活方式，培养对生活的热爱，学会感恩。著名教育学家杜威曾说过："生活即教育，社会即学校。"研学旅行课程活动让课本上的知识与生活实践联系起来，让历史人物更加鲜活，变得可以触摸，拉近学生与历史的距离。从课堂到生活，从学校到社会，研学旅行课程能够提供更多真实的情境，更好地促进学生德智体美劳全面发展。

慎思笃行

利用"研学旅行+思政课"，帮助学生"扣好人生第一粒扣子"

习近平总书记曾明确指出"在大中小学循序渐进、螺旋上升地开设思政课非常必要，是培养一代又一代社会主义建设者和接班人的重要保障"。青少年是祖国的未来、民族的希望，办好思政课，有针对性地开展青少年思想政治教育，用好用活各种资源，推动思政课改革创新，提升育人效果，这是习近平总书记心中的大事，念兹在兹。

2023年暑期，为持续推动革命文物与党史学习教育、革命传统教育、爱国主义教育深度融合，中共一大纪念馆充分挖掘和释放红色资源潜力，打造红色暑期限定"大思政课"，让珍贵的革命文物藏品"跳出展柜，走进课堂"，让孩子们感受革命传统，感悟思想伟力，汲取奋进力量。

浙江嘉兴南湖旅游区在暑期则推出"红船"文化研学系列活动。孩子们可以在南湖红船书院聆听一条小船和一个大党的故事，打卡"红船"内舱，拼装船模，获得"南湖画舫制作技艺"证书，参观清风书院，观看廉政微视频，听廉政小故事，体验当一次小小志愿者……

7月16日，"韶山下的思政课"第三季在湖南韶山启动，以"青春向党 复兴有我"为主题，继续立足韶山资源禀赋，创新韶山红色资源的实践路径，推进大中小学思政课一体化建设，生动阐释习近平新时代中国特色社会主义思想的精神实质与时代内涵，引导广大青少年树立正确世界观、人生观、价值观。

（资料来源：《暑期研学：青少年的沉浸式"大思政"》，载《中国文化报》，2023年7月20日。）

知识训练

1. 研学旅行课程是一种（　　　）课程，需要有明确（　　　）、系统的（　　　）、规范的（　　　）、科学的（　　　）。
2. 研学旅行课程是一种研究性的学习活动，在实施过程中，充分体现了（　　　）、（　　　）、（　　　）的相关特点。
3. 请简述研学旅行课程的特征。

任务二　研学旅行课程设计的内涵与主体

任务导入

2023年的暑期，济南市的中小学生在丰富多彩的研学课堂上增知识，长见闻，学技能，收获满满。

济南市槐荫区黄河南岸的兴沃农场内，一队小学生坐在草坪上，研学旅游指导师拿出一片藕，讲起关于一颗莲子的生命旅程的故事。听完故事，孩子们迫不及待地奔向荷塘。孩子们穿戴好皮裤，钻进50多亩①的荷塘中摸藕。炎炎烈日，他们手脚并用，忙得不亦乐乎。"藕怎么会这么黑？"济南市南上山街小学的刘哲睿好不容易从淤泥里拽出来两节藕，却发现和超市里卖的莲藕差距太大。冲洗干净之后，他才确认自己的劳动成果不是假的。摸了一桶嫩藕，采摘了荷花、莲蓬，济南师范学校附属小学的一名女生头一回知道，原来荷叶也会生虫。

"尽量避免伤到根，把基质慢慢抖出来。"在济南国际鲜花港的温室内，济南稼轩学校的魏畅和他的朋友们在体验如何制作"陶粒红掌"。专业技术员一边示范操作要领，一边讲解无土栽培。很快，这名初中生顺利地完成了第一次换盆移栽实操。参观完组培室，他也第一次知道了蝴蝶兰不是用种子种出来的，而是在无菌环境下通过组织培养技术克隆的。"新生的蝴蝶兰刚进入玻璃瓶时，需要'喝奶'——靠苹果和土豆等做成的基质生长。蝴蝶兰从玻璃瓶里的幼苗成长为花盆里的成年蝴蝶兰，需要在温室里成长三年。"魏畅自豪又兴奋："太有趣了！这是生物课的暑假作业。"

东营黄河入海口，济南市教育局组织的两支"行走黄河 品读中国"研学队伍顺利"会师"。来自济南西城实验中学、山东师范大学附属中学、济南外国语学校、济南大学城实验高级中学等学校的师生们，在9天的时间内，从黄河源头三江源到入海口，了解黄河沿线的风土人情，感受黄河流域生态保护和高质量发展的成就。这一研学活动已经持续开展了两年，2022年以一等奖第一名的成绩，获评首批沿黄9省(区)精品研学旅行课程。

（资料来源：《行走的课堂上，如何游有所学》，载《大众日报》，2023年8月22日。）

---

① 1亩≈666.67平方米。

任务解析

(1)通过该案例我们可以发现,研学旅行课程设计要遵循教育规律,采用丰富多样的形式,从而实现寓教于乐。

(2)研学旅行课程设计的主体是多样的,不仅包含研学旅行中介服务机构、研学旅行基地(营地),还包括中小学校以及教育主管部门。

任务重点

理解研学旅行课程设计的主体。

任务难点

掌握研学旅行课程设计的内涵。

任务实施

一、研学旅行课程设计的内涵

(一)课程设计

教育是一种目的性和计划性很强的育人活动,为了体现这种目的性和计划性,教育活动在开始前必须进行有针对性的规划与设计。课程是开展教育活动的重要手段与方式,课程设计就是指在课程实施之前对课程进行规划的过程,是保证课程的目的性、计划性有效落地的重要手段。

廖哲勋等主编的《课程新论》中认为:课程设计是指按照育人的目标要求和课程内部各要素、各成分之间的必然联系制定课程计划、课程标准以及编制各类教材的过程,是课程建设系统工程的一个组成部分。一般情况下,我们所说的课程设计指的是针对某一门课程而进行的建构活动,包括确定课程目标、组织课程内容、设计评价方案等活动。

(二)研学旅行课程设计

研学旅行课程设计是研学旅行活动中的一个重要环节,关乎研学旅行的准备与实施,同时也是研学旅游指导师应具备的职业能力之一。2022年6月14日,人社部向社会公示包括研学旅行指导师[①]在内的相关新职业信息。根据公示内容,研学旅行指导师被定义为"策划、制订、实施研学旅行方案,组织、指导开展研学体验活动的人员"。研学旅行指导师的主要工作任务包括:"收集研学受众需求和研学资源等信息;开发研

[①]2024年5月24日,人社部发布公告,将"研学旅行指导师(4-13-04-04)"职业名称变更为"研学旅游指导师"。

研学旅行课程设计

学活动项目;编制研学活动方案和实施计划;解读研学活动方案,检查参与者准备情况;组织、协调、指导研学活动项目的开展,保障安全;收集、记录、分析、反馈相关信息"。根据以上要求,研学旅游指导师在行程前的重要工作内容就是设计研学旅行方案,了解需求和开发相应的研学旅行活动,细化活动方案。研学旅行课程设计能够提升研学旅游指导师的综合职业能力,在课程设计初期若能充分考虑到学生的学习基础、生活经验、兴趣爱好等因素,有利于确立研学旅游指导师的主导作用与学生的主体地位,为后续课程实施奠定基础。

开展研学旅行课程设计工作,首先应理解研学旅行课程设计的内涵。本书参考李岑虎等的《研学旅行课程设计》中的界定:研学旅行课程设计是以研学旅行课程理论为指导制定研学旅行课程标准、选择和组织研学旅行课程内容、预设研学旅行活动方式的活动,是对课程目标、教育经验和预设学习活动方式进行具体化的过程。在研学旅行课程设计的过程中,我们要遵循基本的教育原理与逻辑,践行研学旅行的宗旨与要求,充分体现素质教育的核心诉求,借助恰当的教学手段与方式方法,通过多元的课程内容,实现综合实践育人的教育目标。

研学旅行课程设计是指在研学旅行活动开始之前,将研学旅行的构想转化为具有可操作性的课程方案的过程,课程方案是组织和实施研学旅行活动的重要依据,是研学旅行活动顺利开展的基础与保障,有助于更好地实现研学旅行活动的预期教学目标。如果在前期没有进行周密的课程设计,在研学旅行活动实施过程中可能会出现各种疏漏或偏差。就操作层面而言,研学旅行课程设计主要包括确定研学旅行课程目标、设计研学旅行活动内容、选择学习与教学方式、制定课程方案、开展相关评价等具体内容。

一个好的研学旅行课程设计,必须坚持以学生为中心,校内与校外相结合,研究性学习与旅行体验相结合,通过开发、实施实践活动,提供丰富多元的学习环境,围绕真实情境中的问题展开探索,激发学生主动学习、主动思考、积极参与的主观能动性,才能最终呈现良好的教育教学效果,提升学生的综合素养,实现综合实践育人的价值与目标。

二、研学旅行课程设计的主体

承担研学旅行课程设计工作的主要责任者被称为研学旅行课程设计的主体。研学旅行课程所涉及的行业领域众多,很多时候需要多部门协同执行才能落地,因此,其设计主体往往包含教育主管部门、学校、研学旅行基地(营地)、研学旅行中介服务机构等。

(一)教育主管部门

教育主管部门在研学旅行课程设计中的主要任务是设计整个课程体系的宏观架构,如课程的总目标,各学段、各年级应该达到的目标,整个研学旅行活动的架构、组织、实施与评价的方式等。这一层面的设计,只有宏观的架构与轮廓,缺少执行与操作

慎思笃行
▼
打造红色
研学线路,
建设移动
思政课堂

的细节,为具体课程的设计提供方向和指导。《关于推进中小学生研学旅行的意见》在课程目标、课程内容、学习方式、课程评价等方面做出了规定,同时也对研学旅行基地(营地)、服务机构的认定提出了标准。实际上,对研学旅行基地(营地)、服务机构的认定设定标准,是对后续课程设计的内容与质量的保障。

(二)学校

研学旅行课程是中小学校人才培养体系中的重要组成部分,是校外综合实践教育的重要形式。各级各类学校在研学旅行课程设计过程中,应重点关注研学旅行课程与学科类课程、德育课程、校本课程等的有机融合,将研学旅行课程纳入学校教育教学计划,并能合理统筹安排。在研学旅行课程的前期调查、论证、策划、师资培训、家校沟通等方面,学校也应发挥重要的作用。学校的全面统筹与顶层设计,关乎研学旅行课程最终的呈现与落地,关乎最终的教育教学成效。除了自主研发相关课程,学校还要根据需要,对研学旅行基地(营地)、研学旅行中介服务机构以及研学旅行课程线路进行选择与组合,即将那些符合学校需要的基地和线路纳入本校学生的研学旅行课程。因此,学校须严格把好课程入口关,通过规范招标,让更多具有资质和课程开发能力的研学旅行基地(营地)和研学旅行中介服务机构,以课程开发主体的身份参与学校研学旅行课程的建设,充分融合学校资源和社会资源,形成多方合作的课程开发模式。

案例聚焦

重庆市巴蜀小学的研学旅行课程开发

重庆市是全国中小学生研学旅行首批试点地区,重庆市巴蜀小学积极依托政策支持和全市资源平台,发扬"读万卷书,行万里路"的教育传统,以课程开发作为试点研究的切入点。通过几年的探索,学校促进了研学旅行与本校课程的有机融合,具象化了研学旅行课程目标,设计了序列化的课程内容,积累了有效的实施策略,形成了将研学旅行课程纳入本校教育教学计划、与综合实践活动课程统筹考虑的校本化实施路径。

例如,在研学旅行课程与德育课程的融合中,学校以品德与社会(道德与法治)、少先队活动、综合实践活动为学科依托,统筹课程目标,定位于发展学生核心素养的活动课程,整合形成具有地方与校本特色的拓展课程,分别以日、周、月、期、年为周期,设计主题突出的课程形式,打造了具有特色的综合实践活动课程体系,如表1-1所示。

表1-1 重庆市巴蜀小学综合实践活动课程体系

类型	名称
日课	品德与社会(道德与法治)、巴蜀儿童礼(如课堂礼、集会礼、行走礼、两操礼、卫生礼、用餐礼、交往礼等)等
周课	综合实践活动、少先队活动、校会、班会、分享成长会等

研学旅行课程设计

续表

类型	名称
月课	巴蜀大舞台、节假日序列化活动、安全课等
期课	开学节、散学节、科技节、艺术节、综合实践活动周、生活体验周、家长开放日、"跳蚤"市场、巴蜀嘉年华、巴蜀走世界等
年课	入学节、入队仪式、毕业季等

又如"节假日序列化活动",在学校的开展历史也有近10年的时间,是结合中国传统节日、纪念日、节气等,充分挖掘节假日的文化内涵,在班级、学校、社区、社会等不同场合所开展的主题性教育实践活动。研学旅行"班级-选修"课,与之相结合,由班级经营联盟(包括班主任、科任老师、家委会代表等)组织,自主、灵活安排全年的研学旅行时间,并结合学段特点和重庆地域资源,从院、馆、所,历史文化名胜,自然遗产,农耕,爱国主义教育,高校,工厂等多个模块中选择研学旅行目的地,获得了良好的教育成效。

(资料来源:张帝、陈怡、罗军,《研学旅行活动课程的校本设计与实施——以重庆市巴蜀小学为例》,载《人民教育》,2017年第23期。)

案例思考:

结合上述案例,你认为学校在研学旅行课程设计中可以发挥哪些方面的作用?

(三) 研学旅行基地(营地)

研学旅行基地(营地)是开展研学旅行课程设计的重要主体,每个研学旅行基地(营地)须基于自己的研学旅行资源,依据教育主管部门确定的研学旅行教育目标,充分衔接学校课程,根据不同学段学生的学科基础、心理特点和成长规律,设计出具体可行的研学旅行课程,并搭建相应的综合实践活动课程体系。研学旅行基地(营地)的课程设计是整个课程设计环节中最基础的一环,如果研学旅行基地(营地)不具备相应的课程设计能力,不能提供丰富多元的课程供学校选择,那么整个研学旅行活动将无法顺利实施和推进。研学旅行活动的品质,很大程度上取决于研学旅行基地(营地)的课程质量,学校的研学旅行课程设计在很大程度上也是以研学旅行基地(营地)的课程为基础的。

知识拓展

研学旅行基地(营地)的课程要求

(1)各类课程的开展、设置应由中小学或中高等教育院校和相关主管部门共同规划、设计,并做详细记录。

(2)应根据基地的主题,编制研学旅行解说教育大纲,凸显本地的资源或文化特色。

(3)应设计与学校教育内容相衔接的课程,学习目标明确、主题特色鲜明、富有教育功能。

(4)研学课程应融入理想信念教育、爱国主义教育、革命传统教育、国情省情教育、文化传承教育、学科实践教育等内容。

(5)应设计不同学龄段学生使用的研学教材,内容编排合理,保证教育性、实践性强。

(6)课程体系设计应较为科学、完整、丰富,教材、解说词内容规范,符合相关要求。

(资料来源:《研学旅行基地(营地)设施与服务规范》(T/CATS 002—2019),2019年2月26日。)

(四)研学旅行中介服务机构

研学旅行中介服务机构主要指组织学生集体出行的旅行服务机构,通常为专业的旅行社或专业的研学旅行服务机构。研学旅行中介服务机构的课程设计通常表现为设计出不同的研学旅行线路供学校选择,或者根据学校的需求定制研学旅行线路。研学旅行中介服务机构在进行课程设计时,最重要的一点是不要将研学旅行线路设计成单纯的旅游线路。

知识训练

1.一般情况下,我们所说的课程设计指的是针对某一门课程而进行的建构活动,包括确定(　　)、组织(　　)、设计(　　)等活动。

2.研学旅行课程设计是指在研学旅行活动开始之前,将研学旅行的构想转化为具有可操作性的(　　)课程方案的过程。

3.常见的研学旅行课程设计的主体有哪些?

任务三　研学旅行课程设计的依据与原则

任务导入

研学旅行基地(营地)在设计研学旅行课程时,可以进行实境示范,通过真切、实在、自然地展现,合理开放那些活态文化资源的记忆空间,包括"还活着的文化""活过的文化"以及非文本物理形式存储的文化等口传身授内容,实现更好的教育效果。例

案例聚焦

研学旅行课程需求调查表

研学旅行课程设计

如,学生在大熊猫基地近距离观察大熊猫这种活着的自然文化生物,能够潜移默化地掌握大熊猫的体态表现和相处细节等知识内容。又如,学生可以在红色文化基地透过一件件历史文物来理解时代激流,树立坚定的理想信念。再如学生可以通过拜访刺绣工作坊,切身体验到中国传统技艺与文化知识的卓绝。

研学旅行基地(营地)在设计研学旅行课程时还可以通过构建故事性课程,将学生置于动态的课程故事里,以"局内人"的身份体会生活的各种滋味。尤其在职业体验主题方面,可以引领学生走进职业的配置场域,体验职业人员的生活。例如,通过文物修复体验活动,学生的感知觉与工作室的日常工作连通,学生也能够在观察和实践中潜移默化地形成小心谨慎对待古文物的态度,领悟文物修复知识。研学知识通过情境演绎出来,学生置身于真实的故事课程中,可以更有效地形成对复杂知识的生成性理解,实现"把课程还给知识,把知识交给学生"的效果。

(资料来源:仇盼盼,《研学旅行课程知识的默会原理及其培养》,载《中国教育学刊》,2022年第4期。)

任务解析

(1)通过以上案例,你认为在设计研学旅行课程时应遵循哪些原则?
(2)研学旅行课程的设计依据有哪些?

任务重点

理解研学旅行课程设计的相关政策与理论依据。

任务难点

掌握研学旅行课程的设计原则。

任务实施

一、研学旅行课程设计的依据

开展研学旅行,是新时代落实立德树人根本任务、强化实践育人的重要途径。研学旅行课程设计是保证研学旅行质量和可持续发展的核心环节。设计科学、内容充实的课程,会让研学旅行变得异彩纷呈,让学生在动脑、动手中感知世界,在"行走的课堂"中学会自主解决问题,充分促进学生"知与行""动手与动脑""书本知识和生活经验"的深度结合。研学旅行课程设计的依据包括以下几个方面。

(一)贯彻国家的教育方针

教育是国之大计、党之大计。研学旅行作为新时代校外教育的重要形式,要充分体现全面发展的教育理念,充分贯彻党和国家的教育方针。

于1995年3月18日第八届全国人民代表大会第三次会议通过、自1995年9月1起施行的《中华人民共和国教育法》,在"总则"的第五条规定:"教育必须为社会主义现代化建设服务,必须与生产劳动相结合,培养德、智、体等方面全面发展的社会主义事业的建设者和接班人。"

1999年,中共中央、国务院发布的《关于深化教育改革全面推进素质教育的决定》中,在人才培养方面提出了"美"的要求,提出造就"有理想、有道德、有文化、有纪律"的德智体美等全面发展的社会主义事业建设者和接班人。

2021年4月29日,第十三届全国人民代表大会常务委员会第二十八次会议通过《全国人民代表大会常务委员会关于修改〈中华人民共和国教育法〉的决定》第三次修正,第三次修正内容自2021年4月30日起施行。《中华人民共和国教育法》将教育方针规定为"教育必须为社会主义现代化建设服务、为人民服务,必须与生产劳动和社会实践相结合,培养德智体美全面发展的社会主义建设者和接班人"。《中华人民共和国教育法》在教育基本途径方面,增加教育"必须与生产劳动和社会实践相结合",在教育的目标上增加了美育方面的要求。《中华人民共和国教育法》通过法律形式,把党的教育方针转化为国家意志。

党的二十大报告指出:"育人的根本在于立德。全面贯彻党的教育方针,落实立德树人根本任务,培养德智体美劳全面发展的社会主义建设者和接班人。坚持以人民为中心发展教育,加快建设高质量教育体系,发展素质教育,促进教育公平。"

开展研学旅行是贯彻党的教育方针、发展素质教育的需要,可以提高基础教育的质量和学生综合素质,更好践行社会主义核心价值观。研学旅行课程设计,最根本的要求就是全面贯彻党的教育方针,解决好培养什么人、怎样培养人、为谁培养人的根本问题。研学旅行课程设计要始终坚持马克思主义指导地位,坚持中国特色社会主义教育发展道路,立足基本国情,扎根于中华大地,与生产劳动和社会实践充分结合,助力培养德智体美劳全面发展的社会主义建设者和接班人。

(二)依照国家的研学旅行相关政策

近年来,我国在中小学不断推进教育教学改革,强调学生动手实践能力以及综合素质的培养,为研学旅行的兴起创造了空间。在全面深化教育改革的背景下,国家相继出台多项政策,助推研学旅行的发展。研学旅行课程设计需要仔细研读国家政策,依照相关政策进行设计研发,确保课程质量与育人成效。

早在2013年2月2日发布的《国民旅游休闲纲要(2013—2020年)》中,就已经提出了"逐步推行中小学生研学旅行"的设想。

2014年7月14日,教育部发布《中小学学生赴境外研学旅行活动指南(试行)》。这是第一份细化的、可遵循的、可操作的措施性文件。该指南对境外研学旅行的行程安排、安全保障等提出指导意见,规范了带队教师人数、教学内容占比等具体内容。《中小学学生赴境外研学旅行活动指南(试行)》为整个行业在研学旅行活动方面制定了基本标准和规则。

2014年8月9日,国务院发布的《关于促进旅游业改革发展的若干意见》中,首次明确了将研学旅行纳入中小学生日常教育范畴,首次明确了研学旅行自身的体系和框架,建立了小学阶段以乡土乡情研学为主、初中阶段以县情市情研学为主、高中阶段以省情国情研学为主的研学旅行体系。《关于促进旅游业改革发展的若干意见》促进研学旅行制度进一步完善,通过建立基地,强化保障,推动了研学旅行的普及化、常态化。

2016年11月30日,《教育部等11部门关于推进中小学生研学旅行的意见》发布,"研学旅行"一词正式走入大家的视野。《教育部等11部门关于推进中小学生研学旅行的意见》指出:中小学生研学旅行是由教育部门和学校有计划地组织安排,通过集体旅行、集中食宿方式开展的研究性学习和旅行体验相结合的校外教育活动,是学校教育和校外教育衔接的创新形式,是教育教学的重要内容,是综合实践育人的有效途径。

2016年12月19日,国家旅游局发布《研学旅行服务规范》(LB/T 054—2016),初步制定了研学旅行行业标准,以规范研学旅行服务流程,提升服务质量,引导和推动研学旅行健康发展。该标准规定了研学旅行服务的总则、服务提供方基本要求、人员配置、研学旅行产品、研学旅行服务项目、安全管理、服务改进和投诉处理。

2017年9月25日,教育部发布《中小学综合实践活动课程指导纲要》,把研学旅行纳入学校教育教学计划,与综合实践活动课程统筹考虑。明确综合实践活动课程是国家义务教育和普通高中课程方案规定的必修课程,与学科课程并列设置,是基础教育课程体系的重要组成部分。

2020年3月20日,《中共中央 国务院关于全面加强新时代大中小学劳动教育的意见》发布。该意见明确规定"根据各学段特点,在大中小学设立劳动教育必修课程,系统加强劳动教育","各级政府部门要积极协调和引导企业公司、工厂农场等组织履行社会责任,开放实践场所,支持学校组织学生参加力所能及的生产劳动、参与新型服务性劳动,使学生与普通劳动者一起经历劳动过程","把劳动素养评价结果作为衡量学生全面发展情况的重要内容,作为评优评先的重要参考和毕业依据,作为高一级学校录取的重要参考或依据"。

2021年4月29日,文化和旅游部发布的《"十四五"文化和旅游发展规划》中提出:推出一批具有鲜明非物质文化遗产特色的主题旅游线路、研学旅游产品。开展国家级研学旅行示范基地创建工作,推出一批主题鲜明、课程精良、运行规范的研学旅行示范基地。

2022年4月8日,教育部印发《义务教育课程方案(2022年版)》,并将劳动课程从综合实践活动课程中独立出来,发布《义务教育劳动课程标准(2022年版)》。义务教育劳动课程以丰富开放的劳动项目为载体,重点是有目的、有计划地组织学生参加日常生活劳动、生产劳动和服务性劳动,让学生动手实践、出力流汗、接受锻炼、磨炼意志,培养学生正确的劳动价值观和良好的劳动品质。

2023年8月8日,文化和旅游部、教育部、共青团中央、全国妇联、关工委联合印发《用好红色资源 培育时代新人 红色旅游助推铸魂育人行动计划(2023—2025年)》。该行动计划明确:"到2025年,红色旅游助推铸魂育人工作机制更加完善,红色旅游的教育功能更加凸显,红色文化有效融入青少年思想政治教育工作,青少年思想政治素养和全面发展水平明显提升。充分调动各地积极性,因地制宜,因势利导,力争利用三年时间,针对青少年在全国打造百堂红色研学精品课程,推出千条红色旅游研学线路,开展万场红色旅游宣讲活动,覆盖上亿大中小学师生。"

每一条研学旅行政策的发布都与研学旅行行业的发展息息相关,这些政策不仅为研学旅行活动的开展提供了指导、支持和保障,同时也为研学旅行课程的设计和研发提供了方向和引导。研学旅行课程设计工作,要紧密贴合国家政策,不断推陈出新,确保研学旅行活动的教育价值、思政引领与育人效果,应根据学生的成长需求和个性特点,引导学生通过实践活动获得全面的发展。

(三)遵循教育的原理及内在规律

研学旅行的本质属性是教育属性,其核心功能是教育功能,其课程形式是研究性学习活动,根本宗旨在于提高中小学生的身心素质。因此,研学旅行课程设计要遵循教育的内在规律,符合相应的教育原理。

诸多教育理论认为,儿童与青少年必须不断接触自然和社会,积累经验,逐步丰富自己的认知,认识自我、认识自然、认识社会,形成健全的人格。因此,仅有学校和家庭教育环境是远远不够的。我们在设计研学旅行课程时,涉及或运用的相关教育原理或理论主要包括以下几方面。

1.探究式学习与建构主义学习理论

研学旅行课程设计中所采用的探究式学习,是个体建构主义的观点在具体课程中的运用。建构主义学习理论认为,学习是引导学生从原有经验出发,形成(建构)新的经验。学习是一个意义建构的过程,学习者通过新、旧知识经验的相互作用,来形成、丰富和调整自己的认知结构。一方面,新知识纳入已有的认知结构,获得了新的意义;另一方面,原有的知识经验因为新知识的纳入,而得到了一定调整或重构。我们在设计研学旅行课程的过程中,要充分认识到儿童与青少年的成长是长期与其周围世界积极互动的结果,他们在与外部世界接触的过程中,不断获得知识和经验的累积,从而养成健全人格。因此,我们在研学旅行课程设计中要利用环境和资源,为学习者提供自主探究的机会,创设具有挑战性的情境,利用具有意义的问题情境,让学生通过不断地发现和解决问题,来学习与所探究的问题有关的知识,形成解决问题的技能以及自主学习的能力。

2."教学做"一体化与生活教育理论

研学旅行课程设计中,经常采纳的"教学做"一体化的教学模式,是生活教育理论所倡导的教学方法论。生活教育理论源于约翰·杜威的"教育即生活"。杜威认为最好的教育是"从生活中学习,从经验中学习"。我国著名的教育家陶行知,师从杜威并深受其教育理论的影响,他结合中国的国情和实际,创立了自己的生活教育理论。陶行知认为,教育不能脱离生活,同时要适应生活的变化,教育只有服务于生活才能成为真正的教育,生活教育是终身教育,是与人共始终的教育。同时他也认为,社会即学校,教育的范围应该扩大到大自然、大社会,到人民群众中去,学校教育必须与社会实践相结合。"在生活里,对事说是'做',对己之长进说是'学',对人之影响说是'教',教、学、做只是一种生活之三方面,而不是三个各不相谋的过程。""'教学做'是一件事,不是三件事。我们要在'做'上'教',在'做'上'学'。"中小学生的研学旅行课程要将教学与生活紧密联系起来,在生活实践、社会实践中"做",以"做"促"教",以"做"促"学","教学做"合一。

3.多维度的研学旅行课程评价体系与人本主义理论

研学旅行课程评价体系中,对学生的评价应以个人发展为标准,不应以单一标准来评价,不应只评价知识的掌握情况,还应评价团队协作、沟通与表达能力、想象力与创造力等多个维度。构建多维度的研学旅行课程评价体系的底层逻辑是人本主义理论,该理论的代表学者为罗杰斯。罗杰斯是20世纪中后期美国极为著名的人本主义教育家,其教育思想核心是"以人为中心"。他认为教育的目标在于促进学生的发展,使他们成为能够适应变化、知道如何学习的自由人,核心是将学生塑造成一个功能完善的人。

学生应该是学习的主人,所以研学旅行课程设计应始终遵循学生本位的原则,创设能够启发学生自主学习与探究的情境和内容,顺应学生的兴趣、需要、经验以及个性差异,挖掘学生的潜能,激发学生自我成长的内在驱动力,帮助学生实现自我价值。因此,研学旅行课程应建立以学生自评为主,同学、教师、研学旅游指导师共同参与的评价制度,以整体性地发挥评价的育人功能。对学生的评价,要发现和发展其多方面的潜力,帮助学生在研学旅行实践过程中,更好地认识自我、建立自信,促进学生在原有水平上的成长与发展。对教师或研学旅游指导师的评价,要强调其对课程实施过程中教学行为的分析与反思,引导其从多种渠道获得信息,不断提高课程实施水平。对学校或研学旅行中介服务机构的评价,要结合学校或研学旅行中介服务机构的课程实施情况、实施过程中产生的问题及其解决程度,进行综合性分析评估,引导其依托评价改进管理、优化课程内容,形成课程动态更新的机制。

4.研学旅行课程四要素与泰勒的课程原理

研学旅行课程设计应包含基本的四个要素,分别是课程目标、课程内容、课程实施和课程评价。这四个要素是基于现代课程理论的奠基者——泰勒创立的"泰勒原理"所确立的,泰勒也因此成为科学化课程开发理论的集大成者。1949年泰勒出版了《课程与教学的基本原理》,提出了关于课程编制的四个中心问题,即"泰勒原理"。其内容可概括为目标、内容、方法、评价。泰勒的《课程与教学的基本原理》主要围绕以下四个中心问题展开:

问题一:学校应该达到哪些教育目标?
问题二:提供哪些教育经验才能实现这些目标?
问题三:怎样才能有效地组织这些教育经验?
问题四:怎样才能确定这些目标正在得到实现?

按照上述逻辑,泰勒的课程编制过程模式包括如下内容:确定教育目标—选择教育经验—组织教育经验—评价教育结果。泰勒为我们提供了一个简单易用的课程开发模式,总结出了课程开发要经历的四个步骤,几乎适用于所有的课程开发。具体到研学旅行课程设计中,我们首先要确定课程目标,并围绕课程目标来组织课程内容;再依托课程内容设计课程实施与教学的方法;最后对整个课程进行评价,评价的结果能够为下次课程目标的确定提供更好的佐证。正是这种单向循环关系,造就了一种封闭、有序的课程设计模式,并发展了一种至今极具权威的、系统化的课程设计理论,为探究课程设计奠定了基础。

（四）符合学校的教育教学目标

2022年教育部印发了新修订的义务教育课程方案和课程标准,要求以习近平新时代中国特色社会主义思想为指导,落实立德树人根本任务,强调育人为本,依据"有理想、有本领、有担当"时代新人培养要求,明确了义务教育阶段培养目标,为培养时代新人奠基。

基础教育是研学旅行的依托;研学旅行是基础教育的补充,是德育工作的重要手段,是实践课程的有效载体。研学旅行作为"行走的课堂",寓学于行、寓学于游,兼具集体性、探究性、实践性、综合性等特点,突破了学校教育集中于教材、课堂和学校的知识载体和学习空间的限制,将教育和学习向生活、社会和自然领域拓展、延伸,是学校教育教学工作的有益补充。因此,研学旅行课程设计要想符合学校的教育教学目标,助力学校育人目标的实现,就必须充分理解和把握学校的教育教学目标,熟悉中小学校不同学段的教育教学内容和要求,并以此为抓手开展工作。研学旅行课程设计应充分利用研学旅行目的地的自然资源、文化资源、红色资源、历史资源、科技资源等相关资源,考虑到不同学段学生的学科知识背景、学习能力等因素,与校内课程实现融通。一般学校也会要求研学旅行课程内容与不同学段的学科内容相结合,涉及的重要学科知识能在研学旅行实践中得到体现和拓展。同时,研学旅行课程也要能体现学校区位特色和办学资源优势,反映学校的办学理念和校风、教风、学风。

例如,按照语文课标的要求,高中的学生需要通读《红楼梦》。某研学旅行机构安排学生去电视剧《红楼梦》(1987版)的取景地开展研学旅行活动,要求学生在荣国府演绎贾政打宝玉、元妃省亲、刘姥姥进大观园这三场戏。该课程内容不仅仅是演出,更是学生将书本知识内化于心、外化于行的体现。这种与学科相结合的实践方式,能更好地关联学校的课程目标,并实现有效拓展。

在研学旅行课程设计方面,首先,应强调中小学校研学旅行的育人功能,充分发挥研学旅行与学校课程相互衔接、相互补充的育人作用,做到校外与校内密不可分、研学与旅行有机结合,避免"只旅不学"或"只学不旅"现象。其次,应针对性地开发自然类、历史类、地理类、科技类、人文类、体验类等多种类型的活动课程。最后,应结合当地社会历史文化资源和自然资源的优势,研发以自然地理资源、历史文化遗产、社会经济发展、乡土民俗文化为依托的活动课程。

在基础教育阶段,利用研学旅行基地(营地)等场景,以实践的方式,实现学以致用,达到知行合一。孩子们去沙漠旅行,便能真切感受"长河落日圆"。研学旅行,可以让教育回归本源——知行合一。当今世界的发展,早已突破单一学科的使用边界,在真实的生活场景中,个体几乎需要调动毕生所学知识来解决各种问题。为了更好地适

研学旅行课程设计

应时代的发展,就需要学生形成跨学科思维,家长和学校需要形成共同推动和落地综合教学的合力。

二、研学旅行课程设计的原则

(一)教育性

研学旅行是具有典型教育属性的旅游活动,是"教育+旅游"的融合型新业态。因此,研学旅行的课程设计须符合实践育人的教育规律,通过体验、体悟、践行的教育过程,在研学旅行活动中培养学生的关键能力、必备品格,塑造学生的核心素养。研学旅行作为实践育人的重要形式,其课程设计应充分体现新时代我国"学思结合、知行统一"的教育理念,在丰富多样的实践课堂中,让学生感知乡土乡情、县情市情、省情国情的真实生活情景,引导学生从个体生活、社会生活,以及与大自然的接触中获得真实的感受、丰富的体验和实践,形成并逐步提升对自我、社会和自然的内在联系的整体认知,培养对中华民族的政治认同、思想认同、情感认同。

(二)安全性

研学旅行课程设计要符合安全性原则,这是研学旅行课程设计必须坚守的红线。在设计课程内容与体验项目时,我们要确保学生的安全。在课程设计初期,应进行全面的风险评估,包括研学旅行目的地的安全性、季节性风险、交通安全、住宿安全以及任何潜在的健康风险。明确可能遇到的所有潜在风险,并根据风险评估的结果,准备详尽的应急预案,包括意外伤害救护、突发天气的应对措施、紧急撤离计划等,确保在任何紧急情况下都能够快速有效地采取措施。在实践场所的选择上,我们要进行严格的实地考察,确保场所的安全与稳定。同时,我们还要对学生进行必要的安全教育和培训,让他们掌握必要的安全知识和技能。遵循安全性原则来设计研学旅行课程,能够大大降低潜在的风险,提升对参与者的安全保障,从而确保研学旅行活动的顺利进行。

(三)科学性

研学旅行课程设计要符合科学性原则,这是研学旅行课程设计的基石。我们应以科学的理论和方法为基础,利用前沿性的研究来指导课程内容的组合与设计,确保研学旅行实践活动的科学、严谨、有效。研学旅行课程目标的设计应该是科学且明确的:课程目标可以是知识性的,如提升学生对某一地理区域的了解;课程目标也可以是技能性的,如提高学生的团队协作能力;课程目标还应与学生的年龄和发展阶段相适应,确保研学旅行内容对学生来说既具挑战性又能够把握。在选择实践内容时,我们要注重与学科知识的联系和衔接,培养学生的科学思维和科学精神。同时,也应当融合多学科内容,这样学生在实际观察和体验中,并不会局限于某一门课程或学科,而是能够通过跨学科的方式综合运用不同领域的知识,达到开阔视野、创新思维的目的。研学旅行课程设计所运用的教学方法、评价体系等也应当是科学、先进且全面的。研学旅行课程设计的科学性原则要求设计者充分考虑教育的目的性、内容的适宜性、方法的先进性、评价的全面性等方面，兼顾安全性和可持续性，以此保障研学旅行的教育效果和质量。

（四）体验性

研学旅行课程设计要符合体验性原则，确保学生通过实际操作、亲身体验来获得深刻的认知和感受。体验性原则要求学生亲身体验各项研学旅行课程内容，在实验、探究、设计、创作的过程中，去体验、体悟、体认，从而提升发现问题、分析问题、解决问题的能力，以及实践力与创新力。为了让学生更好地理解某些概念或过程，研学旅行课程可以设置情景模拟，为学生提供一个仿真的环境，让他们在模拟中体验、学习和探索。体验性原则不仅关注学生的实践和参与，还强调学生从实践中总结经验。研学旅行课程应安排适当的反思和总结环节，引导学生对所学的知识和经验进行内化，促进知识的迁移和应用。体验性原则在研学旅行课程设计中至关重要。遵循这一原则，可以提高学生研学旅行学习效果，促进其个人素养的全方位提升。

（五）多元性

研学旅行课程设计要符合多元性原则，研学旅行涉及的知识领域广泛，其课程设计应注重多元性，涵盖多个学科领域，如自然科学、社会科学、文化艺术等，满足学生多样化的学习需求和发展需求。同时，还要注重课程内容和形式的多样性，让学生可以接触到更广泛的知识领域，拓宽视野，激发学生的学习兴趣和积极性，培养学生的跨学科综合能力。研学旅行的课程主题应多样化，涵盖不同的学科领域。研学旅行的课程目标应关注学生的知识、技能、情感、态度和价值观等多个方面。除了学术层面的目标，还应包括培养学生的团队协作、沟通交流、解决问题等非学术能力，以及增强学生的社会责任感和公民意识等。同时，多元的教学方式可以发挥学生的主体性和能动性，达到更好的育人效果。研学旅行课程中所融合的资源也应体现多元性，应充分利用各种类型的社会资源与自然资源，为学生提供更丰富的实践和学习机会，促进跨界交流与合作。此外，多元化的参与和评价方式也有助于形成良好的学习氛围和合作关系，促进学生的个人成长和学术发展。

项目小结

项目一为本书的开篇，首先介绍了研学旅行课程的内涵，同时结合目前研学旅行的发展情况，分析了研学旅行课程的基本特征。然后就研学旅行课程设计的内涵进行分析，同时指出了课程设计的常见主体。最后根据研学旅行需要依照的教育方针、需要贯彻的研学政策、需要遵循的教育原理、需要符合的教育教学目标，提出了研学旅行课程设计的相关依据，同时梳理了研学旅行课程设计的五项原则。

研学旅行课程设计

知识训练

1. 我国现阶段的教育方针是(　　　)。
2. 党的二十大报告指出：育人的根本在于(　　　)。
3. 研学旅行课程设计需要遵循哪些原则？

技能训练

以小组为单位，收集你所在城市的旅游资源，通过梳理、分析，提出至少五种研学旅行课程设计思路。

项目二
研学旅行课程的需求调研与分析

 学习目标

知识目标

理解研学旅行课程需求调研的意义,能够独立设计研学旅行课程需求调查表。

能力目标

能够组织开展研学旅行课程需求调研工作,并对调研结果进行分析。

素养目标

(1) 培养积极进取、热爱祖国的家国情怀。
(2) 在实际生活中,能够做到知行合一。
(3) 培养勇于探索的精神。

 思维导图

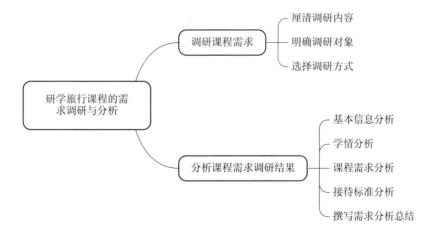

任务一　调研课程需求

🔵 任务导入

2023年暑期,研学游"热"力十足。研学游不仅可以让孩子在实践中增长见识,提高暑期生活质量,还可以帮家长看管孩子……对家长来说,研学游本是一件一举多得的事情,可当"名校深度游"变成"校门口合照"等"货不对板"事件频频被曝光,"开盲盒"式的研学游反让一些家长大失所望。有业内人士感慨,国内的研学旅行市场还不成熟,供应端没能跟上需求端,很多研学游只是简单参观景点,没能好好地"游",更没能好好地"学",产品设计定位模糊,缺乏有效统一的管理。

🔵 任务解析

基于现代教育要求产生的研学旅行课程,应根据主办方的实际需求来进行设计。脱离实际需求来谈论课程方案是毫无意义的,只有深入、全面地了解需求,才能设计出切实有效且具有实际应用价值的研学旅行课程。

🔵 任务重点

理解研学旅行课程需求调研的内容。

🔵 任务难点

掌握根据实际情况确定研学旅行课程需求调研内容的能力。

🔵 任务实施

一、厘清调研内容

学校是研学旅行活动的组织者,研学旅行课程方案应满足学生和校方的实际需求,因此,调研内容应以学校的需求为主,以更加精准地定位课程的方向和重点,设计出有针对性、有实用价值的研学旅行课程。

(一)主办方基本信息

(1)学校官方全称。
(2)计划出行时间和天数。
(3)出行学生学段、年龄段、教育背景、期望和兴趣点、特殊需求等。
(4)随队教师、领导的数量、职务等。

（二）主办方对课程的需求

(1) 研学旅行课程的主题、目标、内容。
(2) 行前课程的要求，对学生行后学习成果的期望。
(3) 研学旅行课程学生手册的形式和内容要求。

（三）接待标准

(1) 确定主办方本次研学旅行的经费预算。
(2) 确定主办方的接待标准，如用餐、住宿、大交通等方面的要求。
(3) 确定主办方的物资需求，如研学旅行课程组织实施中是否需要配备讲解器、横幅等。
(4) 确定主办方是否有关于接待工作的特殊要求。

（四）主办方以往开展的研学旅行案例

(1) 以往开展的研学旅行课程主题和主要内容。
(2) 接待标准和费用情况。
(3) 以往开展的研学旅行课程存在的优点和不足。
(4) 学生以往参与研学旅行或相关活动的经历与反馈。

明确这些调研内容，可以为后续的调研工作方向提供清晰的指导，确保收集到的信息全面、准确，并能够有效地支持研学旅行课程的设计与开发。

二、明确调研对象

不同学校的组织管理机制不尽相同，但调研对象基本分为以下三类：

（一）主办方主管领导（校长/副校长/德育主任）

主办方主管领导是指学校负责组织开展研学旅行的主要领导，通常由校长、副校长或德育主任担任。通过对主管领导进行调研，了解学校的整体发展目标和教育宗旨、开展研学旅行的主要动因以及教学目标，确保研学旅行课程的设计符合学校长远规划。另外，还应知悉主办方主管领导对以往研学旅行活动组织实施情况的看法，和对本次研学旅行课程的建议和期望等信息。最后，了解学校对于研学旅行安全和保障措施的要求，这通常是学校和家长极为关心的话题之一。

（二）相关教师（班主任/任课教师/带队教师）

相关教师主要指参与本次研学旅行的教师，可以是随行的班主任、任课教师，也可以是本次研学旅行的带队教师等。了解他们的需求有助于课程的顺利实施。调研内容主要包括以下几方面。

(1) 了解出行学生的教育水平、已有知识基础和兴趣点，以便设计出符合他们现有知识的课程，以及更受欢迎、更有效的研学旅行活动。
(2) 掌握教师的教学计划和目标，了解教师对于研学旅行的看法及其教育理念，包括希望学生获得的知识和技能,以便将研学旅行课程与校内课程进行有效衔接,更好地发挥研学旅行课程对课内教学的补充作用。

(3)通过跟参与过以往研学旅行活动的教师交流,吸取相关经验,收集教师对本次研学旅行课程的建议。

(三)参与学生

作为研学旅行的直接参与者,学生的需求和期望是调研的核心内容。在条件允许并征得学校同意的情况下,可以对参与本次研学旅行活动的学生进行需求调研。对学生进行调研,可以更直接地了解学生的特点,以及学生对研学旅行课程的理解、期待和需求等,既有利于研学旅行活动中的组织管理工作,也有助于设计出学生真正感兴趣的研学旅行课程方案,提升课程效果。

三、选择调研方式

应根据调研目的、调研对象和调研内容的特点,灵活选择多种调研方式来收集全面、准确的信息,以下是几种常用的调研方式及其适用情境。

(一)问卷调查

通过问卷调查的方式开展调研工作。可以将事先准备好的纸质版调查表分发到特定的调研对象手中进行调研工作,也可以利用电脑软件、手机小程序等工具编辑好调查内容,通过网络在线进行需求调研,但须确保问卷设计简洁明了,避免引导性或歧义性问题,合理设置单选、多选、排序和开放性问题。问卷调查覆盖面广,可以突破地域和时间限制快速收集大量数据,且标准化程度高,易于量化和统计分析,适用于对学生、家长、教师等大规模群体的需求调研。

(二)访谈

通过访谈的方式开展调研工作。可以面对面访谈、电话访谈,也可以通过聊天软件如微信等进行访谈;可以一对一,也可以一对多。访谈过程中可以根据访谈对象的反应随时调整问题,灵活性高,利于深入交流。相较于问卷调查,访谈可以获取更深入、更详细、个性化的信息,适用于对特定群体(如教师、领导等)的深入调研。

(三)专题会议

组织专题会议进行调研时,应尽可能多地邀请与研学旅行活动或课程相关的学校领导和教师参与,利用群体互动,激发新想法,对本次研学旅行课程进行探索性研究或需求挖掘。专题会议的优点是在交流中,大家可以相互得到启发,利于快速明确工作内容,得到的信息也比较全面。

在选择调研方式时,应充分考虑其优缺点、成本效益以及实际可行性。同时,为了提高调研的准确性和有效性,可以综合使用多种调研方式,相互补充、验证。例如,将问卷调查与访谈方式结合,既可以获得大规模数据,又可以深入了解个别情况。科学、合理地选择调研方式,将为研学旅行课程的需求调研提供有力支持。

项目二　研学旅行课程的需求调研与分析

慎思笃行

既多读"有字之书",也多读"无字之书"

2016年4月26日,在知识分子、劳动模范、青年代表座谈会上,习近平总书记倡导"广大青年要自觉加强学习,不断增强本领。人生的黄金时期在青年。青年时期学识基础厚实不厚实,影响甚至决定自己的一生。广大青年要如饥似渴、孜孜不倦学习,既多读有字之书,也多读无字之书,注重学习人生经验和社会知识"。

在这场座谈会上,习近平总书记以聊天、谈心的方式同大家深入交流。他用"有字之书"和"无字之书",生动指代"科学文化知识"和"社会实践知识"。这二者之间不是相互对立的,而是你中有我、我中有你。

(资料来源:《"既多读有字之书,也多读无字之书"》,中国新闻网,2023年4月23日。)

技能训练

参照本任务提到的调研内容,设计一份研学旅行课程需求调查表。

任务二　分析课程需求调研结果

任务导入

2024年1月17日,相关记者获悉,北京市文化和旅游局市场质量监督与咨询服务中心公布2023年第四季度北京市级旅游投诉情况。根据公告,2023年第四季度收到涉及旅行社的旅游投诉1411件,其中有502件因不属于旅游投诉处理机构职责范围或者管辖范围等不予受理,正式受理涉及旅行社的旅游投诉909件。

研学旅行活动可以拓宽未成年人的视野,促进其全面发展,但研学旅行市场中也存在"货不对板""价格虚高"等问题,不仅让参与研学旅行的未成年人不能实现研学旅行目标,还可能对其造成其他损害。

任务解析

研学旅行应保障未成年人权益。研学旅行中介服务机构则要依法依规提供服务,遵循安全第一的原则,充分考虑到未成年人的身心特点,从而保障引导过程的顺利进行。

研学旅行课程设计

🔵 任务重点

理解研学旅行课程需求调研结果分析的内容。

🔵 任务难点

掌握根据实际情况进行研学旅行课程需求调研结果分析的能力。

🔵 任务实施

依据研学旅行课程需求调研结果,课程设计者可以了解目标群体(如学生、家长、教育工作者等)的具体需要和偏好,进而设计出更适合的教学内容和活动。但这些数据往往是宽泛的、分离的,课程设计者需要利用自己的专业知识对其进行分析、整合,使调研结果既能满足主办方的需求,又能精准地为研学旅行课程设计服务。

结合任务一中"技能训练"模块所设计的研学旅行课程需求调查表,我们通过案例来展示如何对需求调研结果进行分析。

一、基本信息分析

在对研学旅行课程需求调研结果中的基本信息进行分析时,首先应对出行时间、出行人员的情况进行分析。下文以某学校研学旅行课程基本信息为例进行讲解,见表2-1。

表2-1 某学校研学旅行课程基本信息分析

基本信息	学校名称	×××小学	学校地址	×××路×××号
	出行日期	4月中下旬,"五一"之前返回	出行天数	4—5天
	分析:(1)案例中的出行日期和出行天数不够精确,经调查,这个时间段学校都处在正常的教学活动中,且没有其他安排,只要保证研学旅行活动在"五一"放假之前返回学校即可。(2)出行天数有两个选择,可以根据实际情况来选择最适宜的时间。			
	说明:出行时间如果变更,会给研学旅行课程实施带来很多困难。所以在评估出行时间时,要考虑两个方面:第一,为什么学校要在这个时间组织研学旅行活动?这个时间能不能调整?调整的范围是什么?第二,涉及的研学点在此期间适不适合进行研学,气候如何?交通情况如何?如果实际情况不能满足出行需求,则需要与学校进行沟通并做出调整,不能调整则提前告知其困难与风险			
	出行人员	年级	班级	人数	补充说明
	学生	四年级	1—5班	200人	(1)每班均有回族学生;男女学生比例接近1∶1。 (2)年级组长担任课程期间校方的现场负责人
	教师	—	—	12人	

续表

基本信息	分析:出行学生为200个四年级的小学生,学生年龄较小且人数众多,要注意课程内容设计不宜难度较高、风险系数较大,还要注意接待过程设计要符合低年龄段学生的生理特点。此外,学生中有少数民族,需要注意饮食安排。 说明:(1)出行人数。出行人数会影响到团组接待工作的实施,涉及课程执行方案、交通方案、住宿方案等工作安排。在出行人数较多的情况下,相关工作量也会增大,可能须适当调整工作进度。(2)出行人员结构。这里主要指出行学生的年级、班级、民族、性别以及出行教师的配置情况。这些因素会对课程设置和接待标准产生影响

二、学情分析

学情是指与学生生活、学习相关的因素,包括学生的生活经验、知识基础、学习能力、兴趣爱好、身心特征等。由于个性、年龄、所在区域和学校环境的不同,每位学生的学情也各不相同。即便是相似的年龄群体、位于同一区域,不同学校的学生之间的学情也存在差异。因此,只有在深入理解特定学生的情况之后,具体情况具体分析,才能明确学习的核心内容、困难点以及关键的知识点。因此,学情分析对于所有教学活动的准备工作至关重要,是设计和执行研学旅行课程的基石,起到关键作用。具体来说,学情分析可以从以下三个方面进行:

(一)学生的知识基础

我们可以通过了解学生所在学校开设的国家课程、地方课程、校本课程、特色课程,对学生的知识基础进行初步的评估,主要参考学校的教材、课程大纲和其他教学资源等。例如,若出行学生为初一年级,研学旅行目的地为四川,其语文教材中有诸葛亮的《诫子书》,历史教材中有关于"三国鼎立"的篇章,那么在设计研学旅行课程时,可以着重对相关内容进行挖掘和延伸,以加深学生对蜀文化知识的认识。

(二)学生的认知能力

不同年龄段、学段的学生获取知识的能力、动手操作的能力和进行研究的能力是不同的。例如,小学生处于认知发展的早期阶段,注意力、记忆力和思维能力都在不断提高,但在理解抽象和复杂的概念方面仍有一定的困难;高中生的认知能力接近成年人水平,他们的思维更加抽象和深刻,并具备一定的自主学习能力、创新能力、研究能力和实践能力。具体来说,低年级学生主要通过观察和模仿来学习新知识,而高年级学生则开始具备一定的自主学习能力和解决问题的能力。因此,在进行同一地点的研学旅行课程设计时,对于小学生,最好设置更多体验、互动的内容,对于高中生,则可以设置更多需要学生自主观察、分析、研究的内容。

(三)学生的身心特征

不同学龄段学生的身心特征有所不同,这些不同直接影响着研学旅行课程的实施。小学生正处于快速成长的年纪,身体强度、耐力增加,但仍需要充足的休息和营养,参与活动的积极性高,开始寻求更多的独立性,但自我控制能力和组织能力较弱,需要成人的指引和支持。而初中生正在经历身体的快速成长和性征的发展,自我意识增强,希望被当作成年人对待,自身却又没有达到相应的水平,同时因为荷尔蒙的影响,可能会表现出情绪复杂且易变,个体间参与活动的积极性和组织能力存在较大差异。因此,在设计研学旅行课程时,要充分考虑学生能否接受和是否有能力实施相应内容。

三、课程需求分析

通过前期对研学旅行课程的需求调研,可以大致了解学校对课程的需求,调研的结果可能不够完整和精确,但足以指示研学旅行课程的设计方向,课程设计者需要对这些信息进行分析,以实现学校对课程的要求,并达到相应的教育目的。下文以某学校研学旅行课程需求分析为例进行讲解,见表2-2。

表 2-2　某学校研学旅行课程需求分析

	研学旅行课程主题	河南中原文化研学旅行课程		
课程需求分析	分析:学校初步拟定的研学旅行课程主题是"中原文化",这个主题比较明确,但是"中原文化"也可以从不同的角度去研究学习,在设计课程时可以根据具体的研学内容,将主题名称进行修饰、升华。 说明:学校一般会在设计研学旅行课程方案前拟定本次研学旅行课程的主题,这些主题能够为我们设计研学旅行课程指明方向,帮助我们深入挖掘课程内容,使最终呈现的课程内容准确规范、新颖有趣			
	研学旅行课程目标	(1)感悟历史,了解中原文化。 (2)培养责任感和解决问题的能力。 (3)增强文化自信,培养爱国主义精神		
	分析:由于前期课程内容的不确定,这里提出的课程目标并不完全符合课程目标的制定原则,需要进一步完善。 说明:要以学校提出的课程目标为方向,结合实际情况,依据课程目标制定原则,制定规范的研学旅行课程目标			
	研学旅行课程内容	研学点:龙门石窟、少林寺等		
		关联学科:地理、历史		
		学习方式:体验、观摩		
		其他活动:暂无,可建议		
	分析:这些研学点为河南的名胜,也是研究中原文化的极佳资源,研学旅行地点分属两市,可以将洛阳和郑州作为本次研学旅行的主要目的地,进行课程内容设计。 说明:学校通常会对研学点会提出一些要求,课程设计者要第一时间验证这些研学点的可行性及其与整个研学旅行课程内容的关联性,若有问题,要及时做出调整			
	行前课	行前两周	品读课	45分钟
		行前一周	安全知识培训	60分钟

续表

课程需求分析	行前课	备注:品读课以班级为单位,在教室开展,组织学生参加。安全知识培训分上午和下午两批次,在会堂开展,学生、家长、教师均要参加		
	分析:本次研学旅行课程方案属于常规的体验式研学旅行课程方案,行前课的时间和课时安排都符合要求。 说明:研学旅行课程应该包含行前课,上好行前课是保证研学旅行课程圆满成功的重要环节,所以对行前课的信息也须认真分析,以保证行前课顺利、有效地开展			
	研学旅行手册	学习单式手册	√	备注:内容须包含4篇日记
		研究性学习手册		备注:
		其他		备注:
	分析:在设计常规的学习单式手册时,要注意满足学校提出的要求,同时针对学生年龄偏小的特点,手册的内容设计应当趣味性、可读性强。 说明:研学旅行手册作为学生在研学旅行中的"指导教材",有着非常重要的作用,学校通常会根据自身情况对手册内容设计方面提出想法。我们要明晰这些需求背后的目的,才能使研学旅行课程最后呈现的效果达到甚至优于这些要求			

四、接待标准分析

研学旅行是一种结合学习和旅行的教育方式,良好的接待工作能增加学生、家长和教师对研学旅行的满意度,是保证其质量的重要因素之一,接待工作不达标的研学旅行注定是失败的。学校通常会根据经费预算情况提出一些接待方面的需求,从吃、住、行到物资的准备、研学旅游指导师的配备,这些需求可能会非常具体,研学旅行课程设计者须综合考虑实际情况,对接待标准进行分析,判断能否满足校方的要求。若不能满足,要及时与学校沟通并提出解决方案。下文以某学校研学旅行课程接待标准分析为例进行讲解,见表2-3。

表2-3 某学校研学旅行课程接待标准分析

接待标准	用餐:桌餐十菜一汤,安排4次当地特色餐	住宿:至少四星级
	大交通:飞机/高铁√	车辆:49辆大巴,每班分配一辆大巴
	研学旅游指导师:每班指定　名高级研学旅游指导师,外加　名总控工作人员	
	物资需求(含横幅、小礼品、音响等):横幅、讲解器、营员证	
	其他:	
	预算:3000元/人	
	分析:该校接待标准符合河南研学旅行的实际情况,也能满足本次研学旅行课程的学生特点,但是根据该校的接待标准和课程要求,其预算是不能支持5天的研学旅行课程方案的,建议提高预算或者将研学旅行时间改为4天。 说明:接待标准和研学旅行课程内容决定预算,所以在提到接待标准时一定要结合预算来考虑,在预算不足以支持的情况下,须及时做出相应的调整	

研学旅行课程设计

五、撰写需求分析总结

完成研学旅行课程需求调研结果分析后,可撰写研学旅行课程需求分析总结,确定本次研学旅行课程的核心主题,进一步明确接待标准,阐明本次研学旅行的目标方向,并大概描绘出课程内容的基本框架。研学旅行课程设计者应结合对调研结果的分析和思考,利用自身的专业知识与经验,按步骤设计研学旅行课程。

⛵ 项目小结

本项目明确了研学旅行课程需求调研的内容和对象,并就如何分析研学旅行课程需求调研结果进行了步骤梳理。

⛵ 知识训练

你认为在研学旅行课程需求调研结果分析中,最重要的是哪个步骤?为什么?

⛵ 技能训练

以小组为单位进行角色扮演,扮演校方的一方提出课程需求,扮演研学旅行课程设计者的一方进行需求调研,并对调研结果进行分析。

项目三
研学旅行课程主题的设计

知识目标

(1) 理解研学旅行课程主题的含义及类型,明确确定课程主题的原则。
(2) 掌握研学旅行课程主题的选题方法和命名方法。

能力目标

(1) 能根据研学旅行对象学情特点,设计适合的研学旅行课程主题。
(2) 能准确提炼研学旅行课程主题名称。

素养目标

(1) 初步养成正确的主题观,认识到主题对于研学旅行课程的重要性。
(2) 加深对研学旅行课程的认知,树立职业自豪感和责任感。

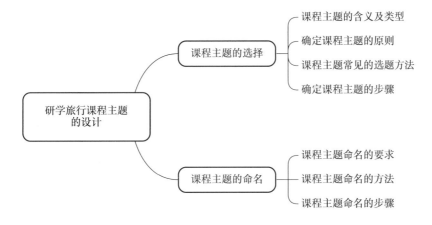

研学旅行课程设计

任务一　课程主题的选择

🌑 任务导入

"一年好景君须记,最是橙黄橘绿时。"安吉天略外国语学校的学生们排着整齐的队伍,伴随着欢快的歌声开启了期盼已久的校外主题研学旅行活动。四年级学生参加了学五谷知识、制作五谷画的研学旅行活动;五年级学生走进国际营地活动中心,参与挑战极限活动;六年级学生来到山水灵峰田园嘉乐比乐园,每人学做一道菜,学会一门生活技能。

(资料来源:《提升综合素质 助力快乐成长——记安吉天略外国语学校主题研学活动》,湖州教育局官网,2021年12月24日,http://huedu.huzhou.gov.cn/art/2021/12/24/art_1229210614_58944681.html。)

请思考,这些研学旅行活动分别属于什么类型的主题?

🌑 任务解析

(1)"题为文之眼",主题是研学旅行课程的灵魂。研学旅游指导师在开展活动前要根据课程的不同类型,借用有效的选题方法确定课程主题。

(2)课程主题既是课程内容主旨的概述,又是课程内容的升华。研学旅行课程主题要能够体现研学旅行对象的学习目标,能统领全部课程内容。研学旅游指导师要遵循教育性和实践性相结合的原则,按照一定的步骤,确定课程主题。

🌑 任务重点

掌握研学旅行课程主题的选题方法。

🌑 任务难点

能运用资源整合法、目标达成法、社会热点法等选题方法,根据研学旅行对象学情特点,设计适合的课程主题。

🌑 任务实施

一、课程主题的含义及类型

(一)课程主题的含义

主题,也叫"主旨",是文章全部内容所表达出来的基本思想,是文章的灵魂和统帅。在不同的文体中，主题有不同的称谓，例如，在议论文中叫"中心论点"，在记叙文中叫"中心思想"。文体不同，主题的表现方式也有所不同，议论文和应用文的主题要鲜明，越清楚明确越好，小说的主题要含蓄。但不论哪种文体，都应该"意在笔先"，也就是说，应先明确写作意图，再确定主题，切忌"主题先行"或"主题模糊"。

研学旅行课程主题通常是课程主旨的具体表达。作为学科课程内容的延伸、综合、重组和提升，研学旅行课程既是对学科基础知识、基本原理的运用，也是跨学科生成课程的实践，是培养学生核心素养的重要载体。因此，研学旅行课程需要明确课程主题、课程定位、课程理念和课程目标，其中，确定课程主题是设计研学旅行课程的核心环节。研学旅行课程属于综合实践活动课程，综合实践活动是基于学生直接经验、密切联系学习生活和社会生活、体现对知识的综合运用的实践性活动。综合实践活动能够增强学生创新意识和探索精神，引导学生学习科学研究的方法，发展学生综合运用知识的能力，增进学校与社会的联系，提升学生的社会责任感。因此，课程主题的选择和确定至关重要。

研学旅行课程必须有一个清晰而明确的主题，也就是说，在开展研学旅行活动之前，研学旅游指导师要明晰本次活动的性质，如人文性、自然性等。突出人文性的研学旅行活动又可分为培养学生爱国主义情感、协作意识的活动，提升学生社会责任感、忧患意识的活动，等等。突出自然性的研学旅行活动又可分为通过游览大好河山、观摩动植物生长增长学生见识的活动，引导学生感受都市繁华的活动，等等。研学旅行课程有了明确的主题，就好比文章有了中心思想，才能"言之有物"，才能思想明确，才更具针对性和逻辑性。

此外，课程主题的确立还要符合国家的教育方针，解决好培养什么样的人、怎样培养人、为谁培养人的根本问题。具体而言，就是"通过本次活动，达到什么样的目的，或者解决什么样的问题，或者让学生有什么样的收获"。2024年1月1日起施行的《中华人民共和国爱国主义教育法》中明确提出，"国家将爱国主义教育纳入国民教育体系。各级各类学校应当将爱国主义教育贯穿学校教育全过程"。课程设计者可以通过确立爱国主义教育主题，引导研学旅行对象在研学旅行活动中潜移默化地接受爱国主义教育，了解红色历史，激发热爱祖国的美好情感。

（二）课程主题的类型

一次成功的研学旅行活动，一定有一个鲜明的主题。研学旅行课程主题可以涵盖多个领域，内容包括劳动体验、体育健康、历史人文、红色文化、社会生活、自然地理、职业体验、乡村生活、植物科普等。根据《关于推进中小学生研学旅行的意见》，可以将研学旅行课程主题分为地理类、自然类、历史类、科技类、人文类、体验类六类，具体说明如下。

1. 地理类课程主题

地理类课程主题是研学旅行课程最为常见的主题类型，它以自然地理为研究对象，通过实地考察和研究，引导学生了解自然地理的基本知识，加深对自然环境的认知，增强保护自然环境的意识。地理类课程主题注重学生的参与和互动，能够培养学生的实践能力和创新思维,增强学生的团队协作意识。

地理类课程主题主要体现地理、科学、艺术等学科在研学旅行中的作用,包括地理位置与地名、地理要素与景观、地理环境、地理标志与地理审美等研学旅行内容,依托人文地理环境,通过地理考察、实验、社会调查等形式,探究地质地貌、气象水文、土壤植被等地理要素,人口、聚落、经济、文化等人文地理事象,引导学生发现该区域存在的人地关系问题,并提出相应的解决方案,养成综合思维、人地协调观、地理实践力等核心素养。例如:"邂逅七彩丹霞"主题课程将张掖丹霞地貌与研学旅行实践活动相结合,学生通过采集标本、地质勘探等活动,了解地壳运动和地质变迁,学习红层地貌形成原理。又如"探究神农架生物多样性"主题研学旅行活动,该活动引导学生探索原始森林,解读生态系统,感受神农架的生物多样性。

2. 自然类课程主题

利用自然资源开展教育教学是研学旅行课程的重要内容,自然类课程主题是指一系列关于自然科学的研究主题,涵盖生物学、地理学、物理学、化学、天文学等领域,这些主题涉及自然界中的各种生物、物理现象、化学反应、天文现象等诸多方面,能够帮助学生认识和探索自然界。

自然类课程主题主要包括欣赏自然现象与景观,了解自然资源与灾害、自然生态、自然规律等方面,主要体现地理、生物、科学、艺术等学科在研学旅行中的作用。依托自然保护区、风景名胜区、地质公园、森林公园、湿地公园、生态旅游区等自然保护地,引导学生观察、接触大自然,激发学生对大自然的探索兴趣。例如:"植物小精灵(苔藓)与迷你森林"自然生态研学旅行实践活动,通过引导学生了解生物群生态系统,学会制作孢子印,正确使用电子显微镜,使用放大镜观察霉菌的形态结构等,培养学生观察事物的能力和动手实操能力,树立人与自然和谐共生的理念。又如"探索科学风云·揭秘气象万千"气象科普研学旅行实践活动,该活动通过引导学生了解气象检测设备,观察"三七高炮"、火箭发射架、测风仪等气象仪器,探究天气变化原因和规律,提高学生对自然环境的观察和分析能力。

3. 历史类课程主题

中华文明源远流长,博大精深,是中华儿女的宝贵财富。历史类课程主题是研学旅行课程常见的主题之一,主要涵盖古代文明、历史文化、人文地理等方面的知识,旨在引导学生通过参观历史博物馆、文化遗址、古建筑等,加深学生对历史文化知识的理解,激发学生对历史文化的兴趣。

历史类课程主题涉及历史遗迹、文物与非物质文化遗产、历史聚落、纪念场所、历史题材艺术等方面,主要体现历史、思想政治、社会、语文等学科在研学旅行中的作用。依托历史遗迹、革命遗址、博物馆、纪念馆、文艺展馆等人文遗产,借助历史考证、社会调研、人文探究、艺术鉴赏等方法,引导学生欣赏、领悟中华优秀传统文化、道德伦理、文学艺术、传统工艺、历史名人典籍等,坚定文化自信,传承和弘扬革命传统。例如"江南文脉·吴越春秋"等古迹遗址研学旅行实践活动,组织学生走进水乡古镇,通过对京杭大运河的追根溯源,感受历史厚重。又如"新时代·重走红军路"红色文化研学旅行实践活动,通过组织学生寻访红色足迹等,开展红色教育,传承红色精神。

4. 科技类课程主题

科学技术发展已经渗透社会生活各个方面,科技使人们生活更加便捷。科技类研学旅行是指通过对科学知识的学习和实践,培养学生科学素养和创新能力的一种研学旅行活动。科技类主题课程是对学校学习的科学知识的再认识、衔接、加深、拓展和应用。在科技类主题研学旅行活动中,学生不再是被动地接受研学知识,而是通过实践操作和主动探究,参与科学实验、科技创新和项目研究,从而提高观察、思考、探究和解决问题的能力。

科技类课程主题涉及科技发展、科技研发、科技伦理、科技建设等方面,主要体现数学、科学、物理、化学、生物、信息技术等学科在研学旅行中的作用。依托科技馆、科技活动、科研机构、高等院校、现代产业园等,借助VR、AR、MT等高新技术,科学探究和实验方法,以沉浸式互动体验为主要形式,培养学生科学伦理、创新意识、劳动观念等方面的素养,如"寰宇全视界·筑梦少年强"科技工业研学旅行实践活动,通过探究大亚湾智核奥秘,解读清洁能源的可持续发展,体验无人机拆解组装,培养学生创新思维。又如"光影随行"研学旅行实践活动,将学生在校内学到的关于"影子是怎么产生的"知识,拓展延伸为"怎样改变影子的长短",引导学生对校内知识进行再认识和运用。

5. 人文类课程主题

我国56个民族、14亿多中华儿女形成了特色鲜明的民族文化和地域文化,可谓"百里不同风,千里不同俗"。人文类主题研学旅行活动是一种以人文学科为主题的研学旅行活动,通过参观文化遗产、古迹名胜等,引导学生了解中国悠久的历史和文化,通过实践体验和探究,提高学生的综合素养。人文类主题研学旅行活动涵盖参观博物馆、古迹探访、名胜风景游览、文化体验等活动。

人文类课程主题涉及人文特色、社会发展、人居环境、文化建设等方面,主要体现思想政治、历史、社会、地理等学科在研学旅行中的作用。依托爱国主义教育基地、人文展馆、城乡聚落、民族聚居地等社会研学旅行基地,借助科学调查、研究等方法,引导学生感知改革开放以来我国社会发展所取得的成就、人民生活水平的提高、国际地位的提升,培育学生的家国情怀、国际视野、社会责任感等。例如"体验酒文化·传承工匠精神"非遗研学旅行实践活动,该活动通过"酒"字飞花令大赛,引导学生感受中国酒文化的博大精深,并组织学生通过制作甜酒酿感受黄酒芬芳与米香,传承非遗文化。又如"跟着良渚人体验史前'潮'生活"文博研学旅行实践活动,该活动结合展厅实物,引导学生从衣、食、住、行、精神信仰等方面沉浸式体验史前良渚生活,接受文化熏陶,增长知识,增强文化自信。

6. 体验类课程主题

体验类课程主题是目前研学旅行课程中受到广泛欢迎的一类主题,主要通过亲身体验活动,培养学生在自然环境下的生存能力,改善学生的身体机能,引导学生认知自身潜能;增强学生的自信心,克服心理惰性;完善学生的性格,磨炼战胜困难的意志与毅力;增强学生的团队协作意识,提升综合素养。

体验类课程主题涉及体育与拓展运动、劳动与创业、集体生活体验等内容,主要体现劳动技术、信息技术、体育、艺术等学科在研学旅行中的作用。依托综合实践活动基地、劳动教育基地、团队拓展基地、国防教育基地、体育训练基地、企业生产场所等,借助现代生产方式和技术、身心发展理论和方法,通过参与生产劳动、军事训练、职业体验、团队拓展等,获得精神提升,提高团队协作能力,培育自我发展、健康生活、勇于拼搏、合作意识等方面的素养。例如"小小城管员"研学旅行实践活动,通过组织参与一线执法工作、环卫"送清凉"、垃圾分类等职业体验活动,引导学生在实践体验中感受为人民服务的幸福感。又如"军港之夜"研学旅行实践活动,通过组织参与走队列、打军体拳、军事技能训练、学船艺等体验活动,引导学生体验军营生活,了解人民海军实力不断提升的发展历程,增强国防意识,树立远大理想。

二、确定课程主题的原则

课程主题是研学旅行教育活动的主旨与核心,课程主题的确定要依据国家教育方针、政策,教育学、心理学及相关课程理论,遵循以下四个原则。

(一)坚持教育性和实践性的原则

研学旅行活动是研究性学习与旅行体验相结合的校外教育活动,其课程主题要符合学生身心特点、接受能力和实际需要,注重系统性、科学性、知识性和趣味性,为学生全面发展提供良好的成长空间,着力培养学生的担当意识、创新思维和实践能力。同时,要通过开展各种实践活动来实现研学旅行综合育人的目标,促进学生知与行、动手与动脑、书本知识与生活经验的结合和统一。因此,要特别注重学生的实践性学习活动,要突破教材、课堂和校内活动的局限,在时空上向自然环境、学生的生活领域和社会活动领域延伸,通过实践性的学习活动密切学生与自然、与社会、与生活的联系。

(二)坚持以学生为主体的原则

根据《关于推进中小学生研学旅行的意见》中对"中小学生研学旅行"的定义可以得知,研学旅行活动以校外研学旅行基地为主要场所,学生是活动的主体。研学旅行课程活动要以学生自主探究、学习为主,为学生提供自由发挥的空间,保证其全程参与,尽可能提升学生倾听、理解、表达、操作等方面的能力。在选择课程主题时,也要关注研学旅行对象的学习需求、学习能力、学习条件和学习环境,为不同学段的学生安排具有不同难度、不同知识深度和不同技能水平的主题活动,促进学生主动学习、主动思考,拓展学生的体验空间。不同学段学生适合的课程主题类型见表3-1。

表3-1 不同学段学生适合的课程主题类型

学段	课程设计	适合的课程主题类型
小学	以乡土乡情为主	地理类、自然类

续表

学段	课程设计	适合的课程主题类型
初中	以县情市情为主	历史类、科技类
高中	以省情国情为主	人文类、体验类

(三)坚持融合性和价值性的原则

研学旅行设计要站在综合育人的高度,统筹协调,结合地区情况、学校情况和学生实际情况,挖掘并整合一切具有教育价值的资源,如自然文化遗产、红色教育资源、综合实践基地,以及科技馆、当地高校、知名企业、科研机构等,都可以被整合成可利用的研学旅行资源。同时,也要整合校内的学科资源,将科学、艺术、人文、社会等不同学科的知识进行多学科、跨学科融合,形成多维度的学习体验,引导学生在认知世界的过程中解决问题、锻炼能力、提升品格。

(四)坚持突出地域特色的原则

研学旅行的主要特征就是以真实的社会、自然环境为课堂,使学生既不脱离生活实践又能学到丰富的课外知识。因此,在确定课程主题时,应因地制宜考虑当地的自然景观、民俗传统、生态保护等方面的资源优势,要立足国情、域情和校情,挖掘本区域自然环境、历史文化和社会发展等方面的特色,确立爱国主义、人文历史、科学探究、生涯规划等不同类型的课程主题,引导学生熟知自然环境与人文特征之间的必然联系,体会"一方水土养一方人"的先哲智慧,增强对地方文化的认同感。

行业观察

让孩子们在研学课堂中快乐成长

作为"旅游+教育"跨界融合的产物,研学旅行有助于学生拓宽视野、丰富阅历、提升综合素质,其前景被业界看好。

中国旅游研究院发布的《中国研学旅行发展报告2022—2023》提出,研学旅行的参与者从狭义的中小学生不断扩展到包括学龄前儿童、大学生以及成年人、老年人等全生命周期群体,呈现出更加广阔的发展空间。研学旅行相关的政策红利仍在持续释放。

研学游,重在"学"。某旅游公司国际文化教育交流部营销方面的相关负责人认为,优质研学旅行产品应具备以下特点:一是主题集中,目标明确,任务清晰,体验充分;二是教育性与实践性相结合;三是在旅行中贯彻"研"的探究创新和"学"的吸收传承;四是让学生通过研学旅行活动在德智体美劳方面得到全面的提升发展;五是在研学旅行活动中形成完整的教学活动闭环,做到学前有预习、学中有活动、学后有总结和评价。

"业界应与时俱进,让研学旅行产品更加精准触达受众。我们将继续开展寓教于乐的非遗研学旅行活动,让非遗'走进'课堂,帮助孩子们在体验中感受到动手的快乐。"新疆某土艺馆相关负责人建议,要主动适应市场,丰富研学旅行产品形态,让非遗融入现代生活、焕发时代光彩,用年轻人喜闻乐见的话语讲好非遗故事、中国故事。

(资料来源:《精彩暑期 畅游一夏——让孩子在"诗和远方"课堂里快乐成长》,载《中国旅游报》,2023年8月8日。)

思考:

研学旅行是"旅游+教育"跨界融合的产物,集沉浸式探究、互动式体验于一体,厘清研学旅行课程开发的主体,是深入推进研学旅行科学、系统、高效发展应解决的课题。那么,该如何设计符合研学旅行对象学情的并且具有现实价值的课程主题,以凸显研学旅行活动的教育功能?

三、课程主题常见的选题方法

在选择研学旅行课程主题时,首先要明确此次研学旅行活动的目标是什么,面向的学生群体有什么特点,要培养学生哪些素质,达成这些目标有哪些可能的途径等。其次,筛选可用的吃、住、行方面的资源。在结合校情、域情及研学旅行基地(营地)等情况综合考虑后,才能最终确定适合的课程主题。

课程主题常见的选题方法主要有资源整合法、目标达成法、社会热点法、生活体验法和自主选题法五种。

(一)资源整合法

所谓资源整合,是指在一定的主题下,将各行各业原本各自独立的、拥有不同资源的个体进行衔接,共同协作,资源共享,为完成某项目标形成有效率的整体。

《关于推进中小学生研学旅行的意见》明确指出要"以统筹协调、整合资源为突破口,因地制宜开展研学旅行"。这里所说的"整合资源",既包括校内学科整合、跨学科整合,也包括联系学生实际,整合区域资源、学校资源,以及自然文化遗产、红色教育资源等基地资源,即整合一切可利用的资源。

以"愚公移山,'豫'见济源"研学旅行课程为例,王屋山景区位于河南省西北部的济源市,这里植被繁茂,森林覆盖率达98%以上,生态资源、矿产资源富集,这里的"愚公移山"故事妇孺皆知,堪称传统文化研学的理想之地。因此,该研学旅行课程既整合了语文、地理、生物等方面的学科资源,又集合了区域资源、基地资源等,体现了其课程主题的开放性、综合性和多样性等特点。

(二)目标达成法

研学旅行对于全面培育学生的人文底蕴、科学精神、责任担当、实践创新等核心素养,引导学生学会学习、健康生活,落实立德树人根本任务意义重大。在培养核心素养方面,无论是校内学科课程还是综合实践活动课程,都须设计明确的课程主题,或者围绕教育目标遴选适合的课程主题。《中小学综合实践活动课程指导纲要》中也强调了研学旅行课程的育人导向,提出了明确的课程目标,要求通过考察探究、社会服务、设计制作、职业体验等活动方式进行学习,从而提升学生的核心素养。因此,围绕明确的目标遴选课程主题才能使研学旅行活动更有针对性,更具目的性。

以"中华古水城 英雄台儿庄"研学旅行课程为例,该课程通过设计寻踪台儿庄遗迹,考察台儿庄古城与运河水系的关系,体验台儿庄非遗文化等研学旅行活动,引导学生感受商贾文化,深化因地制宜发展思想;利用大战史实,树立学生的和平意识,培养学生不怕牺牲、无畏战争的英雄气概,在潜移默化中培育学生的爱国主义情感,厚植家国情怀。

(三)社会热点法

研学旅行可以打破学科界限,打通课堂内外,丰富学生的知识结构。因此,课程设计者可以引导学生研究社会热点,加深学生对国家和国际社会的认知,开阔眼界,打开思想格局。课程设计者还可以结合当下社会热点,精心设计如生态探究、历史文化体验、科技创新、环保教育、社区服务、远足露营等项目,将自然文化、社会文化与学校文化融合起来,选取适合的课程主题,让学生在了解社会热点和时代最新发展的过程中,感知社会、时代对人才的需求。

例如,课程设计者可以借助乡村研学游这一社会热点,利用乡村人文资源和自然资源开展研学旅行实践活动,确立"乐稻心田"(草龙编织体验)、植物组培、环境治理等研学旅行课程主题,引导学生体验农事之乐,感悟劳动精神。还可以设计"智造中国·民族汽车"课程主题,引导学生通过观摩新能源汽车生产过程,领略中国制造的魅力。

(四)生活体验法

生活即教育,社会即学校。研学旅行课程设计要从学生生活实际和学生需求出发,确定课程主题,使之贴近学生真实生活,这样才能激发学生兴趣,并使兴趣转化为学习的动力。要引导学生善于观察、感受生活,通过思考与探究,将学科知识融入研学旅行体验,促进书本知识与生活经验的深度融合。因此,课程设计者可以将生活中的各种问题有选择地设计成研学旅行课程主题,引导学生在探究和体验生活的基础上掌握解决实际问题的基本技能,增强学生的社会责任感。

以"乘风破浪的哥哥姐姐——海上乘务员"研学旅行课程为例,该课程分为"海上乘务员日常工作"与"困难挑战"两大主题,通过情境导入、游戏串联的形式,引导学生进入海上乘务员真实的工作场景,挑战真实的工作任务,体悟海上乘务员的社会责任感与使命感,弘扬崇尚劳动、尊重劳动等观念。

(五)自主选题法

研学旅行活动的主体是学生。研学旅游指导师须关注研学旅行对象的自主性,通过创设情境,鼓励学生在所处的自然、社会和生活环境中留心观察、用心体会,探寻自己感兴趣的问题或课题,并将问题及时记录下来。师生共同讨论后筛选问题,并将问题转化为研学旅行的课程主题。不对问题的范围设限,学科学习中与实践有关并且学生感兴趣的内容,学生个人生活或学习中遇到的问题,学生感兴趣的现象、科技或社会热点等,都可以纳入研学旅行课程主题选择范畴。

以"探秘地球系列之矿石奇缘"研学旅行课程为例,学生通过察"岩"观色——观察岩浆岩、沉积岩和变质岩三大类岩石,发现问题,提出问题:如何识别不同岩石特性?不同环境下岩石结晶的速度与大小是怎样的?岩浆岩是如何形成的?……学生通过模拟实验,形成课程的主题,如岩石循环、"疯狂的石头"等,并以此为依据,开展研学旅行实践探索活动。

研学旅行课程主题的选题方法多样,但如果不将零散的知识点通过一定的逻辑相关联,就容易让研学旅行活动失去焦点和重心。因此,必须先确定一个大的主题,然后再围绕该主题来整合资源、优化课程,并设计若干个不同专题,才能让研学旅行活动思路直观化、生动化。

四、确定课程主题的步骤

课程主题一旦确定,直接决定了研学旅行活动开展的方向和学习的意义。因此,课程主题必须能够承载具有可操作性、可研究的内容,要将过于宽泛的主题细化为可研究的具体主题,从而延伸出可思考、可调查、可探究、有价值的研究点。具体步骤如下。

(一)分类建主题

课程主题是研学旅行的灵魂,它先于课程目标而存在。根据研学旅行的意图和活动时空分布,课程主题可分为单一主题、综合主题和分类主题三种。

1. 单一主题

单一主题是指将研学旅行课程中的某个突出主题作为学习目标,如"沙漠绿洲自然科普"研学旅行课程主题,其主要内容为走进沙漠森林公园,观察沙生植物,探究植被对生态环境的影响,这一课程主题就属于单一主题。单一主题具有主题突出、内容明确、目的性强的特点,比较适合短期科学探究类或自然考察类研学旅行活动。

2. 综合主题

综合主题是多个单一主题的集合,这类主题课程一般依托区域特色进行设计。以湖北研学旅行课程主题为例:湖北省位于中国的中部,具有多样的地貌特征,包括山地、丘陵、岗地和平原,可以开展自然地理类研学旅行课程活动;湖北省又是荆楚文化的发源地,有着炎帝神农文化、清江巴楚文化、长江三峡文化、江城文化等,可以开展历史人文类研学旅行课程活动。这种多维度、多内容、多方式的研学旅行课程主题就属于综合主题。综合主题研学旅行课程内容相对并列,可以根据研学旅行时间进行内容调整,不会影响研学旅行课程活动的总体安排。

3. 分类主题

分类主题是针对不同侧重内容的一种综合主题设计。例如,以探索科学奥秘为主要内容的科技探究主题,以探寻自然生态之美为主要内容的生态环保主题,以运动训练、体育竞技为主要内容的体育健康主题等,都属于分类主题。在设计分类主题时,可以根据不同的需求和目的有所侧重。

（二）分解大主题

从课程实施的角度来看,大主题往往能够承载更为广泛的学习目标,而过多的学习目标则意味着有更丰富的学习内容和评价方式,难以保障目标、内容以及评价之间的一致性,学生也难以获得更为具体、深入的学习体验。以"长江大保护"研学旅行课程主题为例,这一大主题可以进一步分解为自然生态、优秀传统文化、国情教育、国防科工等具体主题,分解后的每一个主题分别对应不同的学习目标、学习内容和活动线路,侧重点也不同。因此,须对大主题进一步细化分解,在确定了"长江大保护"这一大主题后,引导学生不断将主题范围缩小,明确具体学习和研究的内容,形成相对独立的具体主题。

（三）厘清主题线

研学旅行课程设计要保证课程逻辑的连贯性和课程要素的一致性,在明确的主题之下,还须梳理完整且清晰的主题线,即围绕主题的目标、内容、实施和评价等要素进行分析。

1. 需求分析

研学旅行对象需求分析是研学旅行课程设计的重要依据。研学旅行是研究性学习和旅行体验相结合的综合实践活动。无论是研究性学习还是旅行体验,其行动主体都是学生。学生想要了解什么、研究什么,为什么学生要走出学校去进行研究性学习而不是在校内完成,研学旅行活动能给学生带来什么样的收获……这些都是在设计课程方案时要重点关注的内容,只有充分了解研学旅行对象的需求,才能保证研学旅行活动对学生来说是有意义、有价值的。

2. 资源匹配

学生根据研学旅行目的地资源选择研究主题、设计研究计划,同样,研学旅行行程中也要包含能够与研究主题相匹配的资源,如果学生需要在"长江大保护"研学旅行线路中探究"桥的承受力大小与桥的剖面形状之间的关系",那么,课程设计者应确保该课程包含长江江面桥梁的学习内容和相关活动线路,还要给学生提供能够进行实验的学习环境以及专业的指导。

3. 学科链接

《中小学综合实践活动课程指导纲要》指出:"综合实践活动是从学生的真实生活和发展需要出发,从生活情境中发现问题,转化为活动主题,通过探究、服务、制作、体验等方式,培养学生综合素质的跨学科实践性课程。"研学旅行课程具有综合实践活动课程的基本样态,课程主题的确立应注重多学科融合,挖掘研学旅行课程与学校学科课程的结合点,跨越学科边界、课堂边界、资源边界,引导学生以广阔的视角思考学习生活中的问题,并将其转化为研究主题。

研学旅行课程设计

4. 成果预测

研学旅行学习成果预期有两种表现形式:第一种是显性的学习成果,如观察日记、动植物标本、科考照片、手工制作、调查报告等。第二种是隐性的成果,相对于学科课程的成果,有更高的生成性。这类内隐的、需要积淀的学习成果,如有担当、有爱心、有责任感、有团队意识等,是体验式学习行为本身所决定的,这些学习成果应当符合课程主题、体现课程目标。

慎思笃行

"饮水思源"研学旅行课程主题 大国工程增强民族自豪感

由湖北省文化和旅游厅、北京市文化和旅游局等部门联合主办的"暑期第一课"研学旅行活动正在湖北举行。在为期近6天的研学旅行中,来自清华大学附属中学、中国人民大学附属中学、北京市第五十五中学等多所北京学校的学生将围绕"大江北去——南水北调溯源探究"课程主题,相继前往武当山风景区、郧县学堂梁子遗址、青龙山国家地质公园等地开展研学旅行,通过实景沉浸式课堂体验,体悟"一库碧水永续北送,甘冽清泉润泽京津"的动人故事。

在湖北省十堰市丹江口市举行的开课仪式上,中国地质大学(武汉)教授徐世球为学生解读了南水北调的科学知识,介绍了南水北调相关倒虹吸、渡槽原理等水利知识,以及南水北调工程的由来、建设历程、建设成就等,唤起学生节水意识,增强学生民族自豪感。

"90后"青年教师申家轩是此行的带队教师之一,他说:"此次研学旅行行程非常充实,既可以让孩子们认识到国家科技水平的发展,引导学生主动思考,又能让孩子们理解大国工程中人民群众的智慧和情怀,让孩子们受益匪浅。"

(资料来源:《百余名北京青少年暑期在湖北研学"饮水思源"》,新华社网,2023年7月20日。)

知识训练

1. 课程主题是( )的具体表达,根据教育部等11部门联合发布的《关于推进中小学生研学旅行的意见》,可以将研学旅行课程主题分为( )、( )、( )、( )、( )、( )六类。

2. 研学旅行课程主题设计要坚持( )、( )、( )和( )的原则,要坚持以( )为主体,在选择活动主题时,要关注研学旅行对象的( )、( )、( )和( )。

3. 确定课程主题的具体步骤包括( )、( )、( )。

4. 请简要回答课程主题常用的选题方法。

项目三　研学旅行课程主题的设计

任务二　课程主题的命名

任务导入

某研学旅行企业根据学校要求,设计"长江大保护"研学旅行课程活动,三名研学旅游指导师围绕该课程设计了不同类型的主题活动,并为主题活动命名,分别为"追寻长江之美 畅享奇妙之旅""探'鲟'绿色三峡""同饮长江水 共护母亲河",这些主题命名符合研学旅行课程主题命名的原则吗?使用了哪些命名方法?

任务解析

(1)课程主题命名是对研学旅行课程的高度概括,是一个富有创意和吸引力的过程,主题名称要符合研学旅行对象学情特点,既要准确规范,又要新颖有趣。

(2)课程主题应紧扣研学旅行的课程内容,其命名需要按照一定的方法和步骤进行。

任务重点

掌握研学旅行课程主题的命名方法。

任务难点

能运用谐音法、嫁接法等命名方法为研学旅行课程主题命名并释义。

任务实施

一、课程主题命名的要求

好的课程主题能够准确地传达研学旅行课程的内容,激发研学旅行对象的兴趣。课程主题是研学旅行课程的高度概括,是研学旅行活动内容的集中体现。研学旅行课程主题命名要符合准确规范、简洁醒目、新颖有趣、目标导向和贴近生活等基本要求。

(一)准确规范

研学旅行课程主题的命名应该准确反映课程内容和目标,所用的词语和句型要规范、科学,符合语法结构,表达内涵要清晰,主题内容要聚焦,建议多用陈述句,简明扼要地表达出课程的核心概念和所要培养的核心技能,课程主题内涵不能过于宽泛。例如,"春之韵"就过于宽泛,缺乏具体指向,应根据具体的研学旅行课程内容准确表达课程主题,如果改为"走进太乙仙山 感受春之美好",就具体多了,指明了研学旅行活动地点、活动内容,能让研学旅行对象明确研学旅行课程的主要意图和内容。

课程主题命名应力求规范表述,避免使用模糊、抽象或具有误导性的词语,避免给研学旅行对象带来困惑。例如,"武夷山采茶之旅""丽江纳西文化探寻"等课程主题就很清楚明白地指出了研学旅行的主要意图和活动内容。

（二）简洁醒目

课程主题的命名应简洁明了,避免使用冗长而复杂的词汇。简洁醒目的课程主题能够提供清晰的学习方向,引导学生厘清课程的内容和结构。一般而言,课程主题的命名要想简洁醒目,必须注意以下三点:

第一,呈现核心内容。课程主题要准确无误地传达研学旅行活动的中心内容或者核心知识,引导学生感受本次研学旅行活动的定位、目标及涉及的知识领域,如研学旅行课程主题"研学瓷都汝州 传承千年非遗"就清楚明白地传达了其课程的主要内容是非遗传承活动。

第二,呈现主要目标。课程主题应传达出研学旅行课程学习的主要意图和目的,如研学旅行课程主题"走进老屋农庄 体味农耕文化"点明了该活动的主要目的是感悟传统农业文化的魅力。

第三,便于学习者记忆。好的课程主题简单易记,过目不忘,朗朗上口,易于传播。课程主题字数尽量控制在10个字左右,若字数太多,学习者将很难记住。例如,研学旅行课程主题"南水润北方 寻源丹江口"就非常醒目地交代了研学旅行目的地及课程内容——丹江口水库、南水北调,主题规范,指向明确,便于记忆。

（三）新颖有趣

所谓新颖有趣,就是不落窠臼,不俗套。生动有趣的研学旅行课程主题能够激发研学对象的好奇心和兴趣,增强他们的课程学习主动性。要做到新颖有趣,可以使用具有吸引力的词汇或者简洁有力的词语。例如:"我在平遥当掌柜"就比"走进平遥 感受晋商风韵"有趣多了,以职业体验的方式身临其境,既能抓住眼球,又能激发学生学习兴趣。又如湖北襄阳推出的"穿越千年话三国"研学旅行课程,其课程主题的选取就迎合了学生对人文历史的兴趣,既能体现研学旅行目的地的特色,又能激发学生的学习兴趣,寓教于乐,学生在与历史的对话中演绎经典,感悟中华优秀传统文化的魅力。

（四）目标导向

课程主题的命名应与课程的目标相关联,也就是说,要根据研学旅行对象的学习需求、兴趣和特长等因素,制定相应的课程主题。清晰的课程主题能够准确地传达课程的核心目标,研学旅行对象能从课程主题中了解他们将学到什么,会有什么收获,从而明确学习方向,提升学习效率。例如,"世界工厂——中国制造（福耀玻璃）"研学旅行课程,针对小学五年级至高中三年级学生的不同认知特点及学习兴趣设计课程主题,引导学生走进世界先进的中国汽车玻璃生产工厂,了解汽车玻璃原片的生产过程,见识中国制造的魅力,感受中国经济制造业的飞速发展,感悟科技力量,激发学生的民族自豪感。

（五）贴近生活

课程主题的命名应紧密联系实际,贴近生活,能够反映当前社会和时代的发展趋势。研学旅行课程极为显著的特点便是学习情境的真实性,即在真实的自然环境中实施课程,注重在生活中开展教育,实现学校教育与校外教育的有机结合。例如:"记住幸福的'田'味"农事体验类研学旅行课程,利用农业生产、生态环境、动植物生长、农村生活等方面的资源设计农耕体验活动,通过引导学生参与割谷、打捆、脱粒、晒谷等农事活动,学习种植、嫁接等农事技能,实现农业科学技术和知识的普及,让学生感受到劳动的快乐。

案例聚焦

上海中国航海博物馆开发临港区域特色课程

上海中国航海博物馆位于上海自由贸易区临港新片区,是首个经国务院批准设立的国家级航海博物馆。该馆就近优化整合科研、科普、产业资源,面向在校中小学生推出了临港区域特色课程研学之旅,带领学生走进区域内主题研学旅行场所,开阔学生的思维,在实践中培养热爱科学、善于研究的创新型青少年人才。

一是与其他主题科普场所互联互动。位于临港区的生活垃圾科普展示馆,是上海首座以生活垃圾为主题的科普展示馆,学生在这里可以重新认识垃圾的去向、分类及处理方法,观看垃圾处理纪录片加深理解。上海临港海绵城市展示中心则是国内首个展示海绵城市建设的科普场馆,"会呼吸的海绵城市"主题课程通过VR/AR互动、数字沙盘等现代化多媒体互动技术,以及室外模拟降雨特效表演等方式,向学生生动展示了海绵城市的生态理念、技术措施和美好前景。

二是与高校展开深度合作。上海海洋大学拥有丰富的教学和科研资源。在"探寻海洋的秘密"主题课程中,学生可以参观该校校内水生生物科技馆、远洋渔业展示厅、渔船操纵模拟器操作室等,了解与海洋有关的秘密。上海海事大学拥有全球第一艘集成四种液货船货舱及装卸系统的教学实验平台——"吴淞号"。在"探寻船舶航行的秘密"主题课程中,学生可以登上"吴淞号"参观学习,了解现代船舶结构、船舶消防、系统设备和功能等。

三是深入产业基地进行实践教学。上海国际高科技文化装备产业基地是我国首个高科技文化基地,用于发展我国高科技文化装备制造业和整体提升关联服务业。在"科技改变生活"主题课程中,学生可以通过参观及动手体验,了解全息成像、3D打印、VR、AR等先进技术,体会传统文化与高科技的结合以及科技是如何改变我们的生活的。

（资料来源：《中国航海博物馆：整合区域资源 推出研学课程》，载《科普时报》，2023年2月17日。）

案例思考：

结合上述案例，你认为研学旅行课程主题命名还可以采用哪些方法？

二、课程主题命名的方法

好的课程主题能够吸引学生，激发他们的好奇心，让他们愿意参加活动。研学旅行课程主题常用的命名方法主要有谐音法、抽取法、聚焦法、嫁接法、"地点＋"法等。

（一）谐音法

谐音法是灯谜常用的猜制法门之一，它主要利用汉字的同音字的特点，采用"声东击西""偷梁换柱"的方法，假借此字之音，而指彼字之形、义，从而达到面底相扣的目的。例如：谜面为"树杈"，谜底为"一念之差"，取谐音"cha"，可见谜面与谜底正是利用读音相同或相近的关系来进行扣合，这便是"面底相扣"。谐音法在人们日常生活、语言交际中运用广泛，得益于它的趣味性。研学旅行课程主题的命名也可以采用此法增强趣味性，例如：江西某研学旅行课程的主题为"'江'山如画，川流不'西'"，采用"川流不息"中"息"（xi）的谐音，该课程主要开展红色研学旅行实践活动，学生通过聆听红色故事，了解江西人文历史，感受江西这片红土地上的人文情怀。

（二）抽取法

抽取法就是抽取研学旅行课程中的关键词作为课程主题，这是一种最直接有效的方法，也是研学旅行课程主题命名常用的方法。

如何界定关键词？名词、动词或者词组（短语）都可以作为关键词，如湿地科普、生态保护、航模技能等词语或短语，它们都具有形象化、具体化的特点。

怎样选定关键词？首先，要认真分析研学旅行活动的课程主题，选择能概括研学旅行活动主旨的词语或词组；其次，选词要精练；最后，关键词用语必须统一规范，要能准确体现出特定语境下的名称或术语。例如："穿越原始雨林 探秘西双版纳"课程主题抽取的关键词由"动词＋名词"构成，主要内容为自然地貌景观；"情满丝路 书香陇原"课程主题的主要内容为历史文化。又如"诗画江南 非遗传承"课程主题，对研学旅行课程中的杭州、乌镇、绍兴等江南胜景，以及吴越文化、彩绘手工、茶文化、扇面描红等非遗元素进行概括，抽取课程内容中的关键词"江南""非遗"作为课程主题的组成部分，引导研学旅行对象探知江南文化、传承非遗精神。

（三）聚焦法

所谓聚焦法，是一种通过给定一系列问题来获取解决方案的思考方法，通常把重

案例聚焦

穿越"中轴线"感受京城独特魅力

点放在一个问题上,然后对其层层深化,逐步揭示更多方法。而研学旅行课程主题聚焦,则是在提炼课程主题的基础上,聚焦所需研究的核心问题,预设学习的效果,这样提炼出来的课程主题,往往不易偏离,更有利于紧扣问题来开展活动。例如,"玩转新能源"课程主题,在提炼"认知新能源"主题的基础上,通过聚焦研学旅行实践活动中的核心问题——新能源在生活中的运用,预设研学旅行活动的效果——提高环保意识,加深对家国、家园的认知,进而提炼出课程主题。又如"农夫山泉之生命溯源"课程主题,在提炼"农夫山泉追根溯源"主题的基础上,聚焦于知识科普,通过寻找水源、鉴别水质、参观工厂、设计农夫山泉产品等体验活动,引导学生饮水思源,领悟水资源的珍贵,激发学生的社会责任感。

(四)嫁接法

嫁接是现代园艺学的一项重要技术,是将一种植物的枝或芽,嫁接到另外一种植物的根或茎上,以此来创造一种新的植物个体。而研学旅行课程主题命名所采用的嫁接法,是指把一个或多个研学旅行内容或研学旅行资源嫁接到一个课程主题中,从而使得研学旅行课程主题更加丰满、鲜明。例如,"走进将军故里 传颂红色故事 传承红安精神"课程主题,就是将黄麻起义和鄂豫皖苏区纪念园、李先念故居纪念园、董必武故居纪念园、李天焕将军故居等革命遗址研学资源嫁接在一起,合成一个红色文化课程主题,在红色土地上开展研学旅行活动,让学生身临其境感受红色文化的魅力。又如"畅游极边之城 感悟边地文化"课程主题,将研学旅行课程方案中所涉及的主要内容整合到一起,自然生物与火山景观等方面的内容构成自然、地质学习主题,建筑群落与民间艺术等方面的内容构成人文探究学习主题,通过整合这些学习主题,突出"边地文化"课程主题,引导学生感受中国地域文化的丰富内涵。

(五)"地点+"法

"地点+"法是极为常用的课程主题命名方法,具体包括"地点+内容""地点+主题词"等命名方法,即以"地点"为核心,给"地点"加上后缀或者关键词,这种方法直接明了,让人一眼就能读出关键信息,知晓研学旅行课程的主要内容。例如:"定安古城 寻历史 探花故里求真知"课程主题,采用"地点+内容"的形式,点明了以传统文化为主线,探究定安古城的历史意义,探寻科举文化;"穿越赤壁 品读三国"课程主题,采用"地点+关键词"的形式,简洁醒目,学生通过游戏、表演、考察探究等方式,增强文化底蕴,厚植家国情怀;"去黄鹤楼,寻访古诗词里的武汉乡愁"课程主题,以李白的《黄鹤楼送孟浩然之广陵》为背景,凸显了"白云黄鹤是我乡"的主题,学生通过在黄鹤楼上吟诵古诗,感受古诗词中的家国情怀。

研学旅行课程设计

> 行业观察

研学旅行指导师岗位工作能力——主题设计篇

根据2023年9月11日人力资源和社会保障部发布的《研学旅行指导师国家职业标准》(征求意见稿),研学旅行指导师的职业能力特征为"具有一定的语言表达、沟通协调、活动组织和学习指导能力,身心健康"。

其中,在"主题设计"方面,不同职业技能等级的研学旅行指导师所对应的技能要求及相关知识要求具体如下。

三级/高级工"课程单元活动设计"工作内容的技能要求为"能基于学情设计主题鲜明的课程单元活动目标与学习内容",相关知识要求为"课程单元活动目标、内容与要素知识,课程单元活动设计原则与方法"。

一级/高级技师"课程体系设计"工作内容的技能要求为"能针对特定主题或受众设计系列课程",相关知识要求为"研学课程设计的优化方法"。

三、课程主题命名的步骤

在命名课程主题时,应考虑到研学旅行对象的需求和具体情况。好的课程主题形象生动、新颖有趣,能激发学生的学习兴趣,促进学生对未知领域的学习和探索,有助于培养学生的创新意识和实践能力。课程主题的命名建议按照以下步骤来进行。

(一)明确课程目标

在命名课程主题时,首先要明确课程目标,因为课程目标是研学旅行课程方案设计的依据。研学旅行课程目标可以是增强学生对学科知识的实践运用,或者是拓宽学生的视野、开阔学生的思维,或者是培养学生解决问题的能力,等等。有了明确的课程目标,才能形成特色鲜明的课程主题。应对研学旅行对象的学习需求进行调查分析,掌握研学旅行对象的兴趣爱好、知识背景和心理预期,才能使课程目标切合实际;应结合学校自身实际和学科特色,对研学旅行课程内容做出大致构想,促进研学旅行课程与校内课程有机融合;还应分析当地社会需求,了解研学旅行领域的前沿知识和技能要求,这样设计出的课程主题才有针对性和实际意义。

(二)提炼关键词

根据课程目标选择活动内容和活动方式,能够更好地突出课程主题,因此需要从研学旅行活动内容或者活动方式中挖掘核心要素,提炼关键词。可以选用教育部印发的《中小学综合实践活动课程指导纲要》中推荐的活动主题,针对推荐主题提取关键词,或者在提炼主题的基础上进行创新。例如:宜昌游轮研学旅行活动区域主要集中于长江三峡的"两坝一峡"区域,该区域既有原生态的西陵峡风光,也有举世瞩目的三峡大坝和葛洲坝这两座世界级的水利枢纽工程,学生通过研学之旅既能感受长江文化、船舶文化、水电文化,又能体验治水文化、生态文化和三峡民俗文化,从中挖掘出"船游""大国重器""三峡"等关键词,既符合课程总体目标,也体现了当地特色。

(三) 选择表达方式

不同的课程主题表达方式发挥着不同的作用,直接影响研学旅行对象的感官体验。课程主题表达方式具体包括:①陈述式,多采用"行为动词+名词"格式,短促有力,形象生动,直接说明研学旅行活动的主要内容和目的,如"最美牡丹花 神韵洛阳城"课程主题,简单明了,直点主题。②引用式,引用名言或古诗词,引起共鸣和思考,如"长河落日 入梦敦煌——河西走廊丝路诗旅研学"课程主题,通过引用古诗,让学生产生联想或共鸣,增强生动性。③悬念式,通过引起学生好奇来激发学生的学习兴趣,如"考古寻龙记"课程主题,抓住学生主动求知、乐于探究的心理特点,抛出"寻龙"话题,吸引学生关注并解密中国龙文化。此外,还有问句式、数字式等,不再一一展开说明。

(四) 锤炼文字

可以采用压缩内容、删除多余字词等方式进行反复推敲和锤炼,让课程主题更为准确、简洁,符合研学旅行对象的表达习惯。对于课程主题文字的锤炼要把握三点:第一,善用句式,古诗词含蓄典雅,口头语简练活泼,长句周到严密,短句简洁明快,建议多用短句,且将字数控制在10个字左右为宜。第二,锤炼词语,力求用词简洁别致,活泼有趣,尽量使用主谓词组、偏正词组或动宾词组。第三,巧用修辞,注重对比喻、排比、对偶等修辞手法的运用,强化文字的表现力。例如,"穿越古道,寻找历史遗迹的奥秘"课程主题,采用借代手法,"穿越"体验式研学增强了活动的趣味性。又如"自然'森'呼吸 动物'林'距离"课程主题,采用谐音法,形象生动,新奇独特,极具吸引力。

知识拓展

研学旅行课程主题设计要求

研学旅行属于综合实践活动课程,可将有关专题教育,如中华优秀传统文化教育、革命传统教育、国家安全教育、心理健康教育、环境教育、法治教育、知识产权教育等,转化为学生感兴趣的综合实践活动主题,让学生通过亲历感悟、实践体验、行动反思等方式实现专题教育的目标,防止将专题教育简单等同于综合实践活动课程。要在国家宪法日、国家安全教育日、全民国防教育日等重要时间节点,组织学生开展相关主题教育活动。表3-2为中小学考察探究活动推荐主题汇总。

研学旅行课程设计

表3-2 中小学考察探究活动推荐主题汇总

学段	考察探究活动
3—6年级	(1)节约调查与行动； (2)跟着节气去探究； (3)我也能发明； (4)关爱身边的动植物； (5)生活垃圾的研究； (6)我们的传统节日； (7)我是"非遗"小传人； (8)生活中的小窍门； (9)零食(或饮料)与健康； (10)我看家乡新变化； (11)我是校园小主人； (12)合理安排课余生活； (13)家乡特产的调查与推介； (14)学校和社会中遵守规则情况调查； (15)带着问题去春游(秋游)
7—9年级	(1)身边环境污染问题研究； (2)秸秆和落叶的有效处理； (3)家乡生物资源调查及多样性保护； (4)社区(村镇)安全问题及防范； (5)家乡的传统文化研究； (6)当地老年人生活状况调查； (7)种植、养殖什么收益高； (8)中学生体质健康状况调查； (9)中学生使用电子设备的现状调查； (10)寻访家乡能人(名人)； (11)带着课题去旅行
10—12年级	(1)清洁能源发展现状调查及推广； (2)家乡生态环境考察及生态旅游设计； (3)食品安全状况调查； (4)家乡交通问题研究； (5)关注知识产权保护； (6)农业机械的发展变化与改进； (7)家乡土地污染状况及防治； (8)高中生考试焦虑问题研究； (9)社区管理问题调查及改进； (10)中学生网络交友的利与弊； (11)研学旅行方案设计与实施； (12)考察当地公共设施

说明：

(1)为了更好地理解和落实《中小学生综合实践活动课程指导纲要》提出的基本活动方式，表3-2中所推荐的活动主题分别是以某一种活动方式为主来呈现的。这些活动方式不是孤立的，一个主题活动往往包含多种活动方式，在主题活动实施过程中需要学生经历不同的活动方式，才能使主题活动更加深入和完善。

(2)表3-2中所推荐的活动主题只是样例，其主要依据包括：立足学生综合素质培养的需要，体现综合实践活动的特征；贴近学生的生活实际和年龄特征，反映时代发展和科技进步的内容，同时兼顾城乡差异；落实班团队活动和相关专题教育的要求。

(3)表3-2中列出的活动主题均有一定弹性，难度可深可浅，时间可长可短。有些活动主题在不同学段都可以实施，这里只呈现于某一学段，学校可根据实际情况灵活选择和安排。

(4)表3-2中所推荐的活动主题不做硬性规定，仅供学校参考。学校可结合实际开发更贴近当地学生生活、富有特色的活动。

（资料来源：《中小学生综合实践活动课程指导纲要》，2017年。）

项目小结

课程主题是课程中心思想的表达，起到开宗明义的作用。本项目根据研学旅行课程主题的设计流程，首先介绍了课程主题的含义及类型，说明了确定课程主题的原则，梳理了课程主题常见的选题方法，分析了确定课程主题的具体步骤；然后就课程主题命名的要求进行阐述，同时指出了课程主题命名的常用方法；最后提出课程主题命名要遵循明确课程目标、提炼关键词、选择表达方式、锤炼文字这四个步骤。

知识训练

1.课程主题命名要准确反映课程内容和目标，要符合(　　)、(　　)、(　　)、(　　)和(　　)等基本要求。

2.课程主题命名的常用方法有(　　)、(　　)、(　　)、(　　)和(　　)。

3.请简要回答课程主题命名的基本步骤。

技能训练

以小组为单位，收集你所在城市的研学旅行资源，通过梳理、分析，提炼研学旅行课程主题关键词并进行课程主题命名，设计至少三种研学旅行课程主题。

项目四
研学旅行课程目标的制定

 学习目标

知识目标

(1)理解研学旅行课程目标的含义和基本内容。
(2)明确制定课程目标的原则,掌握课程目标的划分依据和表述方式。

能力目标

(1)能制定符合研学旅行对象学情特点的课程目标。
(2)能准确表述研学旅行课程的三维目标。

素养目标

(1)初步养成正确的目标观,认识到课程目标对于制定研学旅行课程方案的重要性。
(2)加深对研学旅行课程的认知,树立职业自豪感和责任感。

 思维导图

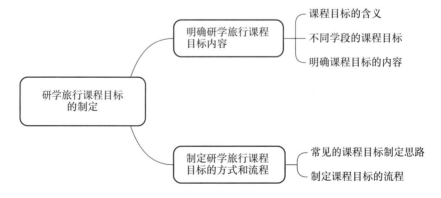

项目四　研学旅行课程目标的制定

 ## 任务一　明确研学旅行课程目标内容

任务导入

"看,这就是学校的'百草园',60余种道地药材,我们不出校园就能识百草、闻药香,还能参与种植、采摘药草和制作药膳呢!"记者走进河南省南阳市第五完全学校,跟随校园小讲解员殷雨晴的解说来到"百草园"。门口是"医圣"张仲景的雕像,园内绿意盎然,阵阵淡香扑鼻而来。

河南南阳是"医圣"张仲景故里,为了弘扬中华优秀传统文化,传承中医药文化、发扬"仲景精神",南阳市第五完全学校以提升生命观念、健康生活、科学思维、人文精神、责任担当五大中医药核心素养为目标,以"百草园"研学旅行实践基地为载体,坚持五育融合、因材施教,研发系列中医药课程。根据中草药不同的生长周期,顺应不同的节令,师生通过共同耕种、管护、采摘药草,以及制作药膳等沉浸式体验,识百草、懂百草。

(资料来源:《走进"百草园"识百草闻药香》,载《南阳日报》,2023年5月10日。)

任务解析

(1)研学旅行的最终目的是将书本上的知识与实践有机结合,引导学习者拓宽视野,增强学习兴趣。《关于推进中小学生研学旅行的意见》中明确要求:"根据小学、初中、高中不同学段的研学旅行目标,有针对性地开发自然类、历史类、地理类、科技类、人文类、体验类等多种类型的活动课程。"

(2)在制定研学旅行课程目标时,应结合学校综合实践活动课程、思想品德课程及其他学科课程,统筹考虑,活动中的知识与技能目标、过程与方法目标、情感态度与价值观目标须契合研学旅行对象的学情特点。

任务重点

掌握研学旅行课程目标的基本内容。

任务难点

能厘清三维目标与核心素养目标之间的关系。

任务实施

一、课程目标的含义

课程目标是指课程本身要实现的具体目标和意图,它是实现教育目标的重要途径,在课程体系中处于首要地位,是课程实施的出发点和归宿。课程目标规定了某一

研学旅行课程设计

阶段的学生通过课程学习后,在品德、智力、技能等方面所能达到的发展目标,是确定课程内容、教学目标和教学方法的主要依据。

研学旅行课程目标则是研学旅行活动的特定价值在课程中的体现,它反映了研学旅行课程本身要实现的教学目标和意图,也就是说,通过一定的内容实施、活动组织,期望研学旅行对象逐步提升对自然、社会和自我的认知,从而形成一定的价值认知、责任担当、问题解决能力及创新意识,进而达到立德树人、培养人才的根本目的。

课程目标包括总体目标和具体目标两部分,课程总体目标体现的是宏观视角,其含义定位为教育与社会的关系,也就是教育意图,包含了教育方针、教育目的、培养目标、课程教学目的和教学目标。课程具体目标可以理解为课程的教学目标,是具体教学过程中对学生学习目标的设定。课程的教学目标是实现课程总体目标的具体步骤和手段,一般从科学探究、情感态度与价值观、科学知识等方面提出某一课程期望达到的目标。

国家发布的相关政策文件明确了研学旅行作为课程的价值和意义。因此,研学旅行课程总体目标应根据国家相关政策文件来确定。《关于推进中小学生研学旅行的意见》中指出:"让广大中小学生在研学旅行中感受祖国大好河山,感受中华传统美德,感受革命光荣历史,感受改革开放伟大成就,增强对坚定'四个自信'的理解与认同;同时学会动手动脑,学会生存生活,学会做人做事,促进身体健康、体魄强健、意志坚强,促进形成正确的世界观、人生观、价值观,培养他们成为德智体美全面发展的社会主义建设者和接班人。"

研学旅行是综合实践活动课程的重要组成部分。《中小学生综合实践活动课程指导纲要》中明确规定了综合实践活动课程的总目标:"学生能从个体生活、社会生活及与大自然的接触中获得丰富的实践经验,形成并逐步提升对自然、社会和自我之内在联系的整体认识,具有价值体认、责任担当、问题解决、创意物化等方面的意识和能力。"

从以上两个文件的相关表述可以得出,研学旅行课程的总体目标包括以下六个方面的内涵。

第一,研学旅行课程的根本目的在于立德树人、培养人才。

第二,研学旅行课程要培养学生学会学习、生活、做人、做事的能力,培养学生研究问题、解决问题的能力。

第三,研学旅行课程要能促进学生身体健康、体魄强健、意志坚强,形成健全的人格和坚强的品质。

第四,研学旅行课程要培养学生对国家的情感,对历史和国家建设成就的认同,增强对坚定"四个自信"的理解和认同。

第五,研学旅行课程要培养学生对自我、对他人、对社会的正确认知,增强责任担当意识。

第六,研学旅行课程要促成学生形成正确的世界观、人生观、价值观,培养学生成为德智体美劳全面发展的社会主义建设者和接班人。

研学旅行课程的具体目标,即研学旅行课程的教学目标,则应根据不同年级研学旅行对象的身心特点来制定。

🔍 行业观察

在行进中涵养学生"大我"情怀

4月1日至8日,青岛实验高中(青岛十五中)组织"黄河之约,强国有我"研学旅行活动,22个班级、900多名师生历时8天,跨越1800余千米,循黄河浪涌远赴河南、陕西、甘肃三省,修习古今,浸染文化,在行进中涵养"大我"情怀。

"保护好黄河流域生态环境,促进沿黄地区经济高质量发展,是大力保护、传承、弘扬黄河文化,彰显中华文明,增强文化自信的时代需要。此行旨在增进高中生对黄河流域生态保护和高质量发展战略的认知,引导学生明确时代重任,勇担时代之责,做到行知合一、人文固本。"青岛实验高中校长石华军说。

生命的能量在脚下,最好的课程在路上。自2014年以来,青岛实验高中打造"新人文"教育办学特色,打破以教师、教室、学科、教材为中心的传统格局,建立起以学生、活动、社会为中心的新型学习模式。

本次研学汇集了13门学科30余个课题,学生可以根据兴趣自由选择,通过调查形成课题研究成果。此外,学生还会在研学旅行中撰写研学旅行日记、提交摄影佳作、学唱经典歌曲、当众演讲、参加志愿者活动,在跨学科学习中开展考察探究类综合实践活动。

(资料来源:《在行进中涵养学生"大我"情怀》,中国教育新闻网,2023年4月22日。)

思考:

研学旅行课程的核心目标是育人,该如何结合学科、学段及旅游资源特点进行课程设计,寓教于乐,实现教育功能?

二、不同学段的课程目标

研学旅行贯穿从小学到高中各个学段,课程目标要依据年龄增长呈螺旋式上升,教育学生从爱家乡到爱祖国,从认知身边事物到走向全国各地去实践探索。任何学段的研学旅行课程,都应涵盖历史类、自然类、人文类、地理类、科技类、体验类六大类主题活动。

在制定研学旅行课程目标时,可以借用综合实践活动课程目标的架构模式。《中小学综合实践活动课程指导纲要》将课程目标的学段目标细化为价值体认、责任担当、问题解决、创意物化四个方面,并根据小学、初中、高中三个不同学段提出具体目标。这些目标也被称为"综合素质目标",为研学旅行课程目标维度的确定提供了依据和参考。

按照综合实践活动课程的要求,应根据不同学段学习要求和各年级学生心理特点,把握课程的学段差异,设计有梯度的课程目标。研学旅行课程目标的确定应根据学段特点进行综合考量,尽可能涵盖各个层面,并突出重点。

(一)小学学段具体目标

1. 价值体认

通过亲历主题教育活动,参观爱国主义教育基地等,获得有积极意义的价值体验。理解并遵守公共空间的基本行为规范,初步形成集体思想、组织观念,培养对中国共产党的朴素感情,为自己是中国人感到自豪。

2. 责任担当

学会自己的事情自己做,培养热爱生活的态度,初步形成自理能力、自立精神。

3. 问题解决

能在教师的引导下,观察研学旅行活动过程中的生活、学习环境,并敢于分享,大胆提出问题,能将问题转化为研究性的小课题,体验课题研究的过程与方法,提出自己的想法,形成对问题的初步解释。

4. 创意物化

具有探索新事物的兴趣,通过动手操作实践,初步掌握手工制作的基本技能,学会运用信息技术设计并制作具有一定创意的数字作品。

(二)初中阶段具体目标

1. 价值体认

通过亲历主题教育、参与场馆活动、参观爱国主义教育基地、体验红色之旅等,获得积极有意义的价值体验,增强爱国意识。能主动分享体验和感受,与教师、同伴交流思想认识,形成国家认同,热爱中国共产党。通过职业体验,形成积极的劳动观念和态度,具备初步的职业规划意识。

2. 责任担当

能处理研学旅行活动中的生活事务,培养自理能力、自立精神和热爱生活的态度,初步形成社会公德意识和法治观念。

3. 问题解决

能关注自然、社会、生活中的现象,深入思考并提出有价值的问题,将问题转化为研究性课题,学会运用科学方法开展研究。能主动运用所学知识理解与解决问题,并做出基于证据的解释,形成基本符合规范的研究报告或其他形式的研究成果。

4. 创意物化

敢于实践探索,能运用一定的操作技能解决生活中的问题,并能将想法或创意付诸实践,提升实践创新意识和审美意识,提高创意实现能力。通过信息技术的学习实践,提升分析、解决问题的能力以及数字化产品的设计、制作能力。

（三）高中阶段具体目标

1. 价值体认

通过寻访红色足迹、走访模范人物、参观文化遗迹等，深化社会规则体验、国家认同和文化自信。通过参加职业体验活动，初步体悟个人成长与职业前景、社会进步、国家发展和人类命运共同体的关系，增强根据自身兴趣专长进行生涯规划和职业选择的能力。强化对中国共产党的认识和感情，具有中国特色社会主义共同理想和国际视野。

2. 责任担当

在研学旅行活动中，关心他人、关心集体、关注社会发展，热心参与志愿者活动和公益活动，增强社会责任意识和法治观念，形成主动服务他人、服务社会的意识，理解并践行社会公德，提高社会服务能力。

3. 问题解决

在研学旅行活动中，能对个人感兴趣的领域开展广泛的实践探索，提出具有一定新意和深度的问题，综合运用知识分析问题，学会用科学方法开展研究，增强解决实际问题的能力。能及时对研究过程及研究结果进行审视、反思并优化调整，建构基于证据的、具有说服力的解释，形成比较规范的研究报告或其他形式的研究成果。

4. 创意物化

在研学旅行活动中，能积极参与动手操作实践，熟练掌握多种操作技能，综合运用技能解决生活中的复杂问题，增强创意设计、动手操作、技术应用和物化能力。

三、明确课程目标的内容

2022年3月，教育部印发义务教育课程方案和课程标准（2022年版），提出"着力发展学生核心素养"的要求，即着眼于整体的人的智力和人格的全面和谐、协调统一地发展。为此，新课程标准提出了"知识与技能、过程与方法、情感态度与价值观"三个维度的课程目标。核心素养目标与三维目标之间的关系，可以理解为核心素养目标来自三维目标，是三维目标的进一步提炼和整合，只有通过系统的学科学习之后才能获得。核心素养目标又高于三维目标，三维目标是核心素养目标形成的要素和实现的路径。教学的终极目标是能力和品格，也就是核心素养。

制定研学旅行课程目标时，要综合考虑三维目标、核心素养目标、劳动教育目标以及综合素质目标。综合素质目标在不同学段的课程目标中已经介绍过，不再赘述。

（一）三维目标

三维目标是教育理论中的一个新名词，它是指教育教学过程应达到的三个维度的目标，即知识与技能目标、过程与方法目标、情感态度与价值观目标。三维目标是课程教学目标的三个方面，而不是三个独立的教学目标，它们是统一的、不可分割的有机整体。

研学旅行课程三维目标则是指在研学旅行活动过程中,通过实践、学习和反思三个维度的结合,达到培养学生实践能力和综合素养的目标,这三个维度相互支持、互相促进,是研学旅行课程不可或缺的组成部分。因此,在制定课程目标时,应从三个维度进行整体设计。研学旅行课程三维目标的基本内容如下:

1. 知识与技能目标

知识与技能目标主要包括学生通过课程学习应掌握的知识和培养的能力。知识包括学科知识、意会知识和信息知识,是学生在研学旅行活动中对客观事物的认识和经验的总和。技能则是解决问题时所需的技巧和能力,分为基本技能、智力技能、动作技能和自我认知技能,是由知识经过实践和训练转化而成的,如计算能力、实验操作能力、语言表达能力等。知识与技能维度的目标立足于学生"学会",强调学习的结果,它们的共同特点是具有外显性。

在研学旅行活动中,学生主要通过实践和体验获得知识,并对已经学过的学科知识进行验证和深入认知。例如:学会用放大镜观察恐龙骨骼结构,制作恐龙足迹和恐龙标本等。因此,研学旅行课程的知识与技能目标强调的是能够将学到的知识和技能,通过实践活动等多种方式,转化为实际应用价值。

2. 过程与方法目标

过程与方法目标是学生通过课程学习获得知识和能力的载体。所谓过程,是以学生认知为基础的知、情、行、意的培养和发展过程,是以智育为基础的德智体美劳全面培养和发展的过程,使学生的兴趣、能力、性格、气质等个性品质得以全面培养和发展的过程。方法则是学生在学习过程中采用并学会的策略和技巧,如归纳总结、推理判断、类比迁移等。过程与方法维度的目标立足于学生"会学",强调学习的过程。

在研学旅行活动中,学生主要通过实践活动、现场观察等方式,进行知识传递和技能学习,切实提高知识和技能水平,例如:通过显微镜观察恐龙蛋壳,理解蛋壳羽化现象;通过与科学家面对面交流,提升求真务实的科学思维,等等。因此,研学旅行课程的过程与方法目标是实现知识与技能目标的必由途径。

3. 情感态度与价值观目标

情感态度与价值观目标是学生落实过程与方法目标的前提。以学生的发展为本,培养学生正确的学习态度、高尚的道德情操,引导学生形成正确的价值观和积极的人生态度。情感是人对外界刺激的肯定或否定的内心体验和心理反应,所表现出来的喜怒哀乐就是态度,如学习兴趣、自信心、合作意识等;价值观则是对人和事物积极作用的评价和取舍的一种观念,如公正、平等、诚信等。情感态度与价值观维度的目标立足于学生"乐学",强调学习的主动性和积极性。

学生的知识越丰富,对于获取知识与技能的欲望就越高,从而获取的知识与技能就越多。而知识与技能又是在情感、态度的动力支持下形成的产物。学生的情感、态度、价值观等非智力因素直接影响到学生的智力开发,以及学生获取知识的广度和深度。

在研学旅行活动中,学生通过参观博物馆、艺术馆等文化场所,欣赏音乐、美术、雕塑等精湛艺术,提升审美情趣和文化素养;通过参观知名企业、参与社区服务、参加农耕研学,了解社会的进步与发展,有助于学生形成社会责任感和使命感。

（二）核心素养目标

所谓核心素养,是指学生应具备的、能够适应终身发展和社会发展需要的必备品格和关键能力。研究学生发展的核心素养,是落实立德树人根本任务的一项重要举措,也是适应世界教育改革发展趋势、提升我国教育竞争力的迫切需要。

我国学生发展的核心素养目标,以"全面发展的人"为核心,由三个方面、六大素养构成。三个方面包括文化基础、自主发展、社会参与,六大素养包括人文底蕴、科学精神、学会学习、健康生活、责任担当、实践创新,具体细分为人文积淀、批判质疑、乐学善学、健全人格、国家认同等十八个基本要点。核心素养目标的基本内容如下:

1. 文化基础

文化是人存在的根和魂。文化基础重在强调能习得人文、科学等各领域的知识与技能,掌握和运用人类优秀智慧成果,涵养内在精神,追求真善美的统一,发展成为有宽厚文化基础、更高精神追求的人。具体包括人文底蕴和科学精神两种素养:人文底蕴强调学生在学习、理解、运用人文领域知识与技能方面所形成的基本能力、情感态度和价值取向,包括人文积淀、人文情怀和审美情趣等基本要点;而科学精神主要指学生在学习、理解、运用科学知识与技能方面所形成的价值标准、思维方式和行为表现,包括理性思维、批判质疑和勇于探究等基本要点。

2. 自主发展

自主性是人作为主体的根本属性。自主发展重在强调能有效管理自己的学习和生活,发现和认识自我价值,发掘自身潜力,有效应对复杂多变的环境,发展成为有明确人生方向、有生活品质的人。具体包括学会学习和健康生活两种素养:学会学习强调学生在学习意识形成、学习方法选择和学习进程评估等方面的综合表现,包括乐学善学、勤于反思、信息意识等基本要点;健康生活主要是指学生在认识自我、发展身心、规划人生等方面的综合表现,包括珍爱生命、健全人格、自我管理等基本要点。

3. 社会参与

社会性是人的本质属性。社会参与重点强调能处理好自我与社会的关系,养成现代公民必须遵守和履行的道德准则和行为规范,增强社会责任感,提升创新精神和实践能力,促进个人价值实现,推动社会进步发展,发展成为有理想信念、敢于担当的人。具体包括责任担当和实践创新两种素养:责任担当强调学生在处理与社会、与国家、与国际等方面关系时所形成的情感态度、价值取向和行为方式,包括社会责任、国家认同和国际理解等基本要点;实践创新主要是指学生在日常生活、问题解决、适应挑战等方面所形成的实践能力、创新意识和行为表现,包括劳动意识、问题解决、技术应用等基本要点。

研学旅行课程目标的分析与确立是课程设计的起点,课程目标也是研学旅行活动的出发点与归宿,是研学旅游指导师对学生达到的研学成果或最终行为的明确阐述,

研学旅行课程设计

它具备支配研学旅行活动的内在规定性,起到支配和指导研学旅行活动过程的作用,也是研学旅游指导师进行课程设计的依据。研学旅行课程目标的设定必须与培养核心素养目标结合起来,在基于核心素养的课程目标的统领下,设置具体化、情境化的具体目标。

(三)劳动教育目标

2020年7月,教育部发布《大中小学劳动教育指导纲要(试行)》,提出了劳动教育这一总体目标。该文件明确规定了准确把握社会主义建设者和接班人的劳动精神面貌、劳动价值取向和劳动技能水平的培养要求,全面提高学生劳动素养。

树立正确的劳动观念。正确理解劳动是人类发展和社会进步的根本力量,认识劳动创造人、创造价值、创造财富、创造美好生活的道理,尊重劳动,尊重普通劳动者,牢固树立劳动最光荣、劳动最崇高、劳动最伟大、劳动最美丽的思想观念。

具有必备的劳动能力。掌握基本的劳动知识和技能,正确使用常见劳动工具,增强体力、智力和创造力,具备完成一定劳动任务所需要的设计、操作能力及团队合作能力。

培育积极的劳动精神。领悟"幸福是奋斗出来的"内涵与意义,继承中华民族勤俭节约、敬业奉献的优良传统,弘扬开拓创新、砥砺奋进的时代精神。

养成良好的劳动习惯和品质。能够自觉自愿、认真负责、安全规范、坚持不懈地参与劳动,形成诚实守信、吃苦耐劳的品质。珍惜劳动成果,养成良好的消费习惯,杜绝浪费。

研学旅行是由教育部门和学校有计划地组织,通过集体旅行、集中食宿方式开展的研究性学习和旅行体验相结合的校外教育活动,劳动教育也是学校教育和校外教育相结合的方式,两者都是全面素质教育和综合实践育人的重要途径,两者在概念的内涵和外延上殊途同归,都具有开放性和综合性,让学生在生产、生活和服务中观察、认识并体验真实世界,是促进书本知识与生活经验深度融合、提升学生综合素质的有效途径。

因此,研学旅行活动可以引导学生通过亲历劳动,开展考察、探究、设计、实践活动,学以致用,树立起积极的劳动观念;引导学生在研学旅行过程中学会劳动创造和分工合作,参与卫生保洁、垃圾分类处理、值班站岗、维持秩序、绿化美化等力所能及的公益服务劳动,提升责任担当意识,实现劳动教育的社会性目标。

慎思笃行

研学携手科学 共助青少年成长

近年来,"复合型"的研学旅行课程正悄然走红。该课程的内容取材自日常生活,教师在课堂中的角色从单纯的知识传授者转变成问题的引导者,启发孩子去发现问题、分析问题并最终得出结论。这类课程不只提供知识,更注重培养孩子的研究思维。

项目四　研学旅行课程目标的制定

如何将科学教育与研学相结合成为人们关注的热点。张家界市针对青少年科普教育首期推出了7条科普研学旅行线路,包括"访历史人文·探田间课堂""探两弹一星之秘·立科技强国之志"等。这7条线路让青少年在体验式、沉浸式的户外实践过程中,接受科学知识,锻炼动手和探究能力,培养创新精神,激发科学兴趣。

2023年3月,广东省东莞市教育局组织编写了首批东莞市中小学科学教育研学点手册,手册主题包括"科学+教育科研""科学+智能制造""科学+生态农林""科学+非遗文化""科学+传统产业"五大类,精选东莞市35个公益性科学教育研学点,涵盖了多个科学领域。入选的35个公益性科学教育研学点,均拥有优质的科学教育资源,同时具备承接中小学生出行、开展科学教育的能力,为全市中小学生提供了丰富多样的科学教育研学选择。

在教育"双减"中做好科学教育加法,需要校外科学教育与学校的"双向奔赴",如何用好社会大课堂成为关键。

(资料来源:《研学携手科学,共助青少年成长》,载《科技日报》,2023年7月16日。)

知识训练

1. 研学旅行课程的根本目的在于(　　)、(　　),研学旅行课程要培养学生(　　)、(　　)的能力,要促成学生形成正确的(　　)、(　　)和(　　)。
2. 《中小学综合实践活动课程指导纲要》将课程总目标细分为(　　)、(　　)、(　　)和(　　)四个方面。
3. 请简述研学旅行课程目标的基本内容。

任务二　制定研学旅行课程目标的方式和流程

任务导入

某研学旅行企业根据学校要求,以茶文化为核心,以劳动教育为载体,联合茶叶公司专家、学校教师共同研发了"主题调查+特色实践"的茶园探究活动,课程通过中国茶文化知识课堂、采茶能手、茶芽总调查、安装黏虫板、手工除草、孝茶文化学习等系列劳动实践,将博大精深、独具当地特色的绿茶文化与劳动教育有机结合。研学旅游指导师根据课程要求设计了"亲近茶园好时光 体验劳作最光荣"的研学旅行活动主题,围绕活动主题,该如何制定符合研学旅行对象学情特点的课程目标?制定课程目标的一般流程是怎样的?

任务解析

(1)课程目标是构成研学旅行课程的第一要素,也是研学旅行课程开发的方向和灵魂。要根据研学旅行对象的认知水平和心理特点,遵循一定的原则,设置不同学段的课程目标,体现适宜的梯度。

(2)课程目标具有整体性、阶段性、层次性和递进性,课程目标的制定要按照一定的方法和步骤进行。

任务重点

掌握制定研学旅行课程目标的方法。

任务难点

能制定符合研学旅行对象学情特点的课程目标。

任务实施

一、常见的课程目标制定思路

(一)制定课程目标的原则

课程目标清晰明确才能保证该课程的有效实施与落实。要想设计出效果好、可执行性强的研学旅行课程,须制定科学合理的课程目标。课程目标的制定应遵循以下原则。

1. 教育先行原则

研学旅行课程的根本目的在于立德树人、培养人才。研学旅游指导师作为从事立德树人的教育工作者,要善于引导学生在研学旅行过程中感受祖国大好河山,感受中华优秀传统文化,感受革命光荣历史,感受改革开放和社会主义现代化建设的伟大成就。《关于推进中小学生研学旅行的意见》中明确提出,"要将研学旅行作为理想信念教育、爱国主义教育、革命传统教育、国情教育的重要载体""帮助中小学生了解国情、热爱祖国、开阔眼界、增长知识,着力提高他们的社会责任感、创新精神和实践能力"。因此,研学旅行课程目标制定首先要遵循政治性的特性,德育为首,实践育人,利用自然、文化遗产资源,红色教育资源,依托综合实践基地、大型公共设施等场所,开展德育活动和研学旅行实践活动,才能实现教书育人的目标。例如,"观改革之路 展开放宏图"深圳红色研学旅行课程设计案例制定的课程目标包括:触摸改革开放历史,学习邓小平、袁庚等的改革创新精神,把勇于担当、社会责任感等情感态度放在制定课程目标的第一步,凸显研学旅行课程的教育功能。

2. 全面具体原则

课程目标的制定必须符合研学旅行具体内容和学生学情特点等相关要求,课程目标应全面、具体。所谓"全面",是指既要体现课程总目标和阶段性目标,也要关注到具体目标的三个维度;所谓"具体",是指通过本次课程能够具体实现的效果应符合课程标准的要求和学生的实际,是可操作的、可观察的、可评价的,过高或者过低都是不科学的。例如:南京"地质地貌"主题研学旅行活动的课程目标包括:①能用课堂所学地理知识解释当地自然现象、地质地貌的成因;②能够收集研学旅行目的地的地理信息并处理简单的地理问题;③能够通过小组合作、实地考察和教师指导,解释研学旅行目的地的地理现象,解决地理问题;④能够形成问题意识,增强学习地理的兴趣,形成热爱祖国的情感,养成探究习惯。该课程所展示的目标尽管借鉴了三维目标的形式,但其对于研学旅行内容的要求并不明确具体,如"能用课堂所学地理知识解释当地自然现象""处理简单的地理问题"均没有具体的指向性,如果改为"能通过考察实践解释三叶虫化石的历史成因""能绘制栖霞山地形图",其课程目标指向会更具体。

3. 层次递进原则

课程目标不是单一的,而是不同目标的有机组合,各个目标之间彼此联系,共同作用于课程。课程目标的确立必须遵循核心素养目标的基本要求,根据研学旅行对象的认知规律,在知识、能力和思维等方面进行进阶设计,体现层层递进、螺旋上升的原则。例如,某拉法河研学旅行课程的目标包括:①认识常见岩类;②识别褶皱、向斜、背斜等地质构造地貌,描述其景观的主要特点;③识别河流地貌,描述其景观的主要特点。该案例所展示的课程目标缺乏层次,也缺少具体的学习成果说明,各个分目标采用的大多是"认识""识别"等行为动词,在层次上处于同一思维水平,不能体现课程目标的层次递进原则,建议将该案例中的课程目标改为"认识常见岩类;调查拉法河河谷结构,按照一定顺序确定河漫滩、河流阶地的分布规律;从流水侵袭与构造运动两个方面,探寻导致拉法河漫滩、阶地分布规律的原因"。应根据地理学科特点,引导学生在感受事物现象的基础上,认识并解释事物的发展规律,设计认识地理现象、发现地理规律、探寻地理成因三个层次的课程目标,从而确保课程目标的具体化和可操作性。

案例聚焦

黄河落天走东海,万里写入胸怀间

万里黄河,九曲回荡,东流入海,浩浩汤汤。作为中华民族的母亲河,黄河千百年来奔腾不息,用它甘甜的乳汁哺育了一代又一代中华儿女,孕育出灿烂耀眼的华夏文明。针对黄河流域生态和发展面临的问题,为深入学习贯彻黄河国家战略,近日,山东省青岛第十六中学组织了"寻访黄河文化,追溯红色印记"的研学旅行活动。

"亲手绘制黄河长卷,让我切实感受到了作为百川之首、四渎之宗的黄河的气势磅礴。通过老师现场对黄河流域的具体讲解,加深了我们对黄河流域的生态环境的认知,也让我们更加深入地思考如何加强对黄河流域生态环境的保护。"张纳言、段钰萱同学对这一活动感触良多。杨文慧和李思懿同学也

研学旅行课程设计

谈道:"通过亲自填涂流域图,我们既学到了黄河流域的相关知识,更进一步学习了黄河流域生态保护和高质量发展的精神,深刻理解了党中央坚持生态优先、绿色发展,以水而定、量水而行,因地制宜、分类施策的人地协调观。这一个活动让我们受益良多。"上午的研学旅行活动在大家齐声朗诵语文组教师原创的《黄河颂》的雄壮气势中完美结束。

这一次黄河主题研学旅行活动,学生收获良多。高一(2)班的王悦同学和高一(11)班的陈婧涵同学不约而同地在研学旅行感悟中写道:黄河文化历史悠久,源远流长,是中华民族的"根"与"魂",蕴含着众多的历史记忆与价值理念,推动黄河流域生态保护和高质量发展,有利于发挥黄河流域在我国的重要生态屏障作用,有利于推动黄河流域重要经济地带作用的发挥,对于实现"两个一百年"奋斗目标和中华民族伟大复兴的中国梦具有重要意义。

(资料来源:《黄河落天走东海,万里写入胸怀间——青岛十六中东营黄河主题研学活动》,载《人民日报》新媒体平台"人民号",2023年4月29日。)

案例思考:

结合上述案例,你认为研学旅行课程目标应从哪些角度进行表述?

(二)划分课程目标的依据

一般而言,课程目标要服从于教育宗旨和培养目标,也就是说,课程目标是教育宗旨和培养目标在教育活动中的具体化。研学旅行课程目标的制定要以国家规定的研学旅行教育目标为依据,即首先要保证研学旅行课程总体目标符合国家教育目标,再针对研学旅行课程的不同类型、不同资源属性等实际情况,综合考虑研学旅行对象、学校及学科的发展现状来制定。具体而言,课程目标的类型可根据纵向层次、横向维度、功能属性和表述取向等标准来划分。

1. 按纵向层次划分的课程目标

根据课程目标在教育领域的层级分类,研学旅行课程可按照课程总目标—学段目标—主题单元目标—活动目标这样衔接过渡的方式来划分目标层次,层次之间呈现出从抽象宏观到具体微观、从一般到特殊、逐级具象化的特点,从而形成多层次的目标,四个层次之间具有清晰的逻辑关系。

其中,课程总目标是从宏观层面提出的对于课程教学应达到的学生发展状态和水平的描述性约定,它体现了课程的核心价值和教育理念,具有高度概括性。例如:《研学旅行课程标准(一)》将研学旅行课程总目标确定为通过亲近和探究自然,接触和融入社会,关注和反省自我,体验和感受集体生活,使中小学生养成价值认同、实践内化、身心健康、责任担当等意识和能力。

学段目标则是针对不同的学习阶段所制定的具体教育目标,它是课程总目标在各学段的具体化。

主题单元目标以某一主题研学旅行活动为依托,是指学生通过学习能达到的预期目标,是学段目标的细化和延展。例如:"双月湾两天一夜研学旅行课程设计方案"中的主题单元目标包括:①通过行走,感受巽寮湾与双月湾沿海地区独特的生态环境与地理特征,锻炼体能和意志力,提高实践探究能力;②学会用地理的方法和思维分析人地关系、自然景观演变等问题,形成正确的地理观和历史观;③通过双月湾之旅,感受独特的岭南文化,养成生态保护意识,树立人与自然和谐共生理念。

活动目标是指在某一具体的研学旅行活动中期望能达成的效果,是对主题单元目标更进一步细化,具有较强的可操作性和指导性。

2. 按横向维度划分的课程目标

根据《中小学综合实践活动课程指导纲要》课程目标分类标准,研学旅行课程目标的学段目标被具体划分为价值体认、责任担当、问题解决和创意物化四个不同维度,这四个不同的维度均属于素质领域,从整体上规范了预期要达到的学生整体素质标准,每个维度又根据不同的学段呈现出一定的层次结构。

其中,价值体认目标是指通过对价值的认知和体验,引导学生形成正确的价值观,以价值观的内化引领思想和行动。以劳动教育类研学旅行课程为例,这类课程通过开展服务活动、日常生活劳动、职业体验活动等亲历实践活动,引导学生崇尚劳动、尊重劳动,懂得劳动最光荣的道理,从而树立正确的劳动观。

责任担当目标是指敢于承担一定的社会职责和任务,引导学生积极主动承担学校和社会生活等方面的相关责任,如独立自主能力、遵守规范意识、社区服务意识、资源节约环保意识、信息收集与整理能力等。

问题解决目标是指个体对问题情境适当的反应过程,它往往由一定的情境引起,按照一定的方向,引导学生应用各种认知活动经验、技能等,经过一系列的思维操作,使问题得以解决。问题解决目标要求学生能在实践探索的基础上,提出具有一定深度和新意的问题,综合运用知识进行分析,用科学方法开展研究,增强解决实际问题的能力。

创意物化目标则是指通过动手操作实践,引导学生熟练掌握多种操作技能,综合运用技能解决生活中的复杂问题。这一目标的载体是丰富多彩的职业体验活动、设计制作活动,强调创造性的成果导向,即物化成果要指向现实世界,创造有价值的产品,如手工作品、艺术设计、海报展品等。

3. 按功能属性划分的课程目标

美国著名教育学家本杰明·布鲁姆等人在著作《教育目标分类学 第一册 认知领域》中,将教育目标分为认知领域、情感领域和动作技能领域三大领域。其中,认知领域是指学生通过学习所获得的知识、思维和理解能力,主要包括从低到高六个层次,即记忆层次、理解层次、运用层次、分析层次、综合层次和评价层次。情感领域则是指学生在情感、态度和价值观等方面的表现,布鲁姆将其分为五个层次,从低到高分别为接受层次、反应层次、评价层次、组织层次和内化层次,分别代表了学生经历情感体验的不同阶段。动作技能领域是指学生通过学习获得的实践能力和技能方面的表现,主要包括:知道如何做、了解如何做、能够做、能够做得好和能够创新五个表示递进关系的层次,动作技能领域对于学生的实践能力和职业发展至关重要。

布鲁姆的理论对我国课程改革产生了重大影响,教育目标分类法成为我国新课程三维目标分类标准的重要理论依据,基于此形成了"知识与技能""过程与方法""情感态度与价值观"三个维度的课程目标,这三个维度具有内在的统一性,统一指向人的发展,这也为研学旅行课程目标的维度设计提供了重要借鉴和参考。

4. 按表述取向划分的课程目标

按照表述取向,可将课程目标划分为结果性目标和过程性目标两类。

结果性目标源自美国教育学家泰勒的著作《课程与教学的基本原理》。泰勒认为,课程目标确定后,要用一种有助于学习内容和指导教学过程的行为方式来陈述目标。因而结果性目标也称为"行为目标",包括四个要素:行为主体、行为动词、行为条件和表现程度。结果性目标表述如"通过石灰岩实验,(学生)能描述喀斯特溶洞的形成原因,提升问题探究能力"。

提出过程性目标的代表性学者有美国教育学家杜威和英国学者斯滕豪斯。在斯滕豪斯看来,课程不应以事先规定的目标为中心,而应以过程为中心,根据学生在过程学习中的具体表现而展开,课程的影响力和可能性是建立在必须探究的知识基础上。斯滕豪斯认为,教育是参与有价值的活动,而活动本身就有内在标准,因而无须另外制定目标。过程性目标表述如"体验徐闻盐场晒盐,探索徐闻特殊地理环境造就的万亩盐田制盐文化"。

(三)表述课程目标的方式

目前,在表述研学旅行课程目标时,多采用结果性课程目标表述方式或过程性课程目标表述方式。

1. 结果性课程目标表述方式

所谓结果性课程目标,是以设计课程行为结果的方式对课程进行规范与指导,它指明了课程结束后学生自身所发生的行为变化。结果性课程目标具有具体、精准、可衡量的特点,这种指向结果的课程目标主要适用于知识与技能领域目标。

在表述结果性课程目标时,应包括下列四个要素。

(1)要素一:行为主体。

行为主体表示体现的对象,特指学习者,是研学旅行行为的主体,也是课程目标陈述的主体。在描述课程目标时,须从学生的角度出发,而不是从教师角度出发。判断研学旅行行为有没有效益的直接依据是学生有没有获得具体的进步,而不是研学旅游指导师有没有完成任务。因此,规范的研学旅行课程目标开头应当清楚地表明达成目标的行为主体是学生,如"学生……"。当然,在具体表述时也可以省略课程目标行为主体,但必须采用规范表述方式,包括:"通过……学习,能描述……""通过……学习,能辨别……"等,表明达成目标的行为主体是学生。常见的错误写法如"使学生学会……""发展学生……""培养学生成为……"等,这种表述方式的行为主体是教师,而非学生。

(2)要素二:行为动词。

行为动词表示做什么,特指可观察到的研学旅行行为,说明学生通过学习应该获得怎样的知识与技能,情感态度会有什么变化,要用可观察的、可测量的、具体明确的行为动词来表示,如计算、归纳、列举、分类等。结果性目标主要应用于知识或技能领域的目标取向,知识领域的目标常用的行为动词如学会、把握、熟记、展示、扩展、区分、判断、评价、掌握、运用等,技能领域的目标常用的行为动词如讲述、复述、倾听、观察、想象、转述、选择、借助、捕捉、提取、收集等。

(3)要素三:行为条件。

行为条件说明所描述的行为是在什么条件下产生的,特指影响学生形成学习结果的特定限制或者范围,主要说明学生是在何种情境或条件下完成指定的操作,如"通过收集资料""通过观看电影"等。在研学旅行活动中,我们需要表明学生在什么情况下或什么范围内完成指定的研学旅行活动,如"通过小组讨论,完成……""根据图表,判断……"等。

(4)要素四:表现程度。

表现程度说明要做到什么样的程度,特指学生在研学旅行之后产生的行为变化的最低水准,或至少应该达到的学习水平。例如:在结果性课程目标"通过观看视频,能在10分钟内流利复述主要内容"中,"观看视频"是行为条件,"10分钟内""流利"是表现程度,"复述"是行为动词。

结果导向的课程目标注重学生的学习结果,具有导向、控制、激励和评价功能,结果性目标具体、明确,便于操作和评价,适合描述以拓展知识、技能为主的课程。对于难以描述、无法验证的目标,如"积极劳动""关爱集体"等,则应采用过程性课程目标表述方式。

2.过程性课程目标表述方式

过程性课程目标,是在教育情境中随着教育过程的展开而自然生成的课程目标,又称"生成性课程目标"或"表现性课程目标"。过程性课程目标关注的是研学旅行对象的兴趣变化和能力差异,强调研学旅行对象的过程性体验,而不像结果性课程目标那样重视结果,因而有利于学生主动性、积极性的发挥和个性的完善。

过程性课程目标往往采用概括化的行为动词和对活动具体情境的描述来表明意图,主要适用于过程与方法、情感态度与价值观等领域目标的表述。常用的过程性课程目标表述动词包括认识、探索、感受、尝试、发现、体验等具有过程性取向的词语。例如:黄石国家矿山公园研学旅行课程目标"通过实地考察,将所收集的资料运用于实践,感受矿山公园的自然与人文景观特色,涵养人文素养",就属于典型的过程性课程目标。

行业观察

研学旅行指导师岗位工作能力——目标篇

2023年9月11日,人力资源和社会保障部发布《研学旅行指导师国家职

研学旅行课程设计

业标准》(征求意见稿),规定研学旅行指导师的职业能力特征为"具有一定的语言表达、沟通协调、活动组织和学习指导能力,身心健康"。

其中,在"目标设计"方面,不同职业技能等级的研学旅行指导师所对应的技能要求及相关知识要求具体如下。

三级/高级工"课程单元活动设计"工作内容的技能要求为"能基于学情设计主题鲜明的课程单元活动目标与学习内容",相关知识要求为"课程单元活动目标、内容与要素知识,课程单元活动设计原则与方法"等。

二级/技师"主题课程设计"工作内容的技能要求为"能根据研学目标与资源特点设计研学课程目标与学习内容",相关知识要求为"研学课程目标与学习内容设计方法"。

一级/高级技师"课程体系设计"工作内容的技能要求为"能从目标—活动—评价一致性的角度优化课程设计",相关知识要求为"研学课程设计的优化方法"。

二、制定课程目标的流程

研学旅行课程目标的制定要依据研学旅行活动的教育目的、主题类型、研学旅行对象年龄特点,以及研学旅行国家相关政策法规。

(一)研究教育目的

研学旅行是将社会调查、参观访问、亲身体验、集体生活等融为一体的教学实践活动,在研学旅行活动中,学生不仅能拓宽视野,增强知识储备,培养自主能力和社会交际能力,还能在实践中学习和体验,提升社会责任感,从而达到立德树人、培养人才的根本目的。因此,在制定课程目标时,首先要研究本次研学旅行活动的教育目的是什么,以便为研学旅行活动的顺利实施指明方向。例如:中山市某小学"乡下人家"研学旅行课程目标基于培养学生核心素养,引领学生走进张家界金豆湾村,体验乡村生活,完成实践任务,学生的责任担当意识、实践创新能力、人文底蕴、科学精神等核心素养均得到培养和提升。

(二)确定主题类型

研学旅行活动主题类型包括自然、地理、科技、人文、历史、体验六大类型,教育内容则包括爱国主义教育、传统文化教育、理想信念教育、科技信息教育、国情教育等,不同的教育主题对应着不同的活动内容。主题类型要根据不同学科知识特点、研学旅行对象兴趣点,结合社会热点进行选取。例如:武汉"五色"研学旅行活动,依托当地特色资源,选取了"红色传承""绿色生态""古色古韵""蓝色环保""黑色科技"主题,分别代表着爱国主义教育、生态文明教育、传统文化教育、生态文明教育、科技信息教育等教育内容,该活动引导学生探寻老街,行走江岸,见证武汉在近现代历史中的变迁与发展,打卡红色印记,感悟国家强大,弘扬家国情怀。

(三)明确目标受众

研学旅行的课程目标是让学生在旅行中获得教育和成长,通过亲身体验加深对知识的理解,提升实践能力,培养协作意识和创新思维。符合实际的课程目标建立在科学准确的受众分析基础上,不同学段的研学旅行对象,其身心特点、认知水平都存在较大的差异,要提前调查参与研学旅行活动的学生的年级、兴趣爱好等信息,根据科学、艺术、人文、社会等不同学科领域的具体目标,匹配适宜的研学旅行课程,制定符合受众需求的课程目标。

(四)制定课程目标

明确的课程目标是课程有效落实的保障。课程目标包括课程总目标和具体目标,首先应立足于发展学生核心素养,从提升核心素养、培养学习兴趣、发展探究能力、引领职业生涯等方面进行设计,再从知识性目标、能力性目标和情感态度价值观目标等具体维度展开。需要强调的是,总目标与具体目标之间不可割裂,须相互呼应。

(五)制定教学目标

教学目标是课堂教学的核心,也称课堂教学目标,是课程目标在每个研学旅行活动中的具体化学习目标。教学目标包含知识与技能、过程与方法、情感态度与价值观三个目标维度。在制定教学目标时,首要的事是厘清三维目标与核心素养目标的关系,三维目标是核心素养目标的前提和基础。此外,还要厘清课程目标与教学目标的关系,要善于将基于核心素养目标所制定的课程目标细化分解、分级传递,最终落实到教学目标中。

知识拓展

中国学生发展核心素养

学生发展核心素养,主要是指学生应具备的、能够适应终身发展和社会发展需要的必备品格和关键能力。研制中国学生发展核心素养目标,根本出发点是将党的教育方针具体化、细化,落实立德树人根本任务,培养全面发展的人,提升21世纪国家人才核心竞争力。

中国学生发展核心素养,以"全面发展的人"为核心,分为文化基础、自主发展、社会参与三个方面,综合表现为人文底蕴、科学精神、学会学习、健康生活、责任担当、实践创新六大素养。根据这一总体框架,可针对学生年龄特点进一步提出各学段学生的具体表现要求,见表4-1。

案例聚焦

"行走大武汉"城迹寻访研学旅行线路

表4-1 中国学生发展核心素养基本要点和主要表现

要素	核心素养	基本要点	主要表现描述
文化基础	人文底蕴	人文积淀	重点:具有古今中外人文领域基本知识和成果的积累;能理解和掌握人文思想中所蕴含的认识方法和实践方法等
		人文情怀	重点:具有以人为本的意识,尊重、维护人的尊严和价值;能关切人的生存、发展和幸福等
		审美情趣	重点:具有艺术知识、技能与方法的积累;能理解和尊重文化艺术的多样性,具有发现、感知、欣赏、评价美的意识和基本能力;具有健康的审美价值取向;具有艺术表达和创意表现的兴趣和意识,能在生活中拓展和升华美等
	科学精神	理性思维	重点:崇尚真知,能理解和掌握基本的科学原理和方法;尊重事实和证据,有实证意识和严谨的求知态度;逻辑清晰,能运用科学的思维方式认识事物、解决问题、指导行为等
		批判质疑	重点:具有问题意识;能独立思考、独立判断;思维缜密,能多角度、辩证地分析问题,做出选择和决定等
		勇于探究	重点:具有好奇心和想象力;不畏困难,有坚持不懈的探索精神;能大胆尝试,积极寻求有效的问题解决方法等
自主发展	学会学习	乐学善学	重点:能正确认识和理解学习的价值,具有积极的学习态度和浓厚的学习兴趣;能养成良好的学习习惯,掌握适合自身的学习方法;能自主学习,具有终身学习的意识和能力等
		勤于反思	重点:具有对自己的学习状态进行审视的意识和习惯,善于总结经验;能够根据不同情境和自身实际,选择或调整学习策略和方法等
		信息意识	重点:能自觉、有效地获取、评估、鉴别、使用信息;有数字化生存能力,主动适应"互联网+"等社会信息化发展趋势;具有网络伦理道德与信息安全意识等
	健康生活	珍爱生命	重点:理解生命意义和人生价值;具有安全意识与自我保护能力;掌握适合自身的运动方法和技能,养成健康文明的行为习惯和生活方式等
		健全人格	重点:具有积极的心理品质,自信自爱,坚韧乐观;有自制力,能调节和管理自己的情绪,具有抗挫折能力等
		自我管理	重点:能正确认识与评估自我;依据自身个性和潜质选择适合的发展方向;合理分配和使用时间与精力;具有达成目标的持续行动力等

续表

要素	核心素养	基本要点	主要表现描述
社会参与	责任担当	社会责任	重点：自尊自律，文明礼貌，诚信友善，宽和待人；孝亲敬长，有感恩之心；热心公益和志愿服务，敬业奉献，具有团队意识和互助精神；能主动作为，履职尽责，对自我和他人负责；能明辨是非，具有规则与法治意识，积极履行公民义务，理性行使公民权利；崇尚自由平等，能维护社会公平正义；热爱并尊重自然，践行绿色生活方式和可持续发展理念等
		国家认同	重点：具有国家意识，了解国情历史，认同国民身份，能自觉捍卫国家主权、尊严和利益；具有文化自信，尊重中华民族的优秀文明成果，能传播、弘扬中华优秀传统文化和社会主义先进文化；了解中国共产党的历史和光荣传统，在思想和行动上热爱党、拥护党，理解、接受并自觉践行社会主义核心价值观，树立中国特色社会主义共同理想，为实现中华民族伟大复兴中国梦而不懈奋斗
		国际理解	重点：具有全球意识和开放的心态，了解人类文明进程和世界发展动态；尊重世界文化的多样性和差异性，积极参与跨文化交流；关注人类面临的全球性挑战，理解人类命运共同体的内涵与价值等
	实践创新	劳动意识	重点：尊重劳动，具有积极的劳动态度和良好的劳动习惯；具有动手操作能力，掌握一定的劳动技能；在主动参加的家务劳动、生产劳动、公益活动和社会实践中，具有改进和创新劳动方式、提高劳动效率的意识；具有通过诚实、合法劳动创造成功生活的意识，并能将意识积极转化为行动等
		问题解决	重点：善于发现和提出问题，有解决问题的兴趣和热情；能依据特定情境和具体条件，选择制订合理的解决方案；具有在复杂环境中行动的能力等
		技术应用	重点：理解技术与人类文明的有机联系，具有学习并掌握技术的兴趣和意愿；具有工程思维，能将创意和方案转化为有形物品或对已有物品进行改进与优化等

（资料来源：中国学生发展核心素养研究课题组，《中国学生发展核心素养》，载《中国教育学刊》，2016年10月。）

项目小结

本项目根据制定研学旅行课程目标的流程，首先介绍了课程目标的含义和不同学段的课程目标，明确了课程目标的具体内容；接着分析了制定课程目标的原则，并对课程目标的类型及表述方式进行阐述；最后梳理了课程目标的制定流程。

研学旅行课程设计

知识训练

1. 研学旅行课程目标制定应遵循（　　）、（　　）、（　　）等基本原则。
2. 研学旅行课程目标按纵向层次可分为（　　）、（　　）、（　　）、（　　）四个层级。
3. 结果性课程目标的表述应包含（　　）、（　　）、（　　）、（　　）四个要素。
4. 请简述制定课程目标的流程。

技能训练

根据你所在城市的特色研学旅行资源，以小组为单位，选定某一种研学旅行活动主题，制定相应的课程目标。

项目五
研学旅行课程内容的组织设计

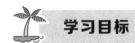

知识目标

（1）能够充分理解研学旅行课程内容的内涵、特点和要求。
（2）掌握研学旅行课程内容设计的内涵、设计主体和设计原则。

能力目标

（1）能够根据研学旅行课程内容设计的特点和要求分析、评判案例。
（2）能够理解并遵循研学旅行课程内容设计的原则和要求，开展课程资源查找、筛选工作，以及依托课程资源组织设计课程内容。

素养目标

（1）培养正确的课程观和教育观，树立正确的职业意识。
（2）认识到研学旅行课程内容在研学旅行活动中的现实意义及重要地位。
（3）深化对研学旅行课程内容组织设计的认识，拓宽视野，强化专业素质，为从事研学旅行及相关工作打下良好基础。

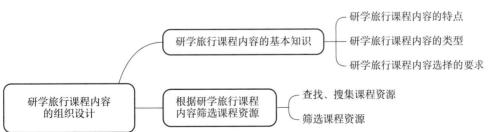

研学旅行课程设计

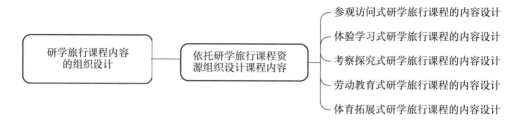

 任务一　研学旅行课程内容的基本知识

任务导入

某学校根据以往几年的研学旅行情况,确定今年的研学旅行课程主题为"优秀传统文化教育"。某研学旅行企业根据该学校的要求,结合当地周边研学旅行实践教育基地的特色和地理位置,为学校推荐了江头村周敦颐后裔爱莲祠、兴安灵渠研学旅行实践教育基地、恭城文庙等地点。对于这三个地点,研学旅行活动的执行者会如何选择、甄别?应该设置怎样的课程内容?

任务解析

(1)研学旅游指导师在进行研学旅行课程内容设计之前,须对研学旅行目的地的资源、特点进行详尽的了解和分析、甄别。

(2)研学旅游指导师在组织设计研学旅行课程内容时,要紧密结合学校相关要求。

任务重点

了解研学旅行课程内容的特点和类型。

任务难点

掌握研学旅行课程内容选择的要求。

任务实施

中小学生研学旅行是由教育部门和学校有计划地组织安排,通过集体旅行、集中食宿方式开展的研究性学习和旅行体验相结合的校外教育活动,是学校教育和校外教育衔接的创新形式,是教育教学的重要内容,是综合实践育人的有效途径。相应的,研学旅行课程的内容应该是学校学科知识的应用和拓展,学生在研学旅行中可以将与研学旅行课程主题相关的学科知识应用到实际情境中,加深对学科知识的理解和掌握研学旅行课程内容设计应注重培养学生的实践能力和创新思维,通过项目式学习、探究性学习等方式,引导学生主动探索、发现并解决问题。研学旅行课程还应包括自我认知和自我发展的内容,引导学生了解自己的兴趣、价值观和优势,培养学生的自我管理和自我发展能力。在设计研学旅行课程内容时,可以让学生在团队中扮演不同的角色,从而学习如何协作、沟通、决策,以及解决问题,通过小组合作、团队建设等活动,培养学生的团队合作能力和领导力。

总体而言,研学旅行课程的内容是多元的,具有包容性,利用多种形式和途径,最终促进学生的全面发展。概括起来,研学旅行课程内容具有如下特点。

一、研学旅行课程内容的特点

(一)综合性

研学旅行课程内容融合了多个学科的知识和技能,涉及各个领域,学生可以根据自己的兴趣和需求,选择参加不同类型的研学旅行课程。例如,可以选择参观博物馆、考古遗址、自然保护区等,深入了解历史文化、自然环境等方面的知识。学生在研学旅行中不仅可以学习相关学科知识,还可以培养综合能力,如团队合作能力、问题解决能力等。

(二)实践性

《关于推进中小学生研学旅行的意见》中突出强调了"研学旅行要因地制宜,呈现地域特色,引导学生走出校园,在与日常生活不同的环境中拓宽视野、丰富知识、了解社会、亲近自然、参与体验"。研学旅行课程内容注重学生的实际操作和实地体验。学生可以通过观察、访谈、实验、调研、实地考察、验证和体悟等,提高实际动手能力和解决问题的能力。学生要想探寻问题的答案,须提取通过学习所储备的理性知识,用于解决现实的问题,同时改造并重构自身的知识结构,由此将理性知识与感性知识紧密联系起来。例如:在与生物学相关的研学旅行中,学生可以观察植物、抓捕昆虫等,了解生物的特征和习性;在与艺术相关的研学旅行中,学生可以通过绘画、制作雕塑等,体验艺术创作的过程。相对于课堂教学,研学旅行课程更注重培养学生解决实际问题的综合实践能力,在一定程度上可以起到弥补学校课程偏重书本知识、课堂讲授、学生被动接受的不足,改善学生缺乏相关实践经验、难以将理论联系实际的状况。

(三)科学性

研学旅行课程是学科知识的应用和延伸,其课程内容须有所依据,并进行规范、严格的查证和甄别。研学旅行活动要经过科学的设计,符合教育教学的基本规律。研学旅游指导师或辅导员通过活动引导学生在实地活动中探究科学知识,灵活运用所学知识解决实际问题,实事求是,遵循自然规律。研学旅行课程要有具体的课程目标、课程安排和课程评价,避免研学旅行成为盲目的"放羊式"旅游活动。

研学旅行课程设计

（四）教育性

研学旅行课程要注重培养学生的社会主义核心价值观和人文素养，注重课程内容的知识性、科学性和趣味性。学生通过研学旅行实践活动，不仅能收获知识和快乐，还能得到德智体美劳"五育并举"的教益和收获，提升个人素养，进行自我完善，最终获得全面发展。研学旅行遵循了教育规律，将学习与旅行实践相结合，将学校教育和校外教育有效衔接，强调学思结合，突出知行统一，让学生在研学旅行中学会动手动脑，学会生存生活，学会做人做事，促进身心健康，有助于培养学生的社会责任感、创新精神和实践能力，是落实立德树人根本任务、提高教育质量的重要途径。

（五）开放性

研学旅行让学生走出教室、走向自然、走向社会，让学生在亲力亲为的实践和体验中增长知识、探索未知；让学生勤动脑、动手、动口，引导学生在共同的体验中进行研讨、交流，进而开阔眼界、了解社会，提高社会实践能力和团队合作能力。同时，研学旅行课程还是一门与时俱进、不断吸纳和补充新内容的课程，能够及时根据时势要求进行建构、变革和完善。

总体而言，研学旅行课程内容的特点是综合性、实践性、科学性、教育性和开放性。这些特点使得研学旅行能够更好地满足学生的学习需求，引起学生的兴趣，提升学生的综合素质和能力。

二、研学旅行课程内容的类型

依照不同的标准，研学旅行课程内容可以划分为不同类型。而研学旅行课程内容是紧紧依附于研学旅行活动的，因此研学旅行活动的类型划分对其有直接的影响。

单从科学分类的角度来讲，研学旅行课程内容可以分为自然科学类研学旅行课程内容和社会科学类研学旅行课程内容。

自然科学类研学旅行课程主要涉及生物、地理、物理、化学等学科领域的知识和实践活动，其课程内容可以帮助学生了解自然界及其生态系统的运行规律，培养学生的科学思维和观察能力。在自然科学类研学旅行课程中，学生可以参与野生动植物调查、地质奇观探索、实验观察等活动。

社会科学类研学旅行课程则以历史和文化为主题，其课程内容涉及古代文明、历史名人、传统文化等方面的知识和体验活动。在自然科学类研学旅行课程中，学生可以参观历史遗址、博物馆、古代建筑等，体悟历史文化的魅力，了解不同地区的传统文化和历史发展，培养历史意识和文化素养。

魏巴德、邓青主编的研学旅行教材《研学旅行实操手册》中，将研学旅行活动归纳为职业探索类、生态环保类、科技类、红色主题类，后又延伸出自然、历史、地理、科技、人文、体验六大主题，这种分类方式对参与教育部1+X研学旅行策划与管理（EEPM）职业技能等级证书考试的学校有着较大的影响，诸多从业者会在编制研学旅行课程内容时以这六大主题为分类依据。而后，各地教育厅（局）关于推进中小学生研学旅行的实施意见中也多采用此分类方式。

桂林市教育局和桂林市文化广电和旅游局共同编制发行了《桂林市研学旅行指南》，该指南内容涵盖传统文化、革命传统、国情教育、自然生态、国防科工、劳动教育六大板块，以及26条研学精品线路、78门研学精品课程提纲。传统文化、革命传统、国情教育、自然生态、国防科工、劳动教育六大板块已然成为官方权威认定的分类，研学旅行课程内容同样也可以分为传统文化、革命传统、国情教育、自然生态、国防科工、劳动教育六大类型。

此外，根据研学旅行资源类型和资源应用方式，我们也可以把研学旅行课程内容划分为参观访问式、体验学习式、考察探究式、劳动教育式、体育拓展式。本项目任务三将依托此分类方法详细讲解各类课程内容的设计要点。

三、研学旅行课程内容选择的要求

研学旅行课程内容有着综合性、开放性等特点，可以想见，我们在设计课程内容时，会面对无比繁杂的情形，那么应该如何进行选择呢？满足一定的要求是选择要义。

（一）课程内容要与课程目标统一

既然研学旅行课程是学科知识的应用和延伸，那么研学旅行课程内容就必须和中小学学科课程内容保持紧密关联。中小学学科课程内容本来就很丰富，而其延伸内容更是纷繁复杂，研学旅行课程无法做到在内容上面面俱到，也无须面面俱到。在组织设计研学旅行课程内容时，确定研学旅行课程目标是首要的，而后选择的课程内容须与课程目标保持紧密统一。例如，桂林市独秀峰·王城研学旅行实践基地的研学旅行资源极其丰富，有古代藩王的相关历史印记、奇峰突起的喀斯特地貌，有摩崖石刻的艺术留痕，有百年府学的薪火传承，有与读书岩相关的民间传说（开读书习文风气之先），有民国时期风云激荡的红色革命史迹，更为难得的是还有现代大学校园的文化浸润……如果在设计课程内容时，草率地将这些元素、资源悉数揽入，那便是"胡子眉毛一把抓"，最终会让学生无所适从。因此，应制定好明确、清晰的课程目标，从历史、艺术、地理，或是红色教育的角度切入。研学旅行有了课程目标，才能使课程内容有所统率，才能使课程在一条主线的串联下，条理清晰、明朗，也更方便研学旅行课程的操作、执行、实施。

（二）课程内容要与学段学情契合

《关于推进中小学生研学旅行的意见》中明确提出，"学校根据教育教学计划灵活安排研学旅行时间，一般安排在小学四到六年级、初中一到二年级、高中一到二年级……学校根据学段特点和地域特色，逐步建立小学阶段以乡土乡情为主、初中阶段以县情市情为主、高中阶段以省情国情为主的研学旅行活动课程体系"。这不仅对研学旅行活动的开展进行了学段的界定，还使各学段的不同内容有了科学的指导。因此，研学旅行课程内容的选择也要与学段、学情相契合，如某研学旅行公司在做电视台的研学旅行课程设计时，针对高中学段开发"传播媒介变—辨—辩"桂视体验营，

研学旅行课程设计

针对初中学段开发"桂视新闻零距离"体验营,针对小学学段开发"声画王国一家亲"创意配音体验营",根据不同的学段、学情,进行了内容分野,以适应不同学段学生的需要。

(三)课程内容要与课程时间匹配

我国目前一学年分为两个学期,通常简称为春季学期和秋季学期,这是因为在开学的时候基本是春季或秋季的开始,整个学期也以春季或秋季为主,在夏季和冬季分别有一段时间较长的暑假和寒假。根据《关于推进中小学生研学旅行的意见》,研学旅行要"纳入中小学教育教学计划"——应安排于学生在校学习期间,而不能安排在寒暑假期间,还要"尽量错开旅游高峰期"。这说明在组织设计课程内容时,须考虑与课程时间相匹配:在选择春季学期和秋季学期的课程内容时,既要考虑物候现象的不同,也要考虑不同季节能提供给学生的研学旅行资源的不同。某市中小学生示范性综合实践教育中心承接全市中小学生研学实践教育任务,利用所建设的劳动教育基地,种植瓜果蔬菜,该教育中心在选择课程内容时,按照"春种秋收"的自然规律,安排不同学校、不同班级的学生在不同的季节进行不同的研学、劳动实践;在安全救护课程方面,该教育中心会根据不同的季节、时间、气候,分别进行防溺水、防火灾等救护内容的教学。

(四)课程内容要与研学旅行资源结合

绝大多数的研学旅行基地(营地)、研学旅行目的地都能提供较为丰富的研学旅行资源,当然,由于所处区域的不同,其研学旅行资源也会具有一定的偏向。例如,广西桂林是喀斯特地貌极为典型的地区,有着很多已经被开发的著名岩(溶)洞,如芦笛岩、七星岩、银子岩、冠岩、丰鱼岩等,这些岩(溶)洞是开展喀斯特地貌、岩溶地质等方面研学的优质场所,某研学旅行公司就依据当地冠岩资源,设计打造了"一滴水的旅行"课程,专注于岩溶地学方面的科普、研学,反响非常好,还被央视"跟着书本去旅行"栏目遴选为重点推介课程。

地处广西桂林北部的兴安县,也是一个研学旅行资源极其丰富的地方,如有着2000多年历史的古运河——灵渠,全国中小学生研学实践教育基地——红军长征突破湘江烈士纪念碑园,"华南第一峰"——猫儿山,独特的桂北民俗和民族风情,西南地区最早的主题公园——桂林乐满地主题乐园……该地在不同时期均能提供丰富的研学旅行资源,成为周边中小学生研学旅行的首选之地。

(五)课程内容要聚焦最新发展成果

2013年2月2日,国务院办公厅印发《国民旅游休闲纲要(2013—2020年)》,提出"逐步推行中小学生研学旅行"的设想,被学界和业界公认为"研学旅行"概念的最早提出。2016年,教育部等11部门联合发布《关于推进中小学生研学旅行的意见》。之后,短短几年时间,研学旅行发展飞速,成果迭出,成绩斐然。2023年,中共桂林市委教育工作领导小组发布了《桂林市全面推进"研学+旅行+劳动教育"融合发展行动实施方案》。在研学旅行对象的范围方面,该文件突破了《关于推进中小学生研学旅行的意见》中的相关界定,将其延伸至大中小学全年龄段的学生层面,并提出"创新体制机制""构建'研学＋旅行＋劳动教育'融合发展新模式"。研学旅行显然已经"走出了中小学校园","走向了社会大众",这样的情状必然要在与时俱进的研学旅行课程内容设计和选择中有所反映。

行业观察

"研学游",如何实现"研学优"

探历史古迹、览山川湖海、访知名学府……近年来,以"读万卷书,行万里路"为主题的研学游广受欢迎。进入暑期,研学游更是迎来旺季。

2023年6月,中共中央办公厅、国务院办公厅印发《关于构建优质均衡的基本公共教育服务体系的意见》,提出"加强劳动实践、校外活动、研学实践、科普教育基地和家庭教育指导服务中心、家长学校、服务站点建设",研学实践位列其中。

"规模较大、实力较强的研学机构,能够借助已有的优势,持续提升产品竞争力。努力练好内功,履行社会责任,是实现研学市场高质量发展的关键。"浙江大学公共政策研究院副院长蔡宁说。

"研学不仅是一种教育形式,更体现了全面发展的教育理念,有利于学生提升自我管理水平、增强自身综合能力。"曲阜夫子学校校长程兆见表示。

在中山大学旅游学院教授张朝枝看来,研学让教育"走进现实场景","通过情境式、启发式和体验性学习,激发学生探索未知世界的兴趣、主动学习的动机,促进书本知识与生活经验的融合"。

那么,应该如何科学设置研学游活动?关键在于课程设置和教学内容研发。程兆见认为,"要充分发挥地域文化优势,注重课程与教材的相关性、内容的专业性,提升讲师的综合素养,让学生有所收获"。

目前,研学产品的质量正不断提升,课程化开发日趋专业,中国旅游研究院产业研究所副研究员张杨认为,"在研学旅行的理念构想、项目运营、产品设计、课程研发、营销推广、基(营)地运营管理等多个环节,仍需多方合力,共同助推研学市场高质量发展","期待学校、教师和更多专业人士的加入,让孩子获得更好的系统性知识和旅行体验"。

(资料来源:《"研学游",如何实现"研学优"》,载《人民日报》,2023年8月21日。)

思考:

研学旅行的核心功能是教育,因此,研学旅行的课程设计显得极为重要。面对这种新的教育形态,我们应该怎样去融合多方、构筑合力呢?

案例聚焦
▼

"天绘山水,诗意家园"研学旅行课程方案

知识训练

1. 研学旅行课程内容的特点主要有（　　）、（　　）、（　　）、（　　）和（　　）。
2. 研学旅行课程是一种研究性的学习活动,其在实施过程中,充分体现了（　　）、（　　）、（　　）的相关特点。
3. 请简述研学旅行课程内容选择的要求。

任务二　根据研学旅行课程内容筛选课程资源

任务导入

某中学为了提高学生的历史和文化素养,计划开展一次研学旅行活动。该学校选择了古都西安作为研学旅行目的地,希望通过这次研学旅行,让学生们深入了解中国古代文化和历史。在方案策划阶段,面对西安丰富的文化资源、研学旅行资源,研学旅游指导师小王有点犯难。如何更有方向性、针对性、科学性地选取适合学生的课程资源？这成为研学旅游指导师须解决的关键问题。

任务解析

(1)研学旅游指导师在进行研学旅行课程设计之前,需要根据课程内容有选择性地查找、搜集课程资源。

(2)研学旅游指导师在查找、搜集和筛选课程资源时,要遵循一定的原则。

任务重点

了解研学旅行课程资源的题材,以及查找、搜集研学旅行课程资源的渠道。

任务难点

掌握查找、搜集、筛选研学旅行课程资源的原则。

任务实施

一、查找、搜集课程资源

研学旅行的课程资源,是指支持研学旅行活动或研学旅行课程设计的各种材料和工具。这些资源旨在增强学生的学习体验感与实践性。研学旅行课程的教学目标具有多元性,其教学方式强调实践性,因此,其教学内容应具有开放性,应既涉及传统课程教学内容,又涵盖其他综合内容。研学旅行课程资源包括但不限于以下几类：

(1）研学旅行目的地的相关信息。应搜集研学旅行目的地的基本信息，提前考察相关情况，评估研学旅行目的地的适宜性、安全性等。对这类课程资源进行考察是开展研学旅行活动的前提和首要环节，对整个活动是否能顺利、有效展开起着决定性作用。

(2）各类相关材料，包括与课程主题相关的书籍、学术论文、案例研究，以及其他文献资料等。这类课程资源是开展研学旅行活动的基础。

(3）课程计划和教学大纲，是明确课程目标、课程内容和评估标准的文档。这类课程资源是研学旅行活动的框架。

(4）互动和体验式活动，如角色扮演、模拟实验或手工制作，这类课程资源旨在提供实践学习机会。

(5）教学辅助材料，是指地图、图表、模型等辅助教学的工具和材料。

(6）安全和风险管理指南，这类课程资源的作用是为研学旅行活动提供安全保障，此外还包括应急预案。

(7）评估和反馈工具，如学生反馈表格、评估问卷等，这类课程资源用于研学旅行课程结束后的效果评估。

（一）查找、搜集课程资源的原则

1. 教育性原则

《关于推进中小学生研学旅行的意见》中指出，"研学旅行要结合学生身心特点、接受能力和实际需要，注重系统性、知识性、科学性和趣味性，为学生全面发展提供良好成长空间"。因此，在查找、搜集研学旅行课程资源时，教育性必须放在首位。研学旅行场地及课程主题的确定，各类相关材料的查找、搜集，课程内容的设计以及活动的开展要与中小学生的学情和接受能力相匹配，贴合中小学课堂教学内容。

2. 实践性原则

实践性是研学旅行的题中应有之义。《关于推进中小学生研学旅行的意见》中提到，"研学旅行要因地制宜，呈现地域特色，引导学生走出校园，在与日常生活不同的环境中拓宽视野、丰富知识、了解社会、亲近自然、参与体验"。因此，在查找、搜集研学旅行课程资源时，要考虑到研学旅行场地、研学旅行任务、研学旅行教学辅助材料是否能够支持实践性活动的开展。

3. 安全性原则

《关于推进中小学生研学旅行的意见》中提到，"研学旅行要坚持安全第一，建立安全保障机制，明确安全保障责任，落实安全保障措施，确保学生安全"。因此，在开展研学旅行活动前，要对研学旅行场地进行实地考察，确保活动场地的安全性。

4. 地域性原则

研学旅行活动要突出地域性特征，才能更有特色、更吸引人。研学旅行课程资源的查找、搜集要联系当地实际，尽可能地挖掘丰富的课程资源，帮助学生更好地了解和认识家乡的自然环境及相关人文要素，培养学生对家乡的热爱之情，提升学生对家乡的认同感。

（二）查找、搜集课程资源的题材

1. 教育教学相关题材

教育教学相关题材涉及各类学科（如语文、数学、英语、音乐、美术、体育等）的教学内容，能够引导学生将课堂所学知识灵活运用到研学旅行活动中，加深学生对课堂知识的理解。

2. 优秀传统文化题材

各类文物保护单位、古籍保护单位、博物馆、非遗场所、优秀传统文化教育基地等可以提供优秀传统文化题材。这些单位不仅可以提供丰富的文化体验机会，还通过多样化的教育和展示方式，帮助学生深入了解和感悟中华优秀传统文化的魅力，进一步激发他们传承和发扬中华优秀传统文化的责任感和使命感。

3. 红色革命文化题材

爱国主义教育基地、革命历史类纪念设施遗址等可以提供红色革命文化题材，帮助学生更好地理解和体悟革命时期的艰苦卓绝和伟大抗争精神，激发学生的爱国热情，培养学生的奋斗精神。这些单位也是传承和弘扬红色革命文化的重要载体，对于培养学生的社会主义核心价值观和时代精神具有重要意义。

4. 国防科技教育题材

国家安全教育基地、国防教育基地、海洋意识教育基地、科技馆、科普教育基地、科技创新基地、高等学校、科研院所等可以提供国防科技教育题材，引导学生学习科学知识，培养科学兴趣，掌握科学方法，发扬科学精神，树立总体国家安全观和国防意识。

5. 自然生态教育题材

自然景区、公园、植物园、动物园、风景名胜区、世界自然遗产地、世界文化遗产地、国家海洋公园、示范性农业基地、生态保护区、野生动物保护基地等可以提供自然生态教育题材，引导学生学习自然生态知识，培养学生对祖国大好河山的热爱之情，树立爱护自然、保护生态的意识。

（三）查找、搜集课程资源的渠道

1. 学校

学校是参与研学旅行活动的主体之一，具有丰富的研学旅行相关信息和资源，包括但不限于图书馆中的相关文献、学校合作基地、学校师资队伍、以往案例经验等。依托学校平台，可以较为便捷地获取相关课程资源。

2. 互联网

互联网是一个非常丰富的资源库，可以通过搜索引擎、教育资源网站、旅游网站等获取研学旅行的相关信息和资源。例如，可以在互联网上搜索相关研学旅行项目、旅游攻略等,以获取与研学旅行相关的课程资源。

3. 研学旅行机构

研学旅行机构通常会提供全方位的研学旅行服务,包括课程设计、行程安排、导游服务等。依托研学旅行机构,可以了解相关的课程资源和信息。

4. 其他学校或机构

在搜集研学旅行课程资源时,可以参考其他学校或机构已经开展的研学旅行课程,借鉴其内容并进行适当的改编。亦可以通过社交媒体、教育论坛等渠道了解、学习其他学校或机构的研学旅行课程。

5. 实地考察

实地考察是获取研学旅行课程资源的重要途径之一。可以通过实地考察博物馆、科技馆、自然保护区等,了解当地的文化、历史、自然资源等方面的信息,为研学旅行课程的设计提供灵感和素材。

二、筛选课程资源

在查找、搜集到一定量的研学旅行课程资源之后,须对课程资源进行筛选,以便进行后续工作。筛选的目的是确定哪些课程资源最适用于研学旅行课程的设计和实施。

(一)筛选课程资源的方法

在筛选课程资源时,可以采用多种方法,包括但不限于分类筛选、专家评审、学生参与等。

1. 分类筛选

分类筛选是指先根据课程资源的性质和特点进行分类,再结合研学旅行的目的、内容、学生学情等因素,从中挑选适宜的材料。

2. 专家评审

专家评审是指邀请专业人士对课程资源进行评估和筛选,以确保所筛选出的课程资源具备教育性、实践性和安全性。

3. 学生参与

学生参与是指通过问卷调查、模拟研学等方式,让学生参与筛选过程,根据学生的需求和意见筛选课程资源。

(二)筛选课程资源的原则

1. 结合域情

在筛选研学旅行课程资源时,遵循"结合域情"的原则是非常重要的。这是因为研学旅行课程不是一个单纯的教育活动,还涉及文化、社会、环境等多个方面,这些方面在不同的地域之间存在很大的差异。

一方面，相关域情可以帮助我们筛选出更具地方特色的课程资源。每个地方都有自己独特的历史、文化、自然资源，这些资源可以为学生提供更直观、生动的教育体验。结合域情，我们可以更好地利用这些资源，让设计出的研学旅行课程更具地方特色。

另一方面，结合域情对课程资源进行筛选，可以更好地满足学生的需求。结合域情所设计出的研学旅行课程，可以让学生对于自己所在地域的文化、社会、环境等有更深入的了解和认识，从而更好地满足学生的需求，提高学生的参与度和满意度。

2. 结合校情

不同学校在办学理念、办学特色，以及对研学旅行课程所投入的经费等方面有所区别，这些因素会影响到研学旅行课程的设计和实施。因此，我们要充分结合校情筛选课程资源。

一方面，相关校情可以帮助我们筛选出更能体现学校特色的课程资源。每个学校都有自己的办学特色和优势，结合校情，我们可以选择更符合学校特色的课程资源，从而更好地实现学校的办学目标。

另一方面，结合校情对课程资源进行筛选，还可以促进学校的品牌建设。结合校情所设计和实施的具有学校特色的研学旅行课程，可以提升学校的知名度和美誉度，进一步增强学校的竞争力。

3. 结合生情

学生是研学旅行课程的主体，他们的需求、兴趣和能力将直接影响研学旅行课程的实施效果。

首先，遵循"结合生情"的原则，可以帮助我们更好地满足学生的需求。不同的学生有不同的兴趣和需求，例如，有的学生对自然环境感兴趣，有的学生对历史文化感兴趣。通过了解和分析学生的情况，我们可以选择更符合他们需求的课程资源，从而提高他们的参与度和满意度。

其次，遵循"结合生情"的原则，有助于提升研学旅行课程的实施效果。学生是研学旅行课程的主体，他们的参与度和投入程度将直接影响课程的实施效果。结合学生的情况，我们可以设计出更符合他们学习特点和规律的研学旅行课程，从而提升课程的实施效果和质量。

最后，遵循"结合生情"的原则，还有助于学生的全面发展。每个学生都有自己的个性和特长，通过了解和分析学生的情况，我们可以为学生提供更符合其个性和特长的课程资源，从而更好地促进学生的全面发展。

4. 注重多元性

研学旅行课程的目标是促进学生全面发展，每个学生都是独一无二的个体，具有不同的兴趣、需求和能力。因此，在筛选课程资源时，应注重多元性，以满足不同学生的需求。

首先，具有多元性的课程资源可以帮助学生了解和感悟不同的文化和价值观。研学旅行课程通常会涉及不同的地域和文化，通过筛选更具多元性的课程资源，可以让学生接触到不同的文化和价值观，从而增强他们的跨文化交流能力和理解能力。

其次，具有多元性的课程资源有助于培养学生的创新思维和批判性思维。多元化的课程资源可以为学生提供更丰富的知识，从而激发学生的创新思维和批判性思维，拓宽学生眼界，提高学生的综合素质。

最后，具有多元性的课程资源还有助于提升学生的学习动力和兴趣。学生在面对多元化的课程资源时，会感到更加兴奋和好奇，从而更容易产生学习的兴趣和动力。同时，多元化的课程资源也可以为学生提供更多的选择和机会，让他们能够选择自己感兴趣的领域进行深入探索。

经过筛选后的课程资源将更加精练，更有重点，能够更好地服务于研学旅行课程后续的设计和实施，为研学旅行课程的顺利开展提供有力保障。

⛵ 知识训练

1. 请简述查找、搜集研学旅行课程资源时需要遵循的原则。
2. 请简述筛选研学旅行课程资源时需要遵循的原则。

任务三　依托研学旅行课程资源组织设计课程内容

🌐 任务导入

某研学旅行机构根据学校相关要求，准备设计"参观民族文化博物馆"研学旅行课程。在选择与安排课程内容时，李老师设计了以下课程内容。

（1）博物馆导览：安排博物馆工作人员为学生进行讲解，包括介绍博物馆内的各种文物和历史遗迹，以及相关的历史背景和文化内涵。

（2）民族团结教育专题讲座：安排专家为学生进行民族团结教育专题讲解，包括介绍我国各民族的历史背景、各民族间的文化传承，以及民族团结的实践经验等内容。

对以上内容，我们该如何评价？

🌐 任务解析

在设计研学旅行课程内容时，要重视学生的参与性与互动性，避免出现"旅"而不"研"的问题。

🌐 任务重点

理解不同类型研学旅行课程内容设计的要点。

🌐 任务难点

能够结合研学旅行课程教学目标、课程资源等，独立设计完整的课程内容。

研学旅行课程设计

任务实施

研学旅行课程内容设计是基于课程资源和课程教学目标，在充分考量各地方要素和各阶段学情的前提下，进行主题选择、活动安排的系统工程。与一般的课堂教学不同，研学旅行课程没有统一的教材和完备的知识体系，内容比较零散，因此多以项目、主题的形式编排，以活动的形式开展，从而起到联结或统领其他教学内容要素的作用，为教学育人提供语境范畴。

本任务将研学旅行课程分为参观访问式、体验学习式、考察探究式、劳动教育式、体育拓展式五个类别，并结合案例分析这五类课程的内容设计要点。

一、参观访问式研学旅行课程的内容设计

参观访问式研学旅行课程是指通过组织安排学生到现场参观、访问以获得所需知识和技能的一种课程形式。这类课程互动性较弱，对师资要求不高，但是需要学生具备一定的相关知识经验，这样，学生才能更好地结合实地参观，在与相关人员的交谈中进行信息的接收与知识的转化。参观访问式研学旅行课程适用于各年龄段的学生，尤其适合中小学社会科学、历史、文化等方面的研学旅行课程内容设计，主要课程资源有博物馆、历史遗址、单位场馆等。

（一）设计要点

1. 确保参观访问活动具有针对性、教育性

参观访问活动主题应根据课程目标的需要和学生的兴趣来进行选择。同时，在参观访问活动开始之前，应结合课堂教学帮助学生积累相关知识经验，引导学生基于个体差异明确自身在本次参观访问活动中拟解决的关键问题，并鼓励他们积极主动寻求解决问题的方法。在参观访问活动结束之后，要选用合适的方法，如组织小组讨论、布置作业等，引导学生将参观访问所得到的知识与课堂所学的知识进行整合，从而形成系统化、规范化的认知。

2. 为学生提供必要的实践机会

实践性是研学旅行课程的本质要求。但由于参观访问式课程的目的地资源性质的限制，学生只能沿着既定线路行进，实践参与感并不明显。因此，我们在设计课程内容时，应当充分结合课程资源，为学生提供必要的实践机会。例如：我们可以设置访谈环节，让学生与相关工作人员进行自主交流以解答其个人疑问；在参观博物馆时，我们可以让学生轮流担任文物讲解员，为其他同学或游客讲解某个文物的历史渊源等。

（二）案例分析

1934年11月27日至12月1日，中央红军在湘江上游广西壮族自治区境内的兴安县、全州县、灌阳县与国民党军队苦战五昼夜，最终从广西壮族自治区全州县、兴安县之间抢渡湘江，突破了国民党军队的第四道封锁线。湘江战役是中央红军长征以来最

壮烈的一战,也是关系中央红军生死存亡的关键一战。学习红军长征历史,感悟红军长征精神,培养民族自豪感是当下青少年教育的题中应有之义。下面以"血色湘江——湘江水畔的慷慨悲歌"研学旅行课程为例进行讲解。该课程围绕一条主线(界首渡江遗址公园—红军长征突破湘江纪念馆—光华铺烈士墓)设计多个活动,具体内容请扫二维码查看。

"血色湘江——湘江水畔的慷慨悲歌"研学旅行课程内容安排

二、体验学习式研学旅行课程的内容设计

体验式学习圈理论是由大卫·库伯提出的,在著名教育学家杜威提出的经验学习理论基础上发展而来的学习模式。该理论要求学生主动参与教学活动,充分发挥主体能动性,大胆尝试、亲身体验,经过实践、观察、反思、概括,最后在大脑中构建经验知识,并形成将这些经验知识或技能运用到新的情境中以解决问题的能力。基于这种学习模式开发的研学旅行课程实践性强、主体性特征明显,每个学生的学习成果由于个体差异而呈现出较大差别。体验学习式研学旅行课程主要应用于情感态度(如思想品德等)的学习和技巧(如生活技能等)的学习。

(一)设计要点

1. 确保学生知识和技能获取过程的完整性

在设计课程内容时,要确保学生知识和技能获取过程的完整性。基于大卫·库伯所提出的体验式学习圈理论,研学旅行课程内容设计应当包含四个环节,即获得具体经验—引导学生观察反思—引导学生进行抽象概括—在实践中应用于新情境以发展相关技能。以上四个环节层层递进,缺少任何一个环节都会影响课程实施效果,因此,体验学习式研学旅行课程的内容设计必须以此为主线,确保学生知识和技能获取过程的完整性。

2. 注重学生情感性体验

在设计课程活动时,要注重学生的情感性体验。情感是促进个体产生某种态度或行为的重要因素。体验学习式研学旅行课程要求学生投入精力、体力,带着情感沉浸于活动中,通过自觉或不自觉地内省积累,把握自己的行为、情感,进而认识外在世界并对其产生情感价值偏向,最后产生相关行为。这要求体验学习式研学旅行课程的内容设计具备趣味性、贴近生活,能够激发学生的参与兴趣,让学生在实践中获得情感性体验。

(二)案例分析

"真正把青少年培养成为拥有'四个自信'的孩子"是习近平总书记对教育工作者提出的要求。文化自信,是更基础、更广泛、更深厚的自信,是更基本、更深沉、更持久的力量。在多元文化不断发展的今天,提升青少年的文化自信是提升中国文化软实力的内在需要。柳州市三江侗族自治县的侗族木构建筑营造技艺是国家级非物质文化遗产之一,具有极高的文化传承价值,让学生体验、学习相关技艺,有助于传承民族文化,增强青少年的文化自信。下面以"柳州三江木质榫卯结构建筑"研学旅行课程为例

进行讲解。该课程主要安排了两天的活动内容,并设计了相应的课程主题和教学目标,具体内容请扫二维码查看。

三、考察探究式研学旅行课程的内容设计

考察探究式研学旅行课程是一种教学实践活动,也可以说是一种实地历史考察实践活动。该课程的受众定位为小学生及初中生。适用场景包括:历史悠久的景点、历史文化场馆、红色教育基地、历史遗址等。考察探究式研学旅行课程的内容可以根据具体实施情况进行安排,一般来说,分为理论部分和实践部分。

(一)设计要点

1. 理论翔实,设计清晰

考察探究式研学旅行课程内容设计的理论部分包括必要的背景知识介绍、明确考察探究活动目的、考察探究活动安排、选取考察探究活动地点的原因、考察探究活动规范等。需要注意的是,在选取考察探究活动的地点时,须预先与目的地的相关部门进行沟通,明确出行时间,获取背景资料,了解目的地可提供的活动内容,从而在设计课程内容的理论部分时做到有的放矢。

2. 分工有度,引导适当

考察探究式研学旅行课程内容设计的实践部分主要涉及实际场景考察,须形成相应的报告,即考察探究活动研究报告。要对学生进行合理分组,确保每一个小组均具有独立探究能力,形成互补型、成长型小组。在小组撰写报告及汇报时,研学旅游指导师可以进行适当引导。

3. 实事求是,逻辑严谨

在撰写考察探究活动研究报告时,应该结合实际情况、遵循相关规定,如认真遵守有关报告格式、字数、内容结构等方面的要求。同时,应该做好前期资料搜集和整理工作,仔细分析考察探究活动中的各个方面,提出准确、具体的建议,形成相关研究成果。此外,在表述时应严谨、清晰、简明,具有逻辑性和科学性,不应出现表述拖沓、含糊等情况,以充分展现考察探究活动的真实效果和价值意义。

(二)案例分析

下面以"探访扬美古镇 传承中华优秀传统文化"研学旅行课程为例进行讲解。该课程的内容设计以人文、德育理念为导向,将中华传统文化进行创造性转化和创新性发展;以《自治区教育厅等12部门关于推进中小学生研学旅行的实施意见》文件精神为指导,以"小学以乡情县情为主、初中以县情市情省情为主""因地制宜"为思路,通过在扬美古镇里组织开展场景模拟、剧情定向引导、团队合作任务、分队对抗以及"货币流通"等多个环节,重现当年进京赶考的漫漫艰辛之路,以中华优秀传统文化为养料,滋养学生的精神;运用校本实验研究法,反思并提炼出有助于传承中华优秀传统文化的研学校本理论与实践模式。该课程对中国相关历史和人文精神进行了萃取与提炼,将

中华优秀传统文化真正"烙"进学生心中,增强了学生的文化自信,有助于学生形成正确的世界观、人生观、价值观,具体内容请扫二维码查看。

四、劳动教育式研学旅行课程的内容设计

劳动教育式研学旅行课程是指将学生带到实际的劳动情境中,通过亲身经历获得劳动体验,以培养学生的劳动技能、职业素养和价值观的课程。2022年教育部发布的《义务教育劳动课程标准(2022年版)》中提出,"围绕日常生活劳动、生产劳动、服务性劳动,根据学生经验基础和发展需要,以劳动项目为载体,以劳动任务群为基本单元,以学生经历体验劳动过程为基本要求,构建覆盖三类劳动,学段进阶安排、有所侧重的课程结构"。这为劳动教育式研学旅行课程的内容设计指明了方向。

广西南宁"探访扬美古镇 传承中华优秀传统文化"研学旅行课程内容安排

(一)设计要点

1. 注重梳理区域资源,构建具有地方特色的劳动教育

在确定劳动教育式研学旅行课程的主题时,要注重对区域资源的梳理,构建具有地方特色的劳动教育。《义务教育劳动课程标准(2022年版)》中要求劳动课程的结构覆盖三类劳动,即日常生活劳动、生产劳动和服务性劳动。这三类劳动具备明显的生活性、地域性特征,应当秉承因地制宜的开发原则,挖掘当地劳动实践资源,构建劳动情境。例如,广西壮族自治区具备丰厚的民族文化资源,该地在进行劳动教育式研学旅行课程设计时,可以在乡村振兴的背景下,结合当地民族文化来确定课程主题,构建具有民族特色和地方特色的课程内容。

2. 注重教育性,避免"为了劳动而劳动"

在设计劳动教育式研学旅行课程内容时,要注重教育性,避免"为了劳动而劳动"。劳动课程实践活动区别于一般情境下的劳动实践活动。一般情境下的劳动实践活动大多属于职业劳动,具备生产与服务的劳动属性。而劳动课程实践活动本质上是一种教育性活动,具有教育属性。因此,在劳动教育式研学旅行课程内容开发中,要注意挖掘劳动实践活动中的教育价值,不仅要关注相关主题下的劳动知识与技能等显性知识,更要关注与主题相契合的劳动观念、劳动思想、职业精神等隐性知识。同时,在劳动教育活动设计中,要注重跨学科的知识整合,以提升劳动教育式研学旅行课程的教育价值。

(二)案例分析

程阳八寨景区包括马鞍寨、平寨、岩寨、平坦、懂寨、程阳大寨、平铺、吉昌八个自然村寨,荣获"中国景观村落""广西十大魅力乡村""国家5A级旅游景区""中国少数民族特色村寨"等称号,有"百节之乡"的美誉。下面以"魅力八桂——感受壮美广西的丰收画卷"研学旅行课程为例进行讲解。该课程以月地瓦生态农业园为研学旅行目的地,该园采用生态园模式进行农业和生态布局,将农业农事活动、自然风光、"稻鱼共生"示范田、花卉种植、儿童娱乐、环境保护等融为一体,将农旅结合,实现了经济效益与社会效益双丰收,是中国乡村振兴政策实施成效的缩影。该课程的内容设计依托当地资

"魅力八桂——感受壮美广西的丰收画卷"研学旅行课程内容安排

源,通过捕捞稻田鱼、采茶、手工制作侗画等劳动实践,让学生体验民族生产实践活动,感受国家政策实施成效,树立传承民族文化的担当意识,培养社会责任感,厚植爱家乡、爱祖国的情愫,具体内容请扫二维码查看。

五、体育拓展式研学旅行课程的内容设计

体育拓展式研学旅行课程的内容设计要贴近学生实际,满足学生心理、生理需求。此外,要充分体现该课程的特点。围绕课程特点进行内容设计,会使该课程充满生机与活力,并且能够保证户外体育拓展式研学旅行课程在体育课程体系中占有一席之地。该课程普遍适用于中学生。

（一）设计要点

1. 以健康的身心为基本前提,以保持身心健康为基本目标

开展体育拓展活动以健康的身心为基本前提,以保持身心健康为基本目标。"体育者,人类自养其生之道。"体育拓展式研学旅行课程既然是体育课程体系的有机组成部分,其作用自然离不开"养生"的范畴。对于尚处于青春期的中学生来说,他们身体的发育已经接近成人,新陈代谢旺盛,身体基本处在健康状态,但是"盖生而强者,滥用其强,不戒于种种嗜欲,以渐戕贼其身",体育拓展式研学旅行课程正是通过适当的身体锻炼保持甚至提高学生的健康水平,此为该课程"养"的内涵。

2. 旨在促进学生身体均衡发展

体育拓展式研学旅行课程的内容设计旨在促进学生身体均衡发展,吸收了传统体育项目的优点的同时,也有意识地避开了传统体育项目的某些缺点。例如:中长跑的强度较大,心脏负担较重(心率为130次/分—150次/分),不适合大多数非体育生;而同场竞技的球类运动的技术动作较复杂,比赛时学生之间身体接触较频繁,对抗激烈,大多数非体育生很难在短时间内掌握。体育拓展式研学旅行课程的内容设计则"抑其过而救其所不及",旨在使身体"平均发达"。

（二）案例分析

体育拓展式研学旅行课程是学校体育教育的延伸,下面以"加强体育锻炼实践,增进民族交流交融"研学旅行课程为例进行讲解。该课程通过对湘西德夯苗寨苗族鼓舞、苗族武术等少数民族传统体育文化资源和区域自然资源进行开发,在综合考虑中小学生身心特点和学习能力的基础上,设计符合中小学生体育教学需求的"民族传统体育"研学旅行课程主题,具体内容请扫二维码查看。

"加强体育锻炼实践,增进民族交流交融"研学旅行课程内容安排

慎思笃行

将校园研学游打造成"大思政课"

记者近日从北京大学(以下简称北大)获悉,该校正持续推进校园有序开

放,并探索面向全国开展体现首都特色、北大精神的研学游"大思政课"。北大将在北京市、海淀区的支持和指导下,用好校园革命遗址、文物古迹、展览馆、博物馆等各类文化资源。

在确保校内正常教学科研秩序的前提下,北大正努力改进管理,适时调整政策,使进出校门更加便捷。针对社会公众普遍关注的寒暑假大学校园"研学游"问题,北大正组织相关职能部门、院系制定方案,探索将"研学游"向"大思政课"转化,从以"游览"为重点向以"育人"为重点转化。

具体举措包括:利用现代技术系统梳理校内已有的校园文化教育讲座、课程、视频等数字化资源,建设线上教学资源库,方便不能实地来访的外地学生,或在现场参观时间有限的情况下,帮助来访的学生更深入学习北大历史和校园文化。同时,北大各博物馆都计划延长免费开放时间,丰富思政课内容。

(资料来源:焦以璇,《北京大学将把节假日校园研学游打造为"大思政课"》,载《中国教育报》,2023年12月21日。)

项目小结

本项目主要介绍了研学旅行课程内容设计的相关内容,首先概括和分析了研学旅行课程内容的特点,并就研学旅行课程内容的分类进行了阐述和分析。然后对研学旅行课程内容的选择要求进行了详细阐述和分析,梳理出了研学旅行课程内容选择的五项要求。最后,依托相关案例,对参观访问式研学旅行课程、体验学习式研学旅行课程、考察探究式研学旅行课程、劳动教育式研学旅行课程、体育拓展式研学旅行课程的内容设计要点进行了讲解。

知识训练

一、判断题
1. 参观访问式研学旅行课程内容设计须考虑互动性和实践性。( )
2. 劳动教育式研学旅行课程与一般情境下的劳动实践在本质上是一样的。( )

二、简答题
请简述体验学习式研学旅行课程内容的设计要点。

三、实践题
请根据以下材料设计一份体验学习式研学旅行课程内容。

随着"神州十三号"的顺利升空,中国航天航空事业进入新的发展阶段,中国的科技产业发展迅猛,我们的社会也因科技的发展而更精彩。北斗系统是北斗卫星导航系统的简称,是我国自主建设、独立运行的卫星导航系统,为全球用户提供全天候、全天

研学旅行课程设计

时、高精度的定位、导航和授时服务的重要新型基础设施。

北斗开放实验室是北斗领域首个资源开放共享平台，是以推动"北斗应用"为目标的、非营利的开放合作与资源共享服务平台。北斗开放实验室本着"融合、开放、合作、共赢"的发展理念，以"联合优势单位、释放优质资源、创新人才培养、助推北斗发展"为目标宗旨，以"释放优质资源和创新人才培养"为核心，助推北斗产业应用发展。

北斗开放实验室·中国—东盟（南宁）分实验室为青少年组织开展了丰富的沉浸式科普活动，以激发青少年的科学兴趣，点燃其科技创新梦想。

技能训练

以小组为单位，查找、搜集你所在城市的研学旅行课程资源，并依托这些资源，组织设计五种类型的研学旅行课程内容。

项目六
研学旅行课程评价的设计

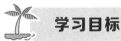

知识目标

能够充分理解研学旅行课程评价的意义和内容,掌握研学旅行课程的评价对象和评价方法。

能力目标

能够结合具体研学旅行课程方案,设计出针对不同评价主体的研学旅行课程评价表,并对评价结果进行分析。

素养目标

(1)初步形成正确的研学旅行课程评价观,认识到研学旅行课程评价在学生发展和课程改进方面的重要意义。

(2)在设计研学旅行课程评价表的过程中,培养严谨的工作作风和辩证思维。

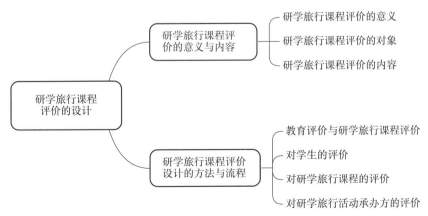

研学旅行课程设计

任务一 研学旅行课程评价的意义与内容

任务导入

近年来,各地积极开展研学旅行,在促进学生健康成长和全面发展等方面发挥重要的作用。但在一些地区在推进研学旅行工作的过程中,仍存在思想认识不到位、协调机制不完善、安全保障不规范等问题,要想改善和解决这些问题,须对研学旅行的整个过程进行科学、合理的评价,这首先需要我们对研学旅行课程评价的意义与内容有一个清晰的认识。

那么,研学旅行课程评价的意义有哪些?须对哪些方面进行评价?

任务解析

(1)在进行研学旅行课程评价之前,要对研学旅行课程评价的意义形成科学、全面的认识。

(2)明确研学旅行课程评价的对象与内容。

任务重点

研学旅行课程评价的对象与内容。

任务难点

研学旅行课程评价的内容。

任务实施

一、研学旅行课程评价的意义

(一)检查和鉴定课程目标的达成程度

研学旅行课程的整个实施过程是否已达到相关要求,须通过评价来做出鉴定。研学旅行课程评价的重要意义之一,就是检查和鉴定课程目标的达成程度,我们可以根据评价结果对课程目标等进行适当的调整,引导评价对象向理想的课程目标不断努力。

(二)发现和诊断存在的问题

研学旅行课程评价是发现和诊断存在的问题的重要方式,通过课程评价可以区分教育质量的优劣,明确进一步需要调整和努力的方向,有助于研学旅行课程计划的制订和完善、对课程内容和课程实施过程的调整,以及个性化教育的实施,从而提升教育效果。

(三) 通过信息反馈促进研学旅行过程的改进

研学旅行过程包括行前、行中和行后三个环节,各个环节又可以进一步细分为多个工作模块。评价者结合多方面的信息反馈,可以及时发现其中存在的问题,及时了解整个研学旅行过程中各个环节的实施情况和实施效果,不断修正和完善评价对象的行为,从而促进整个研学旅行过程的改进。

(四) 引导和激励评价对象不断提高自身相关水平

研学旅行课程的评价对象涉及学生、课程、研学旅游指导师、学校、承办方等,通过研学旅行课程评价,可以引起一定的心理效应,产生激励效果,促使评价对象追求正向的评价结果,并有意识地时常对照评价标准和课程目标,在认识到自身不足的同时,激发自我提高的内在动机和需要,从而不断提高自身相关水平。

二、研学旅行课程评价的对象

(一) 学生

学生是研学旅行课程的主体,是研学旅行的参与者和体验者,研学旅行过程的各个环节都是围绕"是否能够促进学生的发展"这一问题来开展的。因此,我们在设计研学旅行课程评价体系时,要考虑研学旅行课程设计和实施过程是否符合学生的身心发展规律、应该侧重于促进学生哪些方面的发展、如何提升学生在整个研学旅行过程中的学习表现和学习效果等问题。

(二) 学校

学生所参与的研学旅行课程,是在教育部门和学校统一组织和协调下,通过集体旅行和集中食宿的方式开展的一项教育活动。学校在研学旅行过程中担负着选择合适的机构和把控研学旅行活动的教育质量等多方面的职责,学校要按照教育主管部门的相关要求开展相关工作,也要帮助学生选择合适的研学旅行机构、研学旅行实践基地和研学旅行课程,以及选择合适的跟队教师跟随学生参与研学旅行课程。学校要制定详细的安全应急预案,对参与研学旅行活动的教师和学生进行安全教育培训。因此,对学校的评价主要考虑学校的组织协调能力、研学旅行计划的制订、资源的调配、安全保障措施的落实等方面,如能否为学生选择合适的研学旅行课程、应急预案和安全教育是否全面合理等。

(三) 课程

对课程的评价一般涉及两个方面的内容:一是对研学旅行机构或研学旅行基地提供的具体课程方案进行评价,主要判断课程设计的合理性、系统性和科学性。评价内

研学旅行课程设计

容主要包括课程目标是否合理、课程内容是否恰当、课程实施是否可行、课程评价是否有效等。二是对整个研学旅行线路具体实施过程的评价,评价内容包括行前的准备工作、行中的具体实施过程、行后的总结反思提升等。

(四)课程实施者

课程实施者主要包括主办方派出的带队教师和承办方派出的研学旅游指导师。

对带队教师的评价主要由学生、学校和教育主管部门来完成。带队教师主要负责学生的活动管理和安全保障等工作。

对研学旅游指导师的评价包括很多方面,例如:在整个课程实施过程中能否做到重点突出、抓住关键因素,是否做到理论联系实际,是否重视启发、引导,是否重视学生的思考、探索和操作活动;师生之间是否是一种民主、平等的关系;能否激发学生的学习积极性和主动性等。

(五)研学旅行基地(营地)

研学旅行基地(营地)是学生进行研学旅行的主要场所,是研学旅行课程的主要提供者。研学旅行课程评价重点考查研学旅行基地(营地)的资源整合能力、课程设计能力、落地执行能力和安全保障能力等方面。

(六)旅行社(旅游公司等第三方服务机构)

旅行社(旅游公司等第三方服务机构)主要起到对接学校和研学旅行基地(营地)的作用,主要提供交通、住宿、餐饮、目的地接待等服务,应具备相应的经营资质和服务能力,是研学旅行顺利开展的重要保障。因此,对旅行社的评价主要包括旅行社在行程安排、活动安排过程中的协调沟通能力,以及提供交通、住宿、餐饮等生活保障的能力等内容。

三、研学旅行课程评价的内容

(一)课程方案评价

研学旅行课程方案主要由课程目标、研学行程安排、具体的课程设计、评价表、保障要素等构成。对研学旅行课程方案的评价,主要是对其组成环节的科学性与合理性进行评价,主要评价整个课程方案是否具有科学性、系统性、趣味性和可操作性等特点。例如:课程目标的设置是否合理,是否符合学生的年龄特点和身心发展特征;行程线路安排是否合理;具体课程内容设计是否符合相应原则和要求,是否可以促进学生综合素质的提高和个性化发展,等等。总之,既可以结合专业人士、机构等各方面的建议,决定是否采用该课程方案;也可以结合课程方案评价,对课程方案进行优化,使其能够达到更好的育人效果。

(二)课程实施评价

对课程实施进行评价,主要关注研学旅行课程的实际开展情况,包括两个主要过程:学生的学习过程和研学旅游指导师的教育指导过程。

1. 学生的学习过程

新课程评价观强调综合性评价、多元化评价,不仅关注学生的学习成绩,还要全面评价学生的学科素养、学习能力、实践能力和创新能力。既要考虑对学生的感知觉、记忆、思维、想象等智力因素的培养,也要关注学生的学习动机、情感、兴趣、态度、意志、性格等非智力因素的发展。强调要将评价的重点转向学生学习过程中情感、态度、价值观等方面的整体发展情况。

在研学旅行课程实施过程中,对学生学习过程的评价主要包括:对研学旅行课程行前的准备情况的评价,以及对研学旅行过程中学生的学习表现和学习态度等综合表现情况的评价。对于行前准备情况的评价,主要关注学生是否做好思想准备,是否具备必要知识储备,是否配备必要的物资。对于行中课程阶段的评价,主要关注学生是否认真学习相关知识,是否能够自觉遵守纪律,以及学生与教师互动和参与小组活动的积极性,小组合作能力和自身实践能力等多个方面。

2. 研学旅游指导师的教育指导过程

中小学教师专业标准的基本内容包括专业理念与师德、专业知识、专业能力三个维度,每个维度又细分为多个领域和相应的基本要求。《研学旅行指导师(中小学)专业标准》(T/CATS 001—2019)从专业态度、专业知识、专业能力、持续发展等方面对研学旅行指导师(中小学)进行了阐述。参考教师专业标准和《研学旅行指导师(中小学)专业标准》(T/CATS 001—2019)中的内容,结合研学旅行课程的特点,编者认为,对研学旅游指导师的评价主要关注其对研学旅行课程的组织与实施情况,评价内容主要包括以下几个方面。

(1)在态度和行为方面:研学旅游指导师要富有爱心、责任心、耐心和细心,乐观向上,热情开朗,有亲和力;能够做到尊重教育规律,考虑学生的年龄特征和身心发展特点;能够做到尊重和关爱学生、激发学生的求知欲和好奇心,培养学生的学习兴趣,营造良好的学习氛围。

(2)在专业知识方面:研学旅游指导师要根据所授课程内容,掌握研学旅行相关的知识,具备相应的自然科学知识和人文社会科学知识等通识性知识;熟悉中小学教育的基本原理和常用方法等教育知识;了解与课程内容相关的学科基础知识、课程标准和课程资源等。

(3)在专业能力方面:研学旅游指导师要能设计合理的研学旅行课程方案,并能有效地组织和实施研学旅行课程,保证学生完成各项任务,在具体组织过程中,能结合研学旅行课程内容采用启发式、探究式、讨论式等多种形式实施教学;能有效组织、管理和调控教学过程,合理处理偶发事件;能引发学生独立思考,发展学生的主动探究能力、小组合作能力、创新能力和实践能力;能与学生建立和谐、积极的师生关系;注重学生情感态度和价值观的培养;能熟练运用过程性评价和多元化评价的方式,对学生的研学态度、研学能力和研学结果进行全面综合性评价。

研学旅行课程设计

（三）课程效果评价

课程效果既会受到学生心理状态、认知水平、以往经验等学生自身因素的制约，也会受到周围环境等外部因素的影响。对课程效果的评价，主要集中在以下两个方面。

一是根据具体的课程主题和课程内容，对学生的学习效果进行评价。这种评价一般涉及学生的学习态度、学习行为、执行力、任务完成度，也包括学生的参与度、收获、感受、能力提升等多个方面。不同的课程主题和课程内容，有着不同的评价标准，如在对参观类、制作类、调查研究类等主题的研学旅行课程效果进行评价时，考虑因素会有所不同，要根据具体课程主题、具体课程内容和具体问题进行具体分析。

二是对学生在研学旅行过程中的整体表现进行评价。这种评价主要通过收集和分析学生的研学照片、视频等过程性资料，以及各种成果性材料，对学生进行综合评价。成果性材料一般包括研学旅行手册、研学成果的完成情况、研学成果的展示汇报情况。例如：学生是否能做到字迹工整、规范填写、认真完成研学旅行手册；在撰写调查研究报告时，是否能够规范、完整、详细记录整个研究过程，是否能够具体、详细地分析研究结果，并提出解决实际问题的方法；在成果展示环节，汇报报告是否完整美观，汇报人在汇报过程中是否表述清晰、流畅，思路清晰。

（四）课程保障评价

对研学旅行课程保障的评价，包括师资保障、经费保障、安全保障等方面。一般情况下，须关注教育主管部门的经费保障，学校的组织管理和师资保障，以及研学旅行机构的师资保障、服务保障和安全保障等方面的情况。

任务二　研学旅行课程评价设计的方法与流程

任务导入

研学旅行课程成果展示越来越受到大家的重视，并成为衡量研学旅行课程质量的重要指标。一方面，研学旅行课程成果展示形式丰富，能够给人以直观的感受；另一方面，研学旅行课程成果也在一定程度上代表着学生在研学旅行中的收获。所以，在研学旅行课程实施时，常常会出现重结果轻过程的现象。这也引发我们的思考，在研学旅行课程实施结束之后，如何评价研学旅行活动成功与否？如何评价学生是否完成课程目标，相关的工作人员是否达到执行标准？

任务解析

（1）熟悉研学旅行课程评价的常用方法。

(2)能够结合具体研学旅行课程方案,编制不同类型的、针对不同主体的研学旅行课程评价表。

任务重点

研学旅行课程评价的常用方法。

任务难点

设计学生评价表和研学旅行课程评价表。

任务实施

一、教育评价与研学旅行课程评价

(一)教育评价的基本类型[①]

1. 根据教育评价的功能划分

根据教育评价功能的不同,可以将教育评价分为诊断性评价、形成性评价和总结性评价。

诊断性评价是指在学期开始或者一个单元教学开始时,对学生现有知识水平和能力发展情况进行的评价,其目的是了解学生的学习准备情况,弄清学生的现有知识和能力水平、优点和不足等情况,以更好地进行教学。

形成性评价是指为了改进和完善教学活动,在教学过程中对学生的学习过程和学习效果进行的评价,包括课堂中对学生的提问、书面测试、作业批改等。

总结性评价也称为终结性评价,是指在一个大的学习阶段,如一个学期或者一门课程结束时,对学生学习结果进行的评价,其目的是评定学生在一个阶段的学习效果。

2. 根据教育评价采用的标准划分

根据教育评价采用的标准不同,可以将教育评价分为相对性评价、绝对性评价和个体内差异评价。

相对性评价又称为常模参照性评价,是运用常模参照性测验对学生的学习成绩进行评价,主要是根据学生成绩在常模中所处的位置来评价学生成绩的优劣。相对性评价适用于选拔人才,但不能表明学生在学业成绩上是否达到了某种特定的标准。

绝对性评价又称为标准参照评价,是以能体现教育目标的标准为参照,确定学生的成绩是否达到标准或者达到标准的程度。绝对性评价适用于合格考试、毕业考试,不适合选拔人才。

个体内差异评价是把评价对象的过去与现在进行比较,或者将评价对象的不同方

---

①本部分内容主要参考王道俊、郭文安主编的《教育学(第七版)》(人民教育出版社,2019年)。

面进行比较。有利于评价对象对自己有更全面的认识,从而更好地提高自身相应水平。

3. 根据教育评价的主体划分

根据教育评价主体的不同,可以将教育评价分为自我评价和他人评价。

自我评价是被评价者通过自我认识和自我分析,对照某种标准,对自己的某一方面进行的评价。自我评价有助于学生在自我学习和反思方面增加动力、提升质量。

他人评价主要是指由专业人员组成的小组,或者专门人员对被评价者某一方面进行的评价,如教师对学生的评价既包括教学过程中正式的提问、作业、考试等,也包括教师与学生在平时的接触和谈话中进行的非正式评价。

4. 根据搜集与分析评价资料的方式划分

根据搜集与分析评价资料的方式的不同,可以将教育评价分为质性评价和量化评价。

质性评价一般通过自然情境下的调查,或者通过细致分析口头或书面材料,全面充分地描述评价对象的各种特质,如评语评价法、成长档案袋评价法等。

量化评价是指对评价对象进行量化描述和分析,并得出某些结论,如考试评价法、量表评价法等。

(二)研学旅行课程评价的常用方法

1. 自我评价法

自我评价法是指学生依据研学旅行课程的相关标准,对自己在研学旅行过程中的发展状况、学习行为与结果、个性特征、品德等进行判断与评估,体现了学生自我认识、自我分析、自我提高的过程。

以"我的感悟"模块为例,具体内容如下:

> 在这次研学旅行活动中,有哪些事情让你印象深刻,你有什么收获和感受呢?你认为自己哪些方面值得被称赞,哪些方面须持续提升呢?请仔细思考,并写下来。

表6-1为学生自我评价示例表。

表 6-1　学生自我评价示例表

自我评价表

班级：
姓名：
填表日期：

一级评价指标	二级评价指标	评价内容	自我评价		
			优秀	良好	加油
自我管理能力	文明素养	公共场所使用文明用语，不大声喧哗，维护公共秩序			
		参观时，仔细观察，专心倾听讲解			
		与同学按队列行走，不推不挤，不妨碍他人			
		爱护公共财物，保护动植物，做文明参观者			
	遵守纪律	遵守行程要求，不随意离队，服从研学旅游指导师和带队教师的安排			
		遵守时间节点安排，时间观念强，不影响活动进度			
	生活能力	注意饮食健康，规律进餐，注重营养搭配，不乱吃零食			
		能管理好自己的物品，不丢三落四，生活有序，能进行合理消费			
实践探究能力	实践能力	能够积极动脑、动手，自主选择适当的活动方式开展活动			
		能够利用多种途径获取信息，做好资料搜集和整理工作			
		及时完成活动，积极参与交流分享，乐于发表自己独到的见解			
	探究能力	能够在自主探究学习中，运用所学知识正确理解问题，解决实际问题			
		善于思考，自主学习，主动发现问题和解决问题			
团队合作能力	参与态度	认真参加每一次活动，努力完成自己承担的任务			
		不怕困难，思维灵活，能够恰当选择解决问题的方法			
		认真对待小组分工，积极参与活动，敢于尝试			
	合作能力	乐于合作，能与同学积极交流，尊重他人			
		小组成员分工合理，团结协作，互帮互助			
		认真倾听同学的观点和意见，为小组做出贡献			
		主动承担组内工作，有责任感			

2. 他人评价法

他人评价法主要包括小组互评和研学旅游指导师评价。

小组互评是指小组成员对学生在组内共同完成任务时的表现进行的评价反馈，侧重于对学生在研学旅行过程中的集体观念、合作意识等方面的评价。

研学旅游指导师评价是指研学旅游指导师根据学生的实际情况，遵循多元评价原

研学旅行课程设计

则,结合多种评价方法对学生进行的评价。既要有正式的评价,如用评价量表、评语等进行评价,又要有非正式的评价,如一句鼓励的话语或一个肯定的手势等。表6-2为小组互评和研学旅游指导师评价示例表,表6-3为小组互评示例表。

表6-2 小组互评和研学旅游指导师评价示例表

小组互评和研学旅游指导师评价表			
班级: 姓名: 填表日期:			
评价指标	评价内容	小组互评	研学旅游指导师评价
独立探索能力	A.善于思考,能独立发现并解决课程中的问题		
	B.能按照研学旅游指导师的要求和指导,解决研学旅行活动中出现的问题		
	C.基本依靠他人解决研学旅行课程中涉及的问题		
小组合作能力	A.积极与其他小组成员谈论问题,讲述自己的想法,并积极同其他成员合作完成各项任务		
	B.能较好地与团队成员合作完成各项任务		
	C.基本能与团队成员合作完成各项任务		
搜集信息能力	A.善于搜集信息,能做到及时整理、分类和分析,并熟练应用		
	B.能搜集信息,并对搜集的信息进行整理、分类		
	C.搜集信息能力稍微欠缺,对搜集的信息不熟悉		
作业完成情况	A.能按时完成研学旅游指导师布置的各类作业,态度认真,完成的作业质量较高		
	B.能完成研学旅游指导师布置的作业,态度较为认真,完成的作业具有一定的质量		
	C.能完成研学旅游指导师布置的作业		
小组成员评语				
研学旅游指导师评语				

表 6-3　小组互评示例表

小组互评表

班级：
姓名：
填表日期：

评价内容	成员1	成员2	成员3	成员4	成员5	成员6
在大部分时间里，他(她)踊跃参与，表现积极						
他(她)的意见总是对我很有帮助						
他(她)经常鼓励/督促小组其他成员积极参与协作						
他(她)能够按时完成应该做的工作和学习任务						
我对他(她)的表现满意						
他(她)对小组的贡献突出						
如果还有机会，我非常愿意与他(她)再分到一组						
总体上，我对他(她)是喜欢的						

3. 评语评价法

评语评价法指的是评价者根据一定的标准和要求，通过平时对被评价者的观察和了解，运用书面语言对被评价者的某些方面做出评语评价的方法。研学旅游指导师对学生的评语要客观、真实、具体，可以采用赞赏式、激励式、肯定式、启发式、批评式的语言。研学旅游指导师对学生的评语可以是关于某个具体研学旅行活动的即时性评语，针对某个方面(如合作能力、探究能力、表达能力等)进行评价，也可以结合评价表对学生进行更全面的评价；可以在一天中的某个具体活动结束后对学生进行评语评价，也可以在当天所有活动结束后对学生进行评语评价。

研学旅游指导师在研学旅行课程评价中常用的即时性评语示例：

(1) 你这个问题提得很好，很有深度，说明你对问题进行了深入思考。

(2) 你的思路很清晰，能够一步步解决实际问题，真不错。

(3) 你的回答很有创意，能够从不同角度思考问题，且思考得很全面、深刻。

(4) 你的回答很精彩，能够用生动的语言描述问题。

(5) 你的见解真与众不同，让人耳目一新。

(6) 你的发言带给我很多启发，真谢谢你。

(7) 你的提问很有价值，都快成"小老师"了。

(8) 同学们真能干，观察真仔细，并能从不同的角度思考问题。

(9) 看你思考得非常认真,快来说说看你的想法。

(10) 你能说出自己不懂的地方,真棒!我们要不断学习,提升自己,努力解决不懂的地方。

(11) 你虽然没有完整地回答问题,但能大胆地发言就是好样的,给你"点赞"。

(12) 再好好想一想,相信你能行。

(13) 如果你能脱稿,并且面向同学进行展示就更好了。

(14) 我非常欣赏你的想法,请说具体点儿,可以吗?

(15) 你的猜想真了不起,假如能把猜想与实践探索紧密结合,就更棒了!

知识拓展

陶行知的"四颗糖果"的故事

著名教育家陶行知先生,曾经担任某所小学的校长。有一天,陶行知校长看到一名叫王友的学生正准备用砖头(一说泥巴)砸另外一名学生,便上前制止了他,并让他放学后去校长室一趟。陶行知校长通过调查了解情况后,思考了半天,便去商店买了一些糖果。之后,陶行知校长回到办公室,发现那名学生正在办公室门口等他,便掏出第一颗糖递给学生,说道:"这是奖励你的,因为你很准时,比我先到了。"然后,陶行知校长又掏出第二颗糖,说道:"这也是奖励你的。我不让你打人,你立刻就住手了,说明你很尊重我。"该学生将信将疑地接过糖果。接着,陶行知校长又掏出第三颗,说道:"据我了解,你打那名同学,是因为他欺负女生,说明你有正义感。我要再次奖励你。"这时那名学生已经泣不成声了,哽咽地说道:"校长,我错了。不管怎么说,我用砖头打人是不对的。"陶行知校长这时笑了,马上掏出第四颗糖,说道:"因为你正确地认识了错误,我再奖励你一颗糖……我的糖分完了,我们的谈话也结束了。"

(资料来源:网络。)

4. 作品分析法

研学旅行课程不仅关注学生对知识的理解程度,也强调对学生实践能力和创新能力的培养。在研学旅行过程中,学生可以根据具体的课程安排,动手操作完成多种作品,如研究报告等文本作品,微视频等影像作品,泥塑、陶瓷等手工作品。这些作品既可以由学生个人完成,也可以以小组的形式合作完成。研学旅行活动作品的评价指标主要包括作品的主题、作品的内容、作品的形式、作品的感染力及艺术性等方面。针对不同类型的作品,评价的侧重点也不一样,例如:对于调查研究类的作品,注重对调查方法、研究过程和结果分析等方面进行评价;对于视频等影像类的作品,倾向于对故事情节、情绪感染力等方面进行评价;对于彩绘、泥塑等手工类的作品,侧重于对配色、构图、呈现形式、美感、创新度等方面进行评价。研学旅行活动作品评价示例表见表6-4,调查研究类课题评价示例表见表6-5。

表6-4 研学旅行活动作品评价示例表

研学旅行活动作品评价表							
班级:							
姓名:							
填表日期:							
评价指标	评价内容	评价等级				小组互评	研学旅游指导师评价
作品的主题	主题鲜明,与要求相符	A.非常符合	B.基本符合	C.不太符合	D.完全不符		
	主题积极正向	A.非常符合	B.基本符合	C.不太符合	D.完全不符		
作品的内容	结构完整	A.非常符合	B.基本符合	C.不太符合	D.完全不符		
	内容丰富	A.非常符合	B.基本符合	C.不太符合	D.完全不符		
作品的感染力及艺术性	充满感染力	A.非常符合	B.基本符合	C.不太符合	D.完全不符		
	富有艺术性	A.非常符合	B.基本符合	C.不太符合	D.完全不符		
小组评语							
研学旅游指导师评语							

表6-5 调查研究类课题评价示例表

关于×××的调查研究评价表			
课题名称			
小组成员			
评价指标	评价内容	分值	得分
选题 (10分)	选题具有科学性,以及开展相关调查研究的可行性	5分	
	选题具有研究意义,能够体现时代性,有助于中华优秀传统文化的传承	5分	

续表

<table>
<tr><td colspan="3" align="center">关于×××的调查研究评价表</td></tr>
<tr><td rowspan="4">研究过程
（40分）</td><td>能够收集、整理、归纳与研究主题相关的文献资料，并能够从文献资料中发现问题</td><td>10分</td></tr>
<tr><td>能够对调查数据进行多层次的整理和分析，提出有意义的建议和策略</td><td>10分</td></tr>
<tr><td>能够比较准确、全面地总结活动的收获和有待改进的地方，并从中获得有益的启发</td><td>10分</td></tr>
<tr><td>能够对自己和同学在活动过程中的表现进行比较合理的评价</td><td>10分</td></tr>
<tr><td rowspan="4">研究成果
（50分）</td><td>结题报告格式（如参考文献引用格式、文字段落格式等）规范，文字表述清楚、流畅</td><td>10分</td></tr>
<tr><td>结题报告观点鲜明、论据充分、结论正确</td><td>20分</td></tr>
<tr><td>课题研究具有创新性，并形成了具体的研究成果，如论文、完整的研究报告，或提出的方案被有关部门采纳，或有具体的制作品</td><td>10分</td></tr>
<tr><td>根据相关要求，按时完成并上交所有与课题研究相关的材料（如课题研究材料、参赛申报材料等）</td><td>10分</td></tr>
<tr><td colspan="2" align="center">得分合计</td><td></td></tr>
</table>

注：85—100分为A级课题，84—75分为B级课题，60—74分为C级课题，60分以下为不合格课题

5. 档案袋评价法

档案袋评价法是指将各种有关学生表现的材料收集起来，并进行合理的分析与解释，以反映学生在学习与发展过程中的情况。档案袋主要由三个部分组成：作品产生过程的说明、系列作品、学生的反思。换言之，就是通过收集不同类型的过程性材料，如观察记录单、调查表、访谈记录、实验过程记录、研究报告、研究小论文等，对学生在行前、行中、行后等各个环节的表现进行整理汇总。在档案袋的封面，可以注明学生的姓名、性别、出生年月、兴趣爱好等。可以对学生在研学旅行过程中拍摄的照片，或形成的各类作品进行评价，也可以是学生自评。评价的形式包括各种评价表、评语、照片、视频等。利用档案袋评价法，我们可以多角度、更全面地分析和评价学生的发展情况。

6. 研学旅行手册评价法

研学旅行手册主要包括研学旅行机构的组织架构，研学旅行活动的行程安排、相关联系方式，以及研学旅行课程的内容简介、课程任务、课程总结、课程评价等方面的内容。研学旅行手册评价法是指结合研学旅行手册中学生的任务完成情况、研学旅行课程过程中学生的自我总结和反思、自我评价等方面，对研学旅行课程的整体效果进行评价。

知识拓展

如何做好研学旅行课程定位、课程体系设计、课程评价标准制定

（三）研学旅行课程评价的一般流程

1. 明确研学旅行课程评价的目的

研学旅行课程评价的目的在整个研学旅行课程评价过程中具有导向作用，是实现研学旅行课程评价效果的关键因素。因此，在设计研学旅行课程评价时，首先要明确研学旅行课程评价的目的。

2. 明确研学旅行课程评价的主体

新课程改革背景下的评价观强调要改变评价主体的单一性，实现评价主体的多元化，充分调动学生评价的积极性和主动性。研学旅行课程评价的主体主要包括：学生、小组成员、研学旅游指导师、专家等。旨在通过多方参与，减少评价的主观性和片面性，获得更全面、客观的评价结果。

3. 确定研学旅行课程评价的内容

研学旅行课程评价的内容主要包括课程方案、课程内容、课程实施、服务保障、安全管理、课程效果六大要素。研学旅行课程评价强调知识的发现、方法的习得和情感态度的形成，具有多元化、开放性和过程性的特点，充分反映学生的参与程度、能力提升和情感态度变化。

4. 选择研学旅行课程评价的方式，设计评价工具

研学旅行课程的评价方式主要包括定量评价和定性评价两大类。调查法、实验法和测量法等属于定量评价，简单易操作，结论相对客观，但会忽视评价对象的变化性和多样性等特点。观察法、访谈法、档案袋评价法、评语评价、作品分析法等属于定性评价，强调评价方式的情境性、动态性和变化性，但会受到各种主观因素的影响。因此，研学旅行课程评价强调评价方式的多元化，采用定量评价和定性评价相结合的方式，以全面、客观、真实地反映学生的发展情况。

5. 组织实施研学旅行课程评价

此过程主要是根据评价标准，借助评价工具收集各种评价信息。

6. 完成评价报告，充分应用评价结果

此过程主要是整理、分析各种评价数据，得出评价结果。科学适当地应用评价结果，可以有效促进研学旅行课程方案和课程实施的进一步完善。

二、对学生的评价

对学生的评价要以促进学生发展为主要导向，通过观察、记录和分析，对学生在研学旅行过程中的整体表现进行及时反馈，改进后续活动，以更好地促进学生的成长。对学生的评价可以从多个方面进行，结合学生的学习态度、知识储备、实践能力（如动手操作能力、实验技能、团队合作能力、解决问题能力等）、创新能力、情感态度（如态度、兴趣和情感变化等）、综合素质（如人文素养、科学素养、审美素养等）等方面，进行

全面评价。对学生的评价要避免只重结果、不重过程的现象,在实际操作过程中要采用多种方法,包括观察、测试、问卷调查、学生自评、他人评价等,进行全面综合评价。评价应以正面激励为主,关注学生的正面信息,如学生的优点、取得的进步等。考虑到课程评价的可操作性,我们可以从即时性评价、过程性评价和终结性评价三个方面进行指标设计,综合运用定量评价和定性评价,综合考虑课程目标、过程表现、研学成果等,为学生设计科学、全面的评价体系。

（一）即时性评价

即时性评价是指在研学旅行活动过程中,对学生的具体表现做出的即时表扬或批评。在进行及时性评价时,通常应结合研学旅行活动过程,强调对具体行为做出实时评估,体现及时性、激励性、公正性等原则。例如:口头表扬积极参与小组活动的学生,书面表扬遵守安全规则和文明公约的学生,及时提醒违反安全规则和文明公约的学生。在研学旅行具体课程中,一般会对学生进行即时性评价。研学旅行课程即时性评价示例表见表6-6。

表6-6　即时性评价示例表

×××课程即时性评价表

班级：
姓名：
日期：

课程活动	评价内容	评价结果		
		优秀	良好	加油
参观×××	自尊自律,文明参观			
	善于观察和总结			
	乐于分享			
体验×××的制作过程	认真听教师讲解,仔细观摩			
	掌握×××的制作要点			
	手法规范,制作成品形象逼真			
	在进行创作时,有自己的想法,有创新意识			
	严格遵守操作规范和纪律要求			

（二）过程性评价

研学旅行课程教育包括行前育人、行中育人和行后育人。过程性评价关注学生的学习过程,重视非预期结果,侧重评价学生在整个研学旅行过程中的表现,或是在小组合作中的整体表现,如学生的文明素养、时间观念、纪律意识、生活能力、学习意识、实践能力、小组合作意识和合作能力等。在具体执行过程中,学生可以根据过程性评价表进行自我评价,带队教师和研学旅游指导师也会根据每个学生每天的整体表现,对学生进行相关记录和过程性评价。过程性评价示例表见表6-7、表6-8。

项目六　研学旅行课程评价的设计

表 6-7　过程性评价示例表 1

过程性评价表

班级：
姓名：
填表日期：

一级指标	二级指标	评价内容	分值	得分
自我管理（30分）	自控力（30分）	在公共场所使用文明用语,不大声喧哗,维护公共秩序	3分	
		在参观时,专心倾听讲解,仔细观察,不妄加评论	3分	
		人多时,按顺序边走边参观,不推不挤,不妨碍他人	3分	
		爱护公共财物,保护古迹,文明参观	3分	
		遵纪守法,安全意识强,遇事冷静,不侵犯他人隐私	3分	
		遵守行程要求,不随意离队,服从带队管理	3分	
		时间观念强,遵守时间节点安排,不影响活动流程	3分	
		注意饮食健康,不乱吃零食	3分	
		能够管理好自己的物品,不丢三落四,合理消费	3分	
		能控制自己的情绪,克制冲动,三思而后行	3分	
		自我管理评价得分合计		
实践活动（35分）	行动力（17分）	能够根据兴趣,自主选择并完成研学旅行课题任务	5分	
		能够运用多种方法搜集、处理信息	4分	
		能够在研学旅行中,运用所学知识解决实际问题	4分	
		踊跃参与活动,敢于尝试,乐于发表自己的见解	4分	
	责任心（13分）	认真对待小组分工,善始善终	5分	
		主动承担组内工作,不推诿,有责任意识,坚守承诺	4分	
		及时完成活动,积极参与交流分享	4分	
	好奇心（5分）	敢于想象,拥有好奇心,善于提问和实践探索	5分	
		实践活动评价得分合计		
合作能力（35分）	协作力（15分）	小组成员团结协作,合理分工,乐于分享	5分	
		能够认真倾听同学的观点和意见,为小组学习做出贡献	5分	
		关心同学,互相尊重,发挥优势,能够取长补短	5分	
	抗压能力（5分）	分工合理,高效解决问题,乐于奉献,能够照顾团队成员	5分	

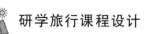

续表

一级指标	二级指标	评价内容	分值	得分
合作能力 （35分）	沟通与适应能力 （15分）	能有效与人沟通，清晰简洁地表达自己的想法，让对方了解自己的意思	5分	
		能快速适应环境，合理化解矛盾冲突	5分	
		能够换位思考，接纳不同的观点	5分	
		合作能力评价得分合计		
过程性评价得分合计 （得分标准：85分以上为"优秀"，71—85分为"良好"，60—70分为"加油"）				

表6-8　过程性评价示例表2

过程性评价表

班级：
姓名：
填表日期：

评价内容	评价结果
（1）明晰自己的职责和义务，遵守纪律，能够管理好自己	优/良/待改进
（2）承担一定的工作任务，知悉工作的职权范围，能够恰当运用权力进行管理和服务	优/良/待改进
（3）当工作情况复杂或遇到阻碍时，能够采用合理方式应对	优/良/待改进
（4）能够独立思考，形成自己的观点，并吸纳他人的建议，做出合理的决策	优/良/待改进
（5）能够以适当的方式表达自己对社会、对人生的思考，以及自己的人生规划	优/良/待改进
（6）以积极、开放、成熟的心态对待学习活动	优/良/待改进
（7）求同存异，积极拥护小组或班级共识	优/良/待改进
（8）应对突发事件和困难障碍时，能够保持良好、稳定的情绪和心态	优/良/待改进
（9）在竞争评选中，能够保持开放、平和的情绪和心态	优/良/待改进
（10）能够反思自己的负面情绪，保持心情愉悦、心态健康，获得成长	优/良/待改进
（11）能够通过观察、记录、调研等方式，科学收集、整理相关资料和信息	优/良/待改进
（12）能够运用多感官观察和诊断现场资源和信息	优/良/待改进
（13）能够反思自己不足，欣赏他人的长处，负责任地做出自我评价和他人评价	优/良/待改进
（14）能够将研学知识与课内知识对接、融合，全面梳理在研学旅行中的收获	优/良/待改进

（三）终结性评价

终结性评价是指为了了解研学旅行课程的最终效果的评价，主要是对研学旅行活动的总结、反思和交流，通过开展多种形式的成果分享和体验交流活动，对研学旅行活动的过程和成果进行系统梳理。对研学成果的评价强调学生对知识和技能的掌握程度，评价内容包括研学成果（如研学旅行手册、活动作品、调查研究报告等），以及以汇报形式（如小组汇报、个人汇报等）分享成果的相关情况，如汇报时汇报材料的完整程度、版面设计，学生的语言表达能力和逻辑思维能力等。

一般情况下，我们可以把整个研学旅行过程中所产生的学习成果分为两类：一类是固化类课程成果，是指能够以物质形态呈现的课程成果，包括研学旅行手册、研学旅行日记、绘画作品、诗词散文、摄影作品、雕塑作品、视频作品、手工艺品、调查报告、工作方案、总结报告等；另一类是动态类课程成果，侧重于成果展示的过程，注重表达思想，如交流分享会、知识竞赛、文艺演出、课题汇报等。终结性评价示例表见表6-9。

表6-9　终结性评价示例表

终结性评价表

班级：
姓名：
填表日期：

评价项目	评价内容	评价结果		
		优秀	良好	加油
学习完成情况	研学旅行手册的完成情况（完成率）			
	研学旅行手册的完成质量（书写的认真度、正确率）			
	研究项目完成情况			
	学习资料收集情况			
	研学旅行手册中拓展延伸板块的完成情况			
	能在研学旅行过程中发现新问题			
学习成果情况	参与小组研究项目			
	完成研究报告			
	参与小组交流分享活动			
	研究报告全面规范，有详细的学习记录，结果具有说服力			
	分享及报告新颖，有创意			
	语言表达逻辑清晰、用语准确，有自己的见解			
	能准确流利地回答教师和同学们提出的问题			

三、对研学旅行课程的评价

研学旅行课程评价是一个综合性的过程，涉及课程理念、课程目标、课程内容、课程实施等方面的评价指标设计。对研学旅行课程进行评价，应重点考虑的内容包括：课程设计的科学性、合理性、系统性和可行性；课程实施过程中研学旅游指导师的指导过程、教学方法，学生的参与度、积极性；课程实施是否达到提高学生综合素质等预期效果;课程资源的利用情况和各种保障措施的落实情况等方面。本书主要介绍学校、教师对研学旅行课程的评价,家长对研学旅行课程的评价,学生对研学旅行课程的评价。

(一)学校、教师对研学旅行课程的评价

学校、教师在对研学旅行课程进行评价时,主要关注课程方案、课程内容、课程实施、课程服务、安全保障、课程效果等指标,可以通过打分来体现对这些指标的满意度(非常满意、满意、一般、不满意、非常不满意),也可以通过等级评价量表对课程进行等级评价(优、良、中、差)。研学旅行课程评价示例表(学校、教师版)见表6-10。

表6-10 研学旅行课程评价示例表(学校、教师版)

研学旅行课程评价表

课程名称:
评价人:
填表日期:

评价指标及内容			满意度				
一级指标	二级指标	三级指标	非常满意(5分)	满意(4分)	一般(3分)	不满意(2分)	非常不满意(1分)
课程方案	研学主题	主题鲜明,有吸引力					
		能体现研学旅行的意义及价值					
	研学目标	符合学段、学情特点					
		研学旅行基地特色明显					
		目标清晰明确,具有可评价性					
	课程设计	充分挖掘研学旅行基地的课程教育价值					
		设计环节合理					
		设计关注了学生的参与度					
		学生有获得感					
		整体安排合理					
课程内容	行前学习	内容针对性强					
	学习手册	学习内容丰富					

续表

评价指标及内容			满意度				
一级指标	二级指标	三级指标	非常满意（5分）	满意（4分）	一般（3分）	不满意（2分）	非常不满意（1分）
课程实施	实施过程	活动设计合理					
		时间安排合理					
		活动参与度高					
课程服务	导师服务	仪态形象好					
		知识丰富					
		组织能力强					
		沟通能力强					
		表达能力强					
		责任心强					
		服务意识强					
	交通安排	环境干净、整洁、舒适					
		工作人员安全意识强					
		工作人员服务意识强					
	餐饮安排	饭菜数量合理					
		餐食搭配合理					
		餐食温度合适					
		用餐环境舒适					
	住宿安排	房间干净整洁					
		房间设施齐全					
		房间分配合理					
		酒店位置合理					
		总体安排及时、合理、高效					
安全保障	安全教育	内容全面					
		重点突出					
		方式灵活					
	应急保障	及时有效					
课程效果	评价学生	对学生在此次研学旅行活动中的整体表现打分（满分100分）					
	评价活动	对研学旅行课程整体打分（满分100分）					

写出你最想说的话，或是意见和建议：

（二）家长对研学旅行课程的评价

家长在对研学旅行课程进行评价时，主要涉及课程方案、孩子研学收获、课程服务保障、课程意见反馈等方面，并基于孩子在思想、行为、习惯等方面的变化来进行判断。研学旅行课程评价示例表（家长版）见表6-11。

表6-11　研学旅行课程评价示例表（家长版）

研学旅行课程评价表

课程名称：
评价人：
填表日期：

评价项目	评价内容	评价等级			
		A级（在很多方面都有显著进步或积极变化）	B级（在某些方面变化较大或进步较快）	C级（在某些方面有积极变化）	D级（基本保持原有状态）
孩子的道德品质与公民素养	出现问题后，能在尊重对方的前提下协商解决				
	有全局意识				
孩子的学习能力	在生活中能运用所学知识和技能				
	能合理地使用电子产品和互联网进行学习				
孩子的交流与合作能力	能与他人有效交流，逻辑清晰，主题明确，表达流畅				
	在合作中能进行有效分工，认真完成自己的任务				
孩子的实践与创新能力	能正确理解问题并积极应对				
	能有意识地统筹安排自己的事情，合理规划时间				
孩子的运动与健康	有安全意识				
孩子的审美与表现	注重礼仪规范，举止得体				

综合评价：

（三）学生对研学旅行课程的评价

学生在对研学旅行课程进行评价时，主要涉及课程内容、课程实施、课程服务、安全保障、课程效果等方面，可以采用不同的方式，如填写评价量表、用书面语言进行评价、口头评价等。研学旅行课程评价示例表（学生版）见表6-12。

表6-12　研学旅行课程评价示例表（学生版）

研学旅行课程评价表

课程名称：
评价人：
填表日期：

一级指标	二级指标	三级指标	满意度				
			非常满意（5分）	满意（4分）	一般（3分）	不满意（2分）	非常不满意（1分）
课程内容	行前学习	内容针对性强					
	学习手册	学习内容丰富					
课程实施	实施过程	活动设计合理					
		时间安排合理					
		活动参与度高					
课程服务	导师服务	仪态形象好					
		知识丰富					
		组织能力强					
		沟通能力强					
		表达能力强					
		责任心强					
		服务意识强					
	交通安排	环境干净、整洁、舒适					
		工作人员安全意识强					
		工作人员服务意识强					
	餐饮安排	饭菜数量合理					
		餐食搭配合理					
		餐食温度合适					
		用餐环境舒适					
	住宿安排	房间干净整洁					
		房间设施齐全					
		房间分配合理					

续表

一级指标	二级指标	三级指标	满意度				
			非常满意（5分）	满意（4分）	一般（3分）	不满意（2分）	非常不满意（1分）
课程服务	住宿安排	酒店位置合理					
		整体安排及时、合理、高效					
安全保障	安全教育	内容全面					
		重点突出					
		方式灵活					
	应急保障	及时有效					
课程效果	评价自我	对自己在此次研学旅行活动中的整体表现打分（满分100分）					
	评价活动	对研学旅行课程整体打分（满分100分）					

写出你最想说的话，或者是意见和建议：

在设计以学生为评价主体的研学旅行活动评价表时，可以在评价表的开头设计一段对话进行引入，如"同学您好！感谢您积极参与本次研学旅行活动，我们非常希望听到您的真实反馈，以便我们在今后为大家提供更多更好的活动和服务。请您详细填写以下内容。衷心感谢您的合作"，能在一定程度上提升学生的配合度。在研学旅行活动评价表中，可以选择性注明活动名称及填表日期，将"年级及班级"信息设计为必填项。研学旅行活动评价表的评价内容可以以问题的形式进行设计，典型问题如"您在本次研学旅行活动中的最大收获""您在今后的学习和生活中，将如何应用此次所学""您对本次研学旅行活动的不满意之处及改进建议"等。

四、对研学旅行活动承办方的评价

研学旅行活动承办方是指与研学旅行活动主办方签订合同，提供教育旅游服务的旅行社。《研学旅行服务规范》(LB/T 054—2016)明确了对研学旅行活动承办方的基本要求，包括：应为依法注册的旅行社；符合LB/T 004和LB/T 008的要求，宜具有2A及以上等级，并符合GB/T 31380的要求；连续三年内无重大质量投诉、不良诚信记录、经济纠纷及重大安全责任事故；应设立研学旅行的部门或专职人员，宜有承接一百人以上中小学生研旅游团队的经验；应与供应方签订旅游服务合同，按照合同约定履行义务。通常情况下，旅行社会提供研学旅行教育、交通、餐饮、住宿等方面的服务，因此，对旅行社的评价主要考虑研学旅行的协调组织和生活保障等方面。旅行社研学旅行服务质量评价示例表见表6-13。

表6-13 旅行社研学旅行服务质量评价示例表

旅行社研学旅行服务质量评价表

旅行社名称：
评价人：
填表日期：

评价内容	满意度			
	非常满意	满意	基本满意	不满意
旅行社推荐的研学旅行课程				
师资配备情况				
研学旅游指导师的业务能力,组织和协调研学旅行课程的能力				
研学旅行过程中的交通安排				
研学旅行过程中的住宿安排				
研学旅行过程中的餐饮安排				
研学旅行过程中的安全教育和安全保障				

请写下您对此次研学旅行活动的意见与建议：

项目小结

研学旅行课程评价是一个综合性的过程,涉及课程设计、课程实施、课程安全保障、评估与反馈等方面。本项目首先介绍了研学旅行课程评价的意义,同时结合新课改的相关要求和研学旅行的发展现状,对研学旅行课程评价的对象和内容进行了分析。然后结合示例表,对研学旅行课程评价的方法进行阐述。最后梳理了对学生、研学旅行课程、研学旅行活动承办方进行评价时的相关评价标准和评价内容。

知识训练

1. 研学旅行课程评价的对象有哪些？
2. 请简要概述研学旅行课程的内容。
3. 研学旅行课程评价的常用方法有哪些？

技能训练

1. 表6-14列出了关于"以乡村振兴助力'三农'发展"研学旅行课程的具体内容,请以小组为单位,设计关于该课程的即时性评价表。

表6-14 "以乡村振兴助力'三农'发展"研学旅行课程内容安排

第一课	
课程地点	×××城乡融合样板片区
课程时间	3.5小时
课程主题	劳动实践、自然探索
课程目标	在×××城乡融合样板片区内,由教师指导学生学习农业基本知识,认识各类农具,掌握传统农业技能,亲身体验土地翻整和农作物栽种
课程形式	(1)体验:耕种、做艾条、体验智慧大棚等一系列活动。 (2)探究: ①请同学们结合智慧大棚的游览参观,分享一下自己的所见所闻,谈谈现代农业生产的发展现状。 ②请同学们结合自己的劳动成果,分享一下自己通过今天的劳动收获了什么

第二课	
课程地点	×××中药农业科技园 (丹参科普园、当归科普园、菊花科普园、玫瑰科普园、玫瑰种植园)
课程时间	3.5小时
课程主题	了解不同中药植物的种植方式
课程目标	通过参观丹参科普园、当归科普园、菊花科普园、玫瑰科普园、玫瑰种植园,了解不同中药植物的种植方式
课程形式	(1)参观:参观丹参科普园、当归科普园、菊花科普园、玫瑰科普园、玫瑰种植园。 (2)考察:聆听研学旅游指导师讲授相关知识,了解不同中药植物的种植方式。 (3)体验:在玫瑰种植园采摘和修剪玫瑰,制作玫瑰制品

第三课	
课程地点	×××中药农业科技园 (浸液标本展示区、中药饮片展示区)
课程时间	3.5小时
课程主题	学习中药功效,观摩操作步骤
课程目标	(1)通过看一看、摸一摸、闻一闻的方式,直观地感受中草药的外观、形状和味道,了解其药用价值,领略中华优秀传统文化的智慧与精髓。 (2)认真聆听研学旅游指导师讲解制作中药香囊的方法,通过识别、称重、研磨等工序,制作出样式精致的中药香囊,亲身感受劳动带来的快乐与成就感
课程形式	(1)参观:参观浸液标本展示区。 (2)体验:体验制作中药香囊

2.请结合甘肃研学旅行课程简介,以小组为单位,设计出针对学生的评价表,包括即时性评价表、过程性评价表和终结性评价表。

甘肃研学旅行课程简介

一、研学旅行地点

张掖丹霞地质公园、酒泉卫星发射中心、中国酒泉卫星发射基地历史展览馆、嘉峪关关城、敦煌莫高窟、敦煌鸣沙山月牙泉景区、玉门关、敦煌雅丹国家地质公园、嘉峪关非物质文化产业园。

二、课程目标

1.知识与技能目标

走进张掖丹霞地质公园,探究丹霞地貌的成因、特点及分布。感受被称为"天下雄关"和"扼守河西走廊第一要隘"的嘉峪关关城的重要作用。了解敦煌莫高窟的壁画艺术,提升在艺术上、历史上、规模上、内容上对世界佛教石窟艺术宝库的理解。

2.过程与方法目标

通过小组合作,培养团队合作意识;通过问题引导,学会将学科知识与现实问题相结合;通过竞赛,激发自主管理能力。

3.情感态度与价值观目标

走进酒泉卫星发射中心,感受中国航天事业飞速发展的铿锵步伐,进一步弘扬爱国主义,增强民族自信心和自豪感。了解从汉朝至今月牙泉的历史沿革和发展变化;观察月牙泉水位下降、鸣沙山移动等现状,提升环境保护意识和对自然资源的关注度。

三、研学旅行课程

(1)丝路文化课程:了解丝路的起源与发展,在沙漠重走"丝绸之路"。

(2)地质地貌课程:观察戈壁玉,在鸣沙山上采集五色沙,探寻月牙泉千年不涸之谜,探究丹霞地貌、戈壁、沙漠等地质形态。

(3)航天科技课程:走进酒泉卫星发射中心,聆听航天科技讲座,了解中国航天科技的发展。

(4)艺术文化课程:走进艺术殿堂莫高窟,体验临摹壁画艺术,从不同的视角了解莫高窟的艺术文化,感受世界级艺术成就。

四、体验活动

(1)壁画临摹:在敦煌书画院体验在泥板上画画。学生可以随机挑选一幅自己喜欢的壁画进行临摹,最后的成品可作为礼物带走。

(2)风雨雕制作体验:采集一些有着不同形状、色彩和大小的,呈块状或条状等不规则形态的石料,按事先设计好的图纸,使用一种专业配制的粘胶将石料固定在衬板上,设计风雨雕作品。

(3)篝火晚会:加入沙漠营地,参加丝路篝火晚会、烧烤大会,全程自己动手,提高自理能力。参与爬沙山、拔河比赛,在户外专业人员的指导下,了解沙漠各种小常识,以及自我防范和自我保护的措施。

(4)酒泉卫星发射中心讲座:内容包括酒泉卫星发射中心的创业史、发展史,从导弹到卫星再到飞船的发展历程。

五、课程方式

课程方式包括情境化教学、体验式教育、多模块主题教育。

3.表6-15列出了江南(杭州、绍兴、乌镇、苏州)五天研学旅行方案的行程安排,请以小组为单位,梳理出具体的课程内容,并设计课程评价表。

表6-15 江南五天研学旅行方案的行程安排

行程安排表			
时间	地点	研学行程内容	食宿安排
	北京—杭州		
第一天	学校—高铁站	在学校集合,乘车前往北京南站,乘高铁前往杭州,车程5小时左右。途中可以阅读出行手册,制定出行目标。中途严禁下车,以免误站,由研学旅游指导师值勤、巡视	晚上在杭州安排食宿
	西溪国家湿地公园	体验活动:生态实验活动。跟随研学旅游指导师步行抵达码头,乘船至深潭口码头(约20分钟,每船人数为25—30人)。抵达深潭口码头后跟随研学旅游指导师进行生态实验活动。生态实验活动结束后前往河渚街,途经河渚塔,后到达福堤,乘坐电瓶车返回	
	中国湿地博物馆	跟随讲解员或研学旅游指导师走进中国湿地博物馆,结合馆内逼真的复原场景,了解七类中国湿地、红树林湿地特有的泌盐和植物胎生现象、三江平原从"北大荒"变身"北大仓"的发展历史,以及候鸟迁徙的习性、人工湿地与自然湿地的不同风景、湿地保护的重要性等	
	杭州		
第二天	西湖	漫步西湖:跟随研学旅游指导师由赤山埠停车场步行前往太子湾公园、苏堤(可以在苏堤观赏三潭印月、雷峰塔等)、花港观鱼石碑、杨公堤,后返回停车场	安排三餐;晚上在杭州安排住宿
	高校	参观浙江大学或西湖大学	
	绍兴		
第三天	沈园	跟随研学旅游指导师参观沈园,了解沈园的历史,古典园林的建筑、布局特点。通过参观,思考沈园的建造与当时江南经济发展及地域文化的关系	安排三餐;晚上在绍兴安排住宿
	鲁迅故居	体验活动:私塾早读。跟随研学旅游指导师依次参观周家新台门、周家老台门、百草园、三味书屋	
	兰亭景区	体验活动:书法创意大赛,分组进行扇面题诗创作。跟随研学旅游指导师参观兰亭景区,了解王羲之的生平、《兰亭集序》的创作背景,体会汉字与书法的艺术魅力	

续表

时间	地点	研学行程内容	食宿安排
第四天	绍兴—乌镇—千灯古镇—苏州		
	水乡乌镇	任务教学:根据任务单完成指定任务,在生活中寻找学科知识的应用点。跟随研学旅游指导师参观素有"中国最后的枕水人家""鱼米之乡、丝绸之府"美誉的乌镇	安排三餐;晚上在苏州安排住宿
	千灯古镇	任务教学:学习昆曲,学生以小组的形式(10人为一组),上台学习昆曲唱腔、身段表演,每组学习时间约10分钟。跟随研学旅游指导师,在昆曲的发源地,参观江南精致私家园林、顾炎武的故居——顾园	
第五天	苏州—北京		
	拙政园	跟随研学旅游指导师参观拙政园,了解拙政园的建造背景、园主人的故事、苏州园林的建造艺术及手法	在苏州安排早餐和午餐
	高铁站—学校	在苏州北站乘高铁返回北京,车程5小时左右。抵京后乘车返校	

项目七
研学旅行主题课程方案的设计

知识目标

（1）能够充分理解研学旅行主题课程方案的含义，明确主题课程方案设计的要求。
（2）掌握研学旅行主题课程方案实施流程的编写要领。
（3）掌握研学旅行线路的制定要领和制定流程。

能力目标

（1）能够根据研学旅行主题课程方案的设计要求，进行主题课程方案的设计。
（2）能够科学制定研学旅行线路。

素养目标

（1）养成正确的研学旅行主题课程方案设计观。
（2）能够在研学旅行主题课程方案的设计过程中，践行正确的教育理念，培养认真严谨的职业素养。

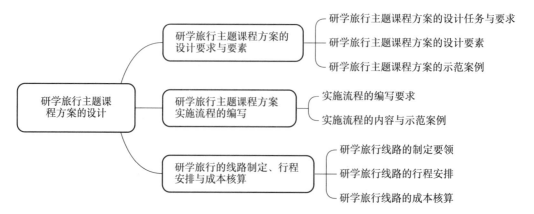

项目七 研学旅行主题课程方案的设计

任务一 研学旅行主题课程方案的设计要求与要素

任务导入

云南某旅行社承接了一项研学旅行团的接待任务,接待主体是由河南某中学初一年级师生组成的团队,该团队会在云南开展为期一周的研学旅行活动。旅行社马上安排计调员进行研学旅行主题课程方案的设计。计调员将旅行社的"七彩云南精华七日游"产品的旅行线路进行了简单修改,并将名称改为"七彩云南研学旅行主题课程方案",具体的研学旅行线路、活动内容安排等与原旅游产品的相关内容如出一辙。

对于计调员的做法,我们应如何评价?

任务解析

(1)案例中的计调员如此编写研学旅行主题课程方案并不合理。研学旅行主题课程与传统的旅游产品有明显的区别,不能按照做旅游产品的思维方式进行方案设计。

(2)研学旅行主题课程方案的设计应符合研学旅行活动的要求,遵循科学的方法,规范流程。

任务重点

理解研学旅行主题课程方案的设计任务与要求。

任务难点

掌握研学旅行主题课程方案的设计要素。

任务实施

一、研学旅行主题课程方案的设计任务与要求

研学旅行主题课程方案设计是指研学旅游指导师根据研学旅行活动所用的研学旅行资源,结合学校教材、学校教学总要求,以及研学旅行对象(学生)的具体情况,按照研学旅行目标来编制整体的研学旅行进度计划。研学旅行主题课程方案是研学旅游指导师对某次研学旅行教学活动的总体规划和准备,是研学旅行活动的前提和依据。

(一)研学旅行主题课程方案的设计任务

研学旅行主题课程方案要在研学旅行课程开始实施前进行编制,主要应完成以下

研学旅行课程设计

三个设计任务：

（1）明确本次研学旅行的目标和任务。研学旅行目标应与学校的教育理念和课程目标相一致，旨在培养学生的综合素质和实践能力。研学旅行任务是指与研学旅行目标相对应的具体内容，包括学生须完成的学习活动和实践项目。确定研学旅行目标和任务有助于确保研学旅行的针对性和有效性。

（2）按照行程来安排主题课程的进程，包括研学旅行主题课程的课时、研学旅行目的地、研学旅行主题课程的主要内容、研学旅行活动的方式方法等。在安排主题课程的进程时，须考虑学生的年龄特点、兴趣爱好和认知水平，确保课程内容丰富、活动方式多样，以满足学生的学习需求、迎合学生的兴趣。同时，还要合理安排时间，确保学生有足够的时间进行实践和体验。

（3）提出改进本次研学旅行课程教学、提高教学质量的设想与举措等，包括对现有教学模式的反思、对教学方法的改进，以及对教学资源与设施的优化等。通过总结过去的经验，结合本次研学旅行课程的实际情况，提出针对性的改进措施，以提升教学质量和学生的学习效果。此外，还可以邀请教育专家和同行进行评价和指导，以进一步完善研学旅行主题课程方案的设计。

完成这三个设计任务是编制研学旅行主题课程方案的关键。明确研学旅行的目标和任务、合理安排主题课程进程以及提出改进课程教学的设想与举措，可以确保研学旅行主题课程的有效性和质量，提升学生的综合素质和实践能力。

（二）研学旅行主题课程方案的设计要求

1. 具备研学旅行活动的核心要素

完整的研学旅行活动一般包含五项核心要素，分别是研学旅游指导师、学生、研学旅行主题课程内容、研学旅行主题课程资源、研学旅行主题课程方法。这五项要素在研学旅行活动中发挥不同的作用，并相互联系，相互作用，构成一个动态系统。

研学旅游指导师在研学旅行活动中发挥主导作用，承担着设计、实施研学旅行主题课程，组织管理研学旅行活动的具体职责。

学生是研学旅行活动的主体，是研学旅行主题课程的服务对象。学生的身心发展特征、认知结构、个性特点、知识水平、能力水平等，都会直接影响研学旅行主题课程的进程和效果。

研学旅行主题课程内容是研学旅行活动的依托对象，也是学生认知和探究的对象，还是研学旅行主题课程的主体部分，会直接影响学生的研学旅行体验和研学旅行活动的教育效果。

研学旅行主题课程资源是研学旅行主题课程的要素来源，是设计研学旅行活动的重要基础，为研学旅行活动提供学习的内容和实践的场景，可以根据研学旅行主题课程资源的优势与特点，设计课程方案，以达到最优利用。

研学旅行主题课程方法是指在研学旅行活动中所采用的探究和学习的方法，它融合了丰富、多元的教学与学习方式，旨在让学生能够实现在体验与实践中学习。

2. 把握研学旅行活动的重要环节

一般而言,我们将研学旅行活动按照时间顺序划分为研学旅行前、研学旅行中和研学旅行后三个阶段,每个阶段根据具体的任务和侧重点的不同,又会划分为不同的环节,研学旅行的全过程就是由这些具体的环节所组成的。

"研学旅行前"一般是指出发前的准备工作,包括:研学旅游指导师应熟悉课程内容,做好备课工作;组织行前说明会,告知研学旅行活动的具体内容,提醒注意事项;参加研学旅行的学生应做好研学相关内容的预习和准备等。

"研学旅行中"是研学旅行活动的主体阶段,即研学旅行主题课程方案的执行阶段,这一阶段主要包括研学旅行课程的实施、食住行的安排等环节。

"研学旅行后"则是指在研学旅行结束后,进行的后续评价与跟踪服务,以确保研学旅行服务机构可以及时了解研学旅行活动的实施效果,更好地进行提升与改进。

3. 体现研学旅行主题课程的关键内容

研学旅行主题课程方案的设计,须体现研学旅行主题课程的关键内容,主要包括以下方面:

(1)了解研学旅行对象。

研学旅行主题课程方案的设计,须根据研学旅行对象的具体情况有针对性地开展。应充分了解学生的来源、所处的学段、现有的知识储备,以及所处年龄阶段的学习能力特点、心理特征等,从而既能把握相近年龄阶段的学生的共性,又能兼顾不同学生个体间的差异性。这些共性和差异性会直接影响到课程方案的设计与教学方法的采纳,只有因人而异、因材施教,才能更好地实现研学旅行主题课程的效果,并与学校教育相配合,达到培养学生核心素养的目标,以适应其终身发展。

(2)熟悉教材与教学内容。

研学旅行主题课程方案的设计要依托现有中小学教材与教学内容,要充分理解和熟悉教材教学内容的重点和要求,厘清学生所要掌握的基础知识、基本技能,以及有关拓展要求,并能充分融入研学旅行主题课程方案设计,让学生可以更好地转化、吸收知识,进行提升、拓展。学校教材的内容往往有限,而研学旅行主题课程可以提供更加丰富、直观的学习资源和更多的实践机会。通过实地考察、体验和探究,学生可以将理论知识与实践相结合,更好地理解和掌握所学知识。

研学旅行主题课程还可以促进跨学科整合。学校教育中的各个学科往往独立授课,有相对独立的教学内容和知识领域。而研学旅行主题课程可以将研学旅行课程资源与学校要求充分结合,设计出符合要求的主题课程产品,打破学科界限,将不同学科的知识和技能有效整合。

以北京某中学组织的"行走齐鲁大地,品读中华文化"研学旅行活动为例,为了体现出该研学旅行活动对各学科知识的深度融合,在研学旅行开始前,学校历史教师为学生们讲授了孔子、孟子的生平与代表思想,历代皇帝"泰山封禅"活动的政治目的与文化价值;地理教师介绍了"泉城"济南的趵突泉,以及济南泉水众多的地理成因;语文教师带领学生再次学习了杜甫的《望岳》;思政课教师讲述了"台儿庄大捷"中国勇士奋

研学旅行课程设计

起抗击日本侵略者等内容。在此基础上,让学生们带着问题、带着思考、带着兴趣去研学旅行,取得了更好的研学效果。

(3)明确研学主题。

研学旅行主题课程方案需要有明确的主题,并能围绕这一主题进行具体的设计和实施。主题突出是研学旅行主题课程方案设计的首要要求。研学旅行之前要"主题先行",因为研学主题的确立是研学旅行的"灵魂",没有主题的研学旅行很容易会变成旅游。研学主题要突出研学旅行目的地的资源特色和课程特色,结合明晰的研学主题,能够目的明确地筛选与整合目的地的研学资源,同时结合学校提出的研学旅行主题课程产品的设计要求,凝练出重点突出、对象明确的课程体系。中小学校要联合研学旅行基地(营地)和研学旅行机构,打造包含多种主题类型(如红色革命传统、优秀历史文化、特殊山川地貌、现代科学技术、特色农业产业、学生身心健康等)的研学旅行主题课程体系。在设计专题框架的基础上,通过实地线路考察,整合资源,设计课程内容。例如:与山东沂蒙红色主题有关的"初心不改,燃沂蒙星火"研学旅行课程、与云南西双版纳热带雨林和少数民族文化主题有关的"探寻雨林文化,记录民族故事"研学旅行课程、与海南海洋与航天文化主题有关的"踏浪而行,逐梦航天"研学旅行课程等,都体现了不同的研学主题。

(4)熟悉研学旅行目的地。

研学旅行目的地是指以一个或一组研学旅行吸引物为基础,配备足够研学旅行设施与相关服务,能够吸引一定规模数量的中小学生,具有一定规模的空间范围和较为明确的管理机构的研学旅行地域综合体。

研学旅行目的地一般具有以下核心构成要素:①独特的研学旅行吸引物;②足够的研学旅行活动空间和规模支持;③系统、完备的研学旅行设施和服务;④被当地教育主管部门认同,当地教育主管部门会参与具体研学旅行活动并提供各类保障与支持;⑤一定的可管理性。

研学旅游指导师在设计研学旅行主题课程方案的时候,要对研学旅行目的地的相关资源进行梳理和筛选。只有全面地了解和掌握研学旅行目的地的历史沿革、地理环境、文化渊源、经济发展等各个方面的情况,才能选出契合主题的研学旅行课程资源。同时,也只有全面地熟悉和掌握研学旅行目的地的各方面知识,才能在研学旅行主题课程实施过程中,熟练地运用、充分地讲解这些知识,做到信手拈来,游刃有余,真正提升研学旅行主题课程的质量与水平。

行业观察

绍兴上榜"中国研学旅行优秀目的地·标杆城市"

2023年3月20日,由中国旅游研究院、浙江省文化和旅游厅、绍兴市人民政府联合主办的"中国研学旅行发展报告·绍兴发布"会议在浙江绍兴召开,会上公布绍兴、重庆、黄山、安阳、宜昌五个城市成为"中国研学旅行优秀目的地·标杆城市"。

拥有2500多年历史的绍兴古城,是水乡、桥乡、酒乡、戏曲之乡和书法之乡相融合的城市,流淌着一城文化。人们来此,可采撷绚丽缤纷的文化之花,捡拾美丽的历史遗存之贝。早在2003年,绍兴就打出了"跟着课本游绍兴"的研学游品牌,用"课本"将资源进行串联,用"课本"对城市进行解码,并将"跟着课本游绍兴"的"课本游"注册为商标,在中央电视台进行品牌宣传,形成具有绍兴特色的文化和旅游品牌,成为全国"旅游+教育"跨界融合的典范,为绍兴研学旅行的持续发展打下了良好的市场基础。2016年,绍兴入选全国首批"中国研学旅游目的地"。2017年,"鲁迅故里"被教育部列为首批"全国中小学生研学实践教育基地"。与此同时,绍兴的研学政策也在同步跟进,并始终致力于全市研学供给端基地、营地的建设。

2020年,绍兴再次加大了政策投入力度,将研学旅行作为"十四五"期间文化和旅游融合的重要抓手和重点工作,并且发布了多项标准。同时,启动编制了《绍兴市研学旅行产业专项规划(2021—2025年)》,绍兴研学游步伐再次走在了全国前列。

绍兴现已推出鲁迅研学之旅、唐诗之路研学之旅、书法研学之旅、黄酒研学之旅等十大研学游经典线路,拥有大禹、兰亭、会稽山、米果果等一大批研学旅行营地。目前以52家研学旅游基(营)地为主导,逐步延伸文化艺术类校外培训机构"白名单",平台目前覆盖营地、文化馆、博物馆、美术馆、文化礼堂等六类共计500余个研学游资源。

绍兴在推进研学旅行标准化发展、提升绍兴研学旅行全国品牌影响力、构建研学旅行新型抵押融资模式、打造研学旅行数字化应用场景等方面探索出新路,在文旅深度融合中,创新绍兴研学旅行标准化、数字化、品质化、品牌化、金融化发展走在全国前列,使绍兴成为海内外学子向往的全国研学旅行"思想策源地"和"实践样板地"。

(资料来源:绍兴市文化广电旅游局,《浙江绍兴为什么能成为中国研学旅行目的地·标杆城市?》,新华网浙江频道,2023年3月21日。)

思考:
标杆型的研学旅行目的地是如何打造成功的?一般具有哪些优势?

(5)熟悉和掌握典型研学点。

研学点是指研学旅行主题课程体系中的某一方面比较突出的专题课程,即通常意义上的小课题、小景点、小内容、小实践点等。从教学方面来理解,研学点既类似于学校教师在授课过程中讲到的教学点,也类似于综合实践活动课程中的实践点。在研学旅行主题课程整体方案中,研学点发挥着突出主题、彰显特色的作用。一个个研学点串联起来,搭建起整个研学旅行主题课程体系。研学旅游指导师在进行课程设计时,要聚焦于研学点的功能与特色,设计出包含不同内容和形式的实践课程。

以作为甘肃研学旅行主题课程之一的"天地之光·文化探源"研学游为例,其所包含的课程内容有参观甘肃省博物馆、鉴赏黄河母亲雕像、解读文溯阁的《四库全书》、探秘齐家坪遗址、半山遗址、在渭河源景区制作植物标本等,这里所涉及的具体课程环节便是研学点。

(6)落实安全保障。

研学旅行主题课程方案的重要一环是安全保障,须采取一系列的措施确保研学旅行过程中学生的安全。因此,研学旅游指导师须在整体方案中制定详细的安全应急预案,对可能发生的安全事故进行提前预测、提前准备,未雨绸缪,做好预防和应对,确保学生安全。除此之外,在课程方案设计中,还要选择安全的研学旅行地点,配备专业的安全保障人员,面向学生和研学旅游指导师进行安全宣传教育,建立完善的安全管理制度,配备必要的安全设施和器材,定期进行安全检查和维护,以及购买保险等。通过各项安全举措,有效降低安全风险。

(7)采用恰当的学习方式。

研学旅行主题课程的学习是体验性学习,是通过实践、操作等方式来进行学习,其目的是获得直接经验和切身感受。常见的学习方式包括:观察感受、实践体验、考察探究、思考理解等。通过观察感受,学生可以了解研学旅行目的地的相关知识,形成初步印象,这是一种直接获得知识的途径,学生可以轻松获得对知识的形象感知,但这些知识往往不能长期保持。实践体验能够让学生参与相应活动,通过角色扮演、情境表演等方式,获得相关的经验,以深化自我认知。考察探究能够让学生通过观察、实验、思考等,探究表面现象背后的原因、原理、机制等。在考察探究中,学生须主动搜集信息,进行思考、分析、验证等。通过观察感受、实践体验和考察探究,学生能在研学旅行过程中产生自己的认知和经验,而思考理解则能够让学生进一步升华自己的观点、想法与收获。研学旅游指导师在课程设计中,可以通过交叉使用多种学习方式,实现研学效果的最优化。

4. 选择研学旅行主题课程的设计方式

研学旅行主题课程方案的设计方式一般分为个人设计和集体设计。个人设计是指由研学旅游指导师根据研学旅行需求,独立整合研学旅行主题课程资源并设计研学旅行主题课程方案。集体设计是指搭建研学旅行主题课程研发团队,由研学旅游指导师或课程研发团队共同设计研学旅行主题课程方案。

二、研学旅行主题课程方案的设计要素

研学旅行主题课程方案设计中一般要涵盖课程主题、学校与学段、课程设计者、项目组长、课时分配、研学旅行目的地、具体项目成员等要素,可以根据不同设计需求在此基础上对相关要素进行增减。

(一)课程主题

课程主题是课程中心思想与核心内容的体现。在拟定课程主题时,要突出课程的特色与亮点,同时体现时代性。

（二）学校与学段

学校与学段是指参与研学旅行活动的学生所在的学校及学段。不同学段的学生在认知程度、知识储备、学习能力、解决问题能力等方面存在差异，因此，即使面向同一研学旅行资源，所设计的课程内容和采用的学习方式也会有所不同。这就要求课程设计者应根据学校的要求，针对不同学段，分别设计开发出适合小学、初中、高中，甚至大学的研学旅行主题课程方案，从而体现出有的放矢、因材施教。

（三）课程设计者

课程设计者即研学旅行主题课程方案的设计人，是参与研学旅行主题课程方案设计与编写的专业人员，主要包含研学旅游指导师、旅行社导游、学校教师、研学旅行机构课程设计人员，以及研学旅行主题课程项目所聘请的专业技术人员或专家等。课程设计者应该具备相关学科背景、实践经验和组织协调能力，能够根据学生的需求和特点制定合适的研学旅行主题课程方案，并为学生提供专业的指导和帮助。课程设计者应该注重团队合作和资源整合，必要时可以选择与相关专业人员和专业机构合作，共同完成研学旅行主题课程方案的设计工作。

（四）项目组长

研学旅行服务提供方一般包含主办方、承办方和供应方。其中，承办方是指与研学旅行活动主办方签订合同，提供教育旅游服务的旅行社。在人员配置方面，承办方应为研学旅行活动配备一名项目组长，项目组长全程随团活动，负责统筹协调研学旅行中的各项工作。因此，在研学旅行实践活动中，作为承办方的旅行社须委派相关部门的中层管理人员担任项目组长，随团参加活动并负责统筹各项事务。

（五）课时分配

整个研学旅行活动是由数量不等的有着不同专题和内容的具体课程组成的，每一项具体的课程会设定相应的课时。在进行课时分配时，要考虑到研学旅行对象即学生的学段特点，进行合理的课时分配和时长设定。

（六）研学旅行目的地

在设计研学旅行主题课程方案的过程中，需要将研学旅行目的地涉及的活动地点和资源概况编写进来，从而让学生了解研学旅行目的地的研学旅行课程资源的基本情况，以及相对应的课程形式。

（七）具体项目成员

1.研学旅游指导师

《中华人民共和国职业分类大典（2022年版）》中，将研学旅行指导师定义为策划、制订、实施研学旅行方案，组织、指导开展研学体验活动的人员。2024年5月24日，人社部发布公告，将"研学旅行指导师(4-13-04-04)"职业名称变更为"研学旅游指导师"。

在研学旅行活动中,研学旅游指导师既负责研发研学旅行课程,又负责带队出行,其工作内容兼具教师、导游等多种传统职业的工作内容。研学旅游指导师是影响研学旅行主题课程方案落地效果的关键因素,优秀的研学旅游指导师须具备专业的教育素养和旅游素养,拥有较高的教学水平,能组织学生参与各类体验性活动,并能根据不同学生的特点,对学生进行正确引导。

2. 导游

导游是指取得导游证,接受旅行社委派,为游客提供向导、讲解及其他服务的专业人员。在研学旅行主题课程方案设计中,由导游为学生提供研学旅行向导、沿途风光介绍、旅游景区解说,以及食、住、行、游、购、娱等活动的组织安排。

3. 学校代表

学校代表是指依据学校内部规定,在研学旅行过程中担任某一职务的人,或是指由学校校长指派的、代表学校依法行使学校权利、履行学校义务、开展研学旅行活动的负责人。学校代表一般会对研学旅行活动提出校方的要求和建议,同时会对研学旅行活动的承办方进行监督,并提供相关配合。承办方须重视学校代表的意见,以不断提升研学旅行的服务质量。

4. 带队教师

带队教师是指在研学旅行活动中,根据学校要求和需要,所派遣的专任教师,主要负责带领学生开展研学旅行活动。带队教师一般负责学生的人员管理、活动纪律等工作。带队教师对学生的情况比较熟悉,与学生关系较为密切,是学生的直接管理者,也是研学旅行过程中研学旅游指导师的重要辅助。

5. 安全员

安全员是指由研学旅行活动的承办方安排的专门负责学生安全工作的专业人员。安全员的职责是在研学旅行过程中随团开展安全教育和防控工作。参考《研学旅行服务规范》(LB/T 054—2016)的相关规定,在研学旅行过程中,研学旅行活动的承办方要按照学生比例安排相应数量的专职安全员随团参加活动,这些安全员不参与教学,只负责学生的安全工作。

6. 研学旅行项目专家

研学旅行主题课程方案的设计离不开各个领域的专家学者、非遗传承人、技术技能大师等专业人士的支持与指导,这些专业人士也称为研学旅行项目专家。不同领域的项目专家,会参与课程方案的设计与研发过程,提供专业的建议,同时也会在课程实施过程中,进行实地的讲解、指导、演示等。研学旅行项目专家的参与,提升了研学旅行主题课程在特定领域的体验与探究的专业性,因此,研学旅行项目专家所起到的作用是普通研学旅游指导师无法替代的。

在研学旅行主题课程方案设计中,每个具体岗位的负责人要责任明晰,各司其职,密切配合,共同完成研学旅行活动的组织与实施。

(八)研学旅行主题课程内容

研学旅行主题课程内容是研学旅行主题课程方案的主体部分,包含了研学旅行活动中的每一个研学点以及具体的课程设计、环节组织。

(九)研学旅行主题课程实施流程

研学旅行主题课程方案要依据规范的活动流程来实施,课程的具体内容,课程的排列顺序,每项课程的具体时间段、所需时间、实施方式和方法、实施地点、实施负责人等内容均应规范。实施流程应涵盖整个研学旅行活动,不能遗漏任何环节。

(十)师资配置

研学旅行主题课程方案中应包含具体的师资配备情况,并达到一定的师生配比。一般情况下,师资团队应包括研学旅行活动组织方的学校代表、带队教师,研学旅行活动承办方的研学旅游指导师、导游、安全员,研学旅行活动供给方的项目专家、其他工作人员等。在不同岗位扮演不同角色的人员,共同组成了师资团队,这些人员应通力合作,确保研学旅行活动的顺利开展。

(十一)活动经费

研学旅行主题课程方案中还应列出各个项目所需要的活动经费,一般包括住宿费、餐费、交通费、门票、授课费、服务费、导游费、场地租赁费、保险费、物料费、服装费、教材费、实验器材费等。应根据课程内容制作活动经费明细表。

(十二)研学旅行主题课程采用的学习方式

研学旅行主题课程方案设计中经常采用的学习方式包括实地考察、主题讲座、小组讨论、自主探究、动手制作、互动体验、反思总结等。这些学习方式有助于培养学生的探究精神、实践能力和综合素质,提升研学旅行的效果和质量。

(十三)研学旅行主题课程运用的教学方法

研学旅行主题课程方案设计中经常采用的教学方法包括参观访问法、项目式教学法、讲解示范法、头脑风暴法、小组任务法、成果展示法、情境体验法等。

(十四)研学旅行主题课程评价

研学旅行主题课程评价是对课程设计、课程实施及课程效果的评价。课程评价是研学旅行主题课程方案中的重要环节,是对课程方案的科学性与合理性、教师的教学能力和学生的学习效果进行的客观描述与评价。研学旅行主题课程评价应聚焦于课程方案的优化与完善、研学旅游指导师的改进与提升、学生综合素养的发展与培育。

(十五)安全管理制度与安全应急预案

一个完整的研学旅行主题课程方案还应该包括安全管理制度与安全应急预案,研学旅行的安全保障工作是重中之重。在开展研学旅行活动前,要根据线路制定详细的安全保障方案,从出行、食宿、活动内容等方面保障学生安全,并将安全责任落实到人。针对出行过程中可能出现的各种意外情况,包括自然灾害、交通事故,以及其他可能给学生安全带来威胁的因素,拟订安全应急预案,一旦出现问题,能够及时有效地采取措施,降低风险。

三、研学旅行主题课程方案的示范案例[①]

以下以山西"双高计划"四日研学旅行主题课程方案"表里山河 人文祖地"为例进行讲解。

(一)研学旅行地点

研学旅行地点包括:黄河壶口瀑布旅游区、洪洞大槐树寻根祭祖园旅游景区、王家大院、平遥古城、中国煤炭博物馆、官道巷民俗文化小镇。

(二)研学旅行主题课程说明

此次山西之行是以人文建筑、自然文化、三晋文化为主题的研学之旅,能够以点带面,使学生熟悉山西文化的整体知识,了解其历史内涵和实际意义,拓宽视野,增长知识,培养学生的爱国主义精神,增强学生的民族自豪感、文化自信心。

此次研学旅行活动应结合学科知识,以培养学生核心能力为目标,结合山西线路特色,充分调动学生的学习兴趣和积极性,通过亲身实践重新解读山西的学习资源,进行深层次的思考与探究。

1. 课程目标

(1)知识与技能目标:参观王家大院,认识中国西周时期形成的"前堂后寝"的庭院风格。感受历经沧桑岁月的平遥古城;走访平遥协同庆博物馆,了解协同庆票号及其近百年的辉煌历史。了解传统与现代老陈醋生产工艺流程,以及老陈醋的历史文化内涵。在中国煤炭博物馆学习煤炭的相关知识。

(2)过程与方法目标:通过小组合作,培养团队合作意识;通过问题引导,锻炼将学科知识与现实问题相结合的能力;通过竞赛,培养自主管理能力。

(3)情感态度与价值观目标:通过晋商的衍生品,如平遥古城内的协同庆票号,感受晋商在中国商帮历史上不可磨灭的印记,激发爱国主义情怀;通过集体外出学习活动,感受与其他同学相处时的和谐氛围;通过完成一系列的体验活动,提升思维创新能力,促进自身多方面发展,形成积极向上的世界观、人生观、价值观。

2. 课程教学方式

课程教学方式包含情境式、体验式教学等。

(三)研学旅行主题课程结构

1. 品读

在研学之旅开始前,引导学生通过文字、史料图片、多媒体对研学旅行目的地进行

[①] 相关案例由北京中凯国际研学旅行股份有限公司编写。

感知，做好文化探知的行前准备，从而初步了解研学旅行目的地的历史沿革、文化内涵和思想价值，带着问题去探究。

2. 探究

在研学之旅的过程中，采用体验式活动和探究性课题相结合的教学方式，引导学生进行实地考察。结合"品读课堂"，通过真场景、真体验、真感受、真互动，直观感受课程内容，实现从了解课程内容到熟知课程内容，从掌握课程内容到创新课程内容的提升。学会利用社会调查，实地访问，实地收集、分析资料等方式进行体验与探究。

3. 分享

在研学之旅结束以后，对研学旅行过程中收集的资料进行分析解构，申报研究课题，运用多学科思维总结和分享研学成果，改进学科知识运用能力的不足，解决相关困惑，达到知识层面的学有所获和能力方面的层次提升。通过研学旅行过程中的情感体验，培养民族情感、家国情怀；通过文学、艺术等方面的交流拓展，对文化进行深度解读，从而发展创新思维。

（四）课程思维导图

课程思维导图见图7-1。

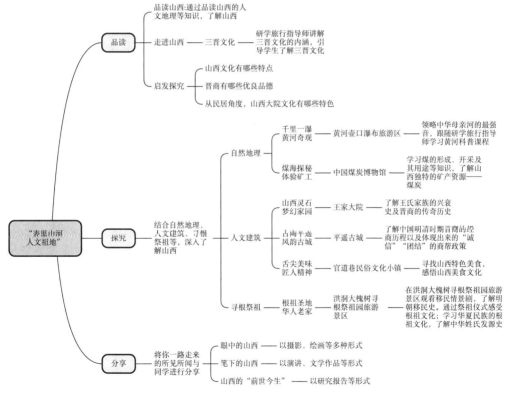

图7-1 课程思维导图

(五)品读课堂

(1)课程目标。

山西,因居太行山之西而得名。春秋时期,山西大部分地区为晋国所有,所以简称"晋";战国初期,韩、赵、魏三家分晋,因而又称"三晋"。山西东依太行山,西、南依吕梁山、黄河,北依古长城,柳宗元称之为"表里山河"。山西是中华民族发祥地之一,有文字记载的历史达三千年,被誉为"华夏文明摇篮",素有"中国古代文化博物馆"之称。

品读课堂从传统文化、社会生活、大自然中,提取具有教育意义的活动主题,帮助学生了解文化传承、开阔眼界、增长知识,使学生获得关于社会生活、大自然等的真实体验。学生通过了解华夏文明的起源与发展,感受中华传统文化的独特魅力和博大精深。

(2)课程内容包括行前"破冰"、探究自然地理、寻根祭祖、参观人文建筑,总共安排2—3课时。

(3)课程学习方式:课堂授课形式。

(六)知识推荐

1. 书籍《走遍中国:山西》

《走遍中国:山西》(《走遍中国》编辑部,中国旅游出版社)是一本深度讲解山西文化的自助游图书。"五千年文明看山西",该书探秘了商帮文化,涉猎了山西的宗教、古建筑、特色面食、陈醋等。该书包含200多个景点的详细介绍,17幅地图的精心指引,上千条关于交通、住宿、餐饮的信息。

2. 书籍《山西三晋文化:文化中国系列》

《山西三晋文化:文化中国系列》(高文麒,经济科学出版社)主要介绍了山西的建筑与历史、科学与工艺、生活与传统、饮食文化,以及一些旅游建议、实用信息等。

3. 纪录片《飞跃山西》

纪录片《飞越山西》以全新的视角、高规格的航拍创作团队、尖端的航拍器材、多门类的拍摄手法,在国内率先开创了以航拍为主的纪录片概念,掀开了中国纪录片的新篇章。山西是善与美的完美结合体,纪录片《飞越山西》以大篇幅航拍为主、地面特种拍摄为辅的纪录方式,通过专业的空中与地面调度、宏观与微观的镜头展示、唯美与厚重的画面语言、体现民族性与时尚性的音乐元素、匠心独运的视觉创意,创造性地展现钟灵毓秀的"表里河山"。

(七)探究课堂

本次研学旅行活动包含六个体验式主题课程,具体内容见表7-1。

表7-1 六个体验式主题课程内容安排

课程模块	学习地点	体验式课程主题
自然地理	黄河壶口瀑布旅游区	千里一瀑 黄河奇观
	中国煤炭博物馆	煤海探秘 体验矿工

续表

课程模块	学习地点	体验式课程主题
寻根祭祖	洪洞大槐树寻根祭祖园旅游景区	根祖圣地 华人老家
人文建筑	王家大院	山西灵石 梦幻家园
	平遥古城	古陶平遥 风韵古城
	官道巷民俗文化小镇	舌尖美味 匠人精神

1."千里一瀑 黄河奇观"体验式主题课程

(1)课程地点:黄河壶口瀑布旅游区。

黄河壶口瀑布(见图7-2)为世界第一大黄色瀑布。黄河在此由河宽300米收窄为20—30米,飞流直下,骇浪翻滚,如千军万马奔腾怒吼,声传数十里①外,其排山倒海的雄壮之势,素有"不观壶口大瀑布,难识黄河真面目"的盛誉。黄河壶口瀑布的景色,四季各异:严冬时江水歇息,冰封河面;春季则凌汛咆哮,如雷贯耳;盛夏则大水盈岸,颇为壮观;秋季则浩浩荡荡,雄浑壮美。

图7-2 黄河壶口瀑布

(2)学习目标:领略中华民族的母亲河——黄河的"最强音",观赏黄河壶口瀑布旅游区中最具气势的自然景观。跟随研学旅游指导师学习黄河科普课程,包括黄河水的含沙量、黄河的水流速度、黄河水电在中国水力发电中的巨大作用、黄河壶口瀑布地理环境的由来等科普知识。亲临黄河壶口瀑布,跟着陕北安塞腰鼓的传承人学习打腰鼓,跟着村民学唱民歌,感受淳朴的黄河文化。

(3)体验活动:

① 学习安塞腰鼓。跟着陕北安塞腰鼓的传承人学习安塞腰鼓,感受淳朴的黄河文化。

② 黄河大合唱。在黄河边上来一场黄河大合唱,抒发对母亲河的感恩之情。

2."根祖圣地 华人老家"体验式主题课程

(1)课程地点:洪洞大槐树寻根祭祖园旅游景区(见图7-3)。

---

① 1里=500米。

"问我祖先在何处,山西洪洞大槐树。祖先故居叫什么？大槐树下老鹳窝。"相关文献记载,从明洪武三年(1370年)至永乐十五年(1417年),在近50年的时间里,山西洪洞大槐树下发生了18次大规模的官方移民活动,遍布河南、山东、河北等18个省500多个县市。经过600余年的辗转迁徙、繁衍生息,如今全球凡有华人的地方,就有洪洞大槐树移民的后裔。

图7-3　洪洞大槐树寻根祭祖园旅游景区

(2)学习目标:在洪洞大槐树寻根祭祖园旅游景区观看移民情景剧,了解明朝移民史。通过祭祖仪式感受根祖文化;学习华夏民族的根祖文化,了解中华姓氏发源史。

(3)体验活动:"感怀山西根祖文化·寻根祭祖"活动。参加祭拜仪式,在家谱中寻找自己的名字。洪洞大槐树寻根祭祖园早已在炎黄子孙心中深深扎下了认祖归宗之根,被当作"家",被称为"祖",被看作"根"。

3."山西灵石 梦幻家园"体验式主题课程

(1)课程地点:王家大院(见图7-4)。

王家大院由静升王氏家族在明清时期历时300余年修建而成,包括五巷、六堡、一条街,总面积达25万平方米,可以称得上是一座具有传统文化特色的建筑艺术博物馆。王家大院的建筑格局,继承了中国西周时期形成的"前堂后寝"的庭院风格,既为对外交往提供了足够的空间,又满足了内在私密氛围的要求,做到了长幼有序、内外男女有别,且起居功能一应俱全,充分体现了官宦门第的威严和宗法礼制的规整。

图7-4　王家大院

(2)学习目标:感受中国明清时期民居建筑的扛鼎之作、"华夏民居第一宅"——王家大院的魅力,探究风水学和建筑设计的多样艺术,学习古建筑的特点及优势,了解匠心独具的砖雕、木雕、石雕,以及王氏家族的兴衰史及晋商的传奇历史。

4."古陶平遥 风韵古城"体验式主题课程

(1)课程地点:平遥古城(见图7-5)。

平遥古城位于山西晋中,是一座具有2700多年历史的文化名城,与同为第二批国家历史文化名城的四川阆中、云南丽江、安徽歙县并称为"保存最为完好的四大古城",也是我国以整座古城申报世界文化遗产获得成功的古县城。平遥古城是中国境内保存最为完整的一座汉民族古代县城,是中国汉民族城市在明清时期的杰出范例,在中国的历史发展中,向人们展示了一幅非同寻常的有关文化、社会、经济及宗教发展的完整画卷。

图7-5 平遥古城

(2)学习目标:通过参观平遥古城,了解中国明清时期晋商的经商历程以及体现出来的"诚信""团结"的商帮政策。了解中国现代银行的开山鼻祖——日升昌票号的经营之道,深入学习中国明清时期的商业知识,深度解读明清时期的商业文化。

(3)体验活动包含观察古代车辙印、登古城墙、参观平遥县衙博物馆等,具体内容安排见表7-2。

表7-2 体验活动内容安排

活动名称	活动内容
观察古代车辙印	一条条车辙印,象征着当年的繁荣。平遥古城曾是当年中国的金融中心
登古城墙	鸟瞰古城,了解古代城镇的格局划分和平遥古城独特的建造格局,熟悉平遥古城的区域划分及平遥古城的街道
参观平遥县衙博物馆	参观中国目前保存最完整、面积最大的县衙署,观看古代县太爷断案传奇剧集
考察同兴公镖局	考察平遥古城内唯一一家保存较为完整的镖局旧址,了解当年的镖局之谜
参观协同庆钱庄博物馆	参观平遥古城内,建立于清朝时期、保存较为完整的地下金库,感受当年晋商的富可敌国
观看情景体验剧《又见平遥》	了解关于血脉传承、生生不息的故事;领悟"山西人做的不是生意,是德行,保住血脉,也是保住中国人"的含义。了解"信誉至上、诚实守义、艰苦创业、开拓进取、以人为本、同舟共济"的晋商文化,传承祖先的业绩,培养责任感和使命感,树立正确的价值观

续表

活动名称	活动内容
参观老西醋博园	参观老西醋博园,了解蒸、酵、熏、淋、晒等制醋工艺,参与部分制作过程,切实体悟老陈醋的"绵、酸、香、甜、鲜"之感

5. "煤海探秘 体验矿工"体验式主题课程

(1)课程地点:中国煤炭博物馆(见图7-6)。

图7-6　中国煤炭博物馆

中国煤炭博物馆是国家级煤炭行业博物馆,是全国煤炭行业历史文物、标本、文献、资料的收藏中心,是煤炭工业的科普教育机构、科学研究机构和宣传教育机构,入选第一批"全国中小学生研学实践教育基地"。中国煤炭博物馆基本陈列的总体规划为"七馆一井":煤的生成馆、煤炭与人类馆、煤炭开发技术馆、当代中国煤炭工业馆、煤炭艺术馆、煤炭文献馆、中外交流馆,以及模拟矿井。

(2)学习目标:学习煤的形成、开采、用途等知识,了解山西独特的矿产资源——煤炭。

(3)体验活动:"行走印象山西·煤海探秘"活动。前往模拟矿井,体验逼真的矿井生活。

6. "舌尖美味 匠人精神"体验式主题课程

(1)课程地点:官道巷民俗文化小镇(见图7-7)。

图7-7　官道巷民俗文化小镇

官道巷民俗文化小镇内主街道采取"一店一品"的方式,以山西名特小吃为基础,附加全国各地的知名饮食,展现各地传统美食的制作工艺和地道口味,并挖掘其背后的文化内涵。小镇内将请来非遗传承人、手工艺传承人进行制作演艺,还原制作流程。小镇内还会提供客栈住宿、生态采摘等多种服务,为游客提供全方位的山西风土人情民俗体验。

(2)学习目标:参观古官道巷,领悟传统文化之美;认识农耕老物件,感受先辈的智慧;学习传统工艺,传承工匠精神;寻找山西的特色美食,了解山西的美食文化。

(八)分享总结

展示、交流、分享所见所闻。

1.分享形式(任选一种)

(1)在研学旅行活动结束后,在当地租赁会议室或者多功能厅,举办分享总结会。

(2)在研学旅行活动结束后,返回学校,在校内举办分享总结会。

2.分享内容

(1)眼中的山西:以摄影、绘画等多种形式展示你对山西的印象。

(2)笔下的山西:"我笔写我心,我手画我景。"以诗歌等文学作品形式,从不同的角度展示你山西之行的收获。

(3)山西的"前世今生":通过研究性学习,以研究报告的形式,从某一维度对山西进行探究、阐述,从而培养创新思维。

(九)行程安排

行程的具体安排见表7-3。

表7-3 行程具体安排

时间	地点	行程内容	食宿安排
第一天		北京—临汾—壶口	安排午餐和晚餐;晚上在壶口或吉县安排住宿
	学校—高铁站	(1)师生在学校集合,先乘车前往北京西站,再乘高铁前往临汾西站。途中可以阅读出行手册,制定出行目标。中途严禁下车,以免误站,由研学旅游指导师值勤巡视。 (2)备注:请携带有效身份证件,统一着校服,带好学习工具	
	黄河壶口瀑布旅游区	(1)在黄河壶口瀑布旅游区领略中华民族的母亲河、中华民族的象征——黄河的"最强音"。跟随研学旅游指导师学习黄河科普课程,包括黄河水的含沙量、黄河的水流速度、黄河水电在中国水力发电中的巨大作用、黄河壶口瀑布地理环境的由来等科普知识。 (2)体验活动:①学习安塞腰鼓:跟着陕北安塞腰鼓的传承人学习安塞腰鼓,感受淳朴的黄河文化。②黄河大合唱:集体进行黄河大合唱	

续表

时间	地点	行程内容	食宿安排
第二天		壶口—洪洞—王家大院—平遥古城	安排三餐；晚上在平遥安排住宿
	洪洞大槐树寻根祭祖园旅游景区	(1)走进洪洞大槐树寻根祭祖园，通过观看移民情景剧，了解明朝移民史，感受根祖文化。 (2)体验活动：参加祭拜仪式	
	王家大院	在研学旅游指导师的带领下，走进具有传统文化特色的建筑艺术博物馆——王家大院。了解砖雕、木雕、石雕的精湛技艺及其背后的故事	
	山西非遗工坊	(1)走进山西非遗工坊，感受山西的传统民俗，了解中国的非物质文化遗产。在非遗传承人的讲解下，加深对山西民间剪纸艺术的理解。 (2)体验活动：民俗剪纸体验	
	平遥古镇	观赏平遥古镇的夜景，体悟山西的人文风情	
第三天		平遥—太原	安排三餐；晚上在太原安排住宿
	平遥古城	(1)观察古代车辙印。一条条车辙印，象征着当年的繁荣。平遥古城曾是当年中国的金融中心。 (2)登古城墙。鸟瞰古城，了解古代城镇的格局划分和平遥古城独特的建造格局，熟悉平遥古城的区域划分及平遥古城的街道。 (3)参观平遥县衙博物馆。参观中国目前保存最完整、面积最大的县衙署，观看古代县太爷断案传奇剧集。 (4)考察同兴公镖局。考察平遥古城内唯一一家保存较为完整的镖局旧址，了解当年的镖局之谜。 (5)参观协同庆钱庄博物馆。参观平遥古城内，建立于清朝时期、保存较为完整的地下金库，感受当年晋商的富可敌国。在协同庆钱庄博物馆学习票号礼仪，体验古时用银票换取银两的流程。 (6)观看情景体验剧《又见平遥》，了解关于血脉传承、生生不息的故事；领悟"山西人做的不是生意，是德行，保住血脉，也是保住中国人"的含义。了解"信誉至上、诚实守义、艰苦创业、开拓进取、以人为本、同舟共济"的晋商文化，传承祖先的业绩，培养责任感和使命感，树立正确的价值观。 (7)参观老西醋博园。了解蒸、酵、熏、淋、晒等制醋工艺，参与部分制作过程，切实体悟老陈醋的"绵、酸、香、甜、鲜"之感	
第四天		太原—北京	主要安排早餐
	中国煤炭博物馆	学习煤的形成、开采、用途等知识，了解山西独特的矿产资源——煤炭。前往模拟矿井，体验逼真的矿井生活	
	官道巷民俗文化小镇	参观古官道巷，领悟传统文化之美；认识农耕老物件，感受先辈的智慧；学习传统工艺，传承工匠精神；寻找山西的特色美食，了解山西的美食文化(备注：午餐可退餐费，可在当地自由活动，享用美食)	
	高铁站—学校	在太原乘动车返京，抵达北京西站后，乘车返校，结束活动	

（十）研学旅行费用

研学旅行费用明细见表7-4。

表7-4 研学旅行费用明细

费用类别	费用明细	备注
综合费用	(1)学生××元/人。 (2)教师××元/人	按40名学生核算
具体费用	(1)交通：①从北京至临汾，搭乘高铁二等座；②从太原至北京，搭乘高铁二等座；③在研学旅行目的地活动时，搭乘当地正规运营巴士；④往返北京火车站，搭乘专门接送车辆。 (2)住宿：预备四星级酒店双人标准间，若产生单房，则须补差价。 (3)门票：与所列课程相关的基地所需的首道门票及体验费。 (4)餐费：包含3顿早餐、7顿正餐。其中，正餐为40元每人每餐，十人一桌，十菜一汤。 (5)服务人员：专业研学旅游指导师及当地优秀辅导员。 (6)保险：包含人身意外伤害险、责任险。 (7)研学相关：研学旅行手册，研学行前课	—
其他增值服务	(1)品读课，成果展示。 (2)学校研学旅行活动宣传推广(可提供全国40家主流网络媒体集中报道服务)。 (3)影集	报价不含

（十一）课程方案设计标准

该研学旅行主题课程方案设计以产品研发课程化、采购体系标准化、服务保障精细化、研学旅游指导师专业化、安全保障立体化等为标准。

知识训练

1. 研学旅行主题课程是研学旅游指导师对某次研学旅行教学活动的（　　）和（　　），是研学旅行活动的（　　）和（　　）。
2. 完整的研学旅行活动一般包含五大核心要素，分别是（　　）、（　　）、（　　）、（　　）、（　　）。
3. 请列举研学旅行主题课程方案应该包含的设计要素。

案例聚焦
▼

"弘道儒风，行吟齐鲁"研学旅行课程方案

研学旅行课程设计

任务二　研学旅行主题课程方案实施流程的编写

任务导入

某旅行社有关中国科学技术大学研学旅行主题课程方案的实施流程

(1)在研学旅游指导师的带领下,走进中国科学技术大学,感受中科大的质朴学风、中科大学者的敬业笃行。

(2)由中科大的志愿者讲解学校的学科设置,以及学校近年在量子信息、单分子科学、高温超导、纳米科学、地球环境、生命与健康等前沿领域所取得的一批具有世界水平的科研成果。

(3)走进中科大的国家重点实验室,感受科技的魅力。

(4)特邀中科大学者以"科技与未来"为主题开展讲座,帮助学生进行职业生涯规划,在讲座结束后可以安排互动环节,让学生向学者提问。

(5)在中科大校门口合影留念,返程。

思考

以上课程方案实施流程是否规范?

任务解析

以上课程方案的实施流程缺少实施者、实施地点、实施方法、各环节所需时间等重要元素,不符合实施流程的编写规范。我们应按照课程方案实施流程的编写要求,运用规范的编写方法完成编写任务。

任务重点

理解研学旅行主题课程实施流程的编写要求。

任务难点

掌握研学旅行主题课程实施流程的编写方法,并能完成编写任务。

任务实施

一、实施流程的编写要求

研学旅行主题课程方案是研学旅行活动实施的基本依据,是研学旅行活动开展的指南,其中课程实施流程的编写尤为重要。实施流程关乎研学旅行主题课程方案的所有关键环节的设计与执行。在编写过程中要遵循教育的规律,同时符合研学旅行行程安排的要求。

(一)整体统筹,系统规划

在编写研学旅行主题课程方案的实施流程时,须综合考量课程方案的各种因素,包括课程目标、课程结构、课程内容、课程顺序、实施方式方法、管理与评价等,进行整体统筹、系统规划,以确保实施流程整体的合理性和有效性。

(二)详略得当,要点明晰

研学旅行主题课程方案的实施流程须根据研学旅行主题课程的具体要求进行编写,内容应详略得当,要点应明晰。涉及研学旅行方式、课程内容、教学方法、教学过程等关键内容时,要详细表述,以便研学旅游指导师根据实施流程执行操作。对于可以简略叙述的部分,可以缩减篇章、一带而过。

(三)行程科学,保障得力

在实施研学旅行主题课程方案时,要依据规范的流程。因此,在内容的排序、课程的时长、实施的方式方法等方面都要确保科学严谨。同时要充分考虑到实施的可行性和可操作性,利用有力的保障措施,使方案可以落地与执行。

二、实施流程的内容与示范案例

(一)实施流程的内容

研学旅行主题课程方案的组织与实施要依据实施流程来进行,实施流程的编写要具体、翔实,条理清晰,方便执行和操作。研学旅行主题课程的实施流程一般包括以下内容。

(1)研学旅行主题课程的具体内容。
(2)研学旅行主题课程内容的执行顺序。
(3)研学旅行主题课程内容的时间安排。
(4)研学旅行主题课程的实施方法。
(5)研学旅行主题课程的实施过程。
(6)研学旅行主题课程的实施负责人。
(7)研学旅行主题课程的研学地点。

(二)实施流程的示范案例①

下面以"敦煌遗事 丝路千载"研学旅行课程为例进行讲解,该课程的实施流程具体安排见表7-5。

---

①相关案例由北京中凯国际研学旅行股份有限公司编写。

研学旅行课程设计

表7-5 "敦煌遗事 丝路千载"研学旅行课程实施流程安排

时间	行程安排	用餐	住宿
第一天	北京—张掖： (1)07:40—08:00,在学校指定地点集合,集体乘车前往北京西站。 (2)09:30,乘坐火车硬卧前往甘肃张掖	—	在火车上过夜
	温馨提示:火车车程较长,请自备当日中餐及晚餐,建议带未拆封包装的食品,或者在火车上购买餐食		
第二天	张掖—酒泉卫星发射中心： (1)04:35,抵达张掖。 (2)06:00—07:30,享用早餐。 (3)08:00—11:30,乘车前往张掖七彩丹霞旅游景区。走进张掖七彩丹霞旅游景区,探究丹霞地貌的成因、特点及分布情况,了解丹霞奇峰巨厚红色砂、砾岩层中沿垂直节理发育的特点,增强对丹霞、彩丘、风城、雅丹等地理地貌的辨别能力,提升对干旱地区最典型的、面积最大的丹霞地貌景观的理解。 (4)12:00—13:30,享用午餐。 (5)14:00—18:30,前往酒泉卫星发射中心。走进我国最早建成的运载火箭发射试验基地,了解各种卫星的发射原理,通过聆听讲解,了解神舟飞船的发射历程,学习航天员不畏艰难、勇于克服困难的精神,感受其为国奉献的优良品德,激发爱国情怀。 (6)18:30—20:00,享用晚餐。 (7)20:00—21:30,参加酒泉卫星发射中心举办的讲座。内容包含酒泉卫星发射中心的创业史、发展史,从导弹到卫星再到飞船的发展历程	安排三餐	在酒泉卫星发射中心附近安排住宿
	温馨提示:从张掖到酒泉卫星发射中心的车程约6小时,路途较长,建议晕车的学生提前做好防范措施		
第三天	酒泉卫星发射中心—嘉峪关： (1)07:00—08:30,享用早餐。 (2)08:30—09:30,参观卫星发射塔架。 (3)09:30—10:30,参观问天阁、中国酒泉卫星发射基地历史展览馆。中国酒泉卫星发射基地历史展览馆以科研试验和重大历史事件为线索,集中展示了酒泉卫星发射中心的发展历程和建设成就。在参观过程中,引导学生感受中国航天事业飞速发展的铿锵步伐,寻找扎根大漠、无私奉献的英雄们的足迹,进一步弘扬学生的爱国之情,增强学生的民族自信心和自豪感。 (4)11:00—12:00,制作火箭模型。对学生进行分组(10人为一组),进行组装比赛,比一比哪一组的火箭模型飞得更高。 (5)12:00—13:30,享用午餐。 (6)14:00—18:00,集体乘车前往嘉峪关。 (7)18:00—19:30,享用晚餐	安排三餐	在嘉峪关市区安排住宿
	温馨提示:从酒泉卫发射中心到嘉峪关的车程约5小时,路途较长,建议晕车的学生提前做好防范措施		

项目七 研学旅行主题课程方案的设计

续表

时间	行程安排	用餐	住宿
第四天	嘉峪关—敦煌： (1)07:00—08:00,享用早餐。 (2)08:30—11:00,乘车前往嘉峪关。嘉峪关是古代丝路必经之地、万里长城最西端的险要关隘。了解关城内城、瓮城、罗城、外城墙、壕沟五部分布局的严谨性，感受自古以来被称为"天下雄关"和"扼守河西走廊第一要隘"的嘉峪关的重要作用。 (3)11:00—12:30,享用午餐。 (4)12:30—17:30,前往敦煌。 (5)17:30—18:30,享用晚餐。 (6)19:00—20:30,在敦煌书画院体验壁画临摹。学生可以随机挑选一幅自己喜欢的壁画，在泥板上进行临摹，最后的成品可作为纪念品带走	安排三餐	在敦煌市区安排住宿
温馨提示：从嘉峪关到敦煌的车程约5.5小时，路途较长，建议晕车的学生提前做好防范措施			
第五天	敦煌： (1)07:00—08:00,享用早餐。 (2)08:30—12:00,乘车前往莫高窟。观看电影纪录片《千年莫高》，了解有着"绘制在墙壁上的博物馆""世界艺术宝库"之称的敦煌莫高窟的千年修造历史。在球幕影院观看《灿烂佛宫》，近距离了解敦煌壁画艺术，提升在艺术上、历史上、规模上、内容上对世界佛教石窟艺术宝库的理解。 (3)12:30—13:30,享用午餐。 (4)13:30—18:00,前往敦煌鸣沙山月牙泉景区。参观月牙泉，了解其名称的由来；通过聆听讲解，了解月牙泉内生长有眼子菜、轮藻等植物，并能简单分辨其种类，了解其特性。追溯历史，了解从汉朝至今月牙泉的历史沿革。观察月牙泉水位下降、鸣沙山移动等现状，提升环境保护意识和对自然资源的关注度。 (5)18:30—19:30,享用晚餐。 (6)19:30—21:00,在会议室进行总结，评选出本次研学旅行活动优秀班级及个人	安排三餐	在敦煌市区安排住宿
第六天	敦煌—北京： (1)06:30—07:30,享用早餐。 (2)07:30—09:00,前往玉门关。 (3)09:00—10:30,参观玉门关。玉门关始置于汉武帝开通西域道路、设置河西四郡之时，因西域输入玉石时取道于此而得名。 (4)10:30—12:00,前往敦煌雅丹国家地质公园。 (5)12:00—13:30,享用午餐。 (6)13:30—15:30,参观敦煌雅丹国家地质公园。敦煌雅丹国家地质公园以其独特的大漠风光、形态各异的地质奇观、古老的民间传说，吸引了无数勇敢的探险者前来揭开"魔鬼城"的神秘面纱,探寻大自然的奥秘。 (7)15:30—17:30,返回敦煌市区。 (8)17:30—18:30,享用晚餐。 (9)18:30—19:00,先乘车前往柳园火车站，再乘坐火车硬卧返回北京	安排三餐	在火车上过夜
备注：整个行程的车程较长，研学旅游指导师可以在途中讲解"古代丝绸之路"的相关历史文化知识，并且组织学生进行知识竞答，为踊跃答题的学生赠送精美的小礼品			

知识训练

1. 研学旅行主题课程方案实施流程的编写要求是什么？
2. 研学旅行主题课程方案实施流程一般应包含哪些内容？

任务三　研学旅行的线路制定、行程安排与成本核算

任务导入

2024年1月，随着寒假的临近，广西壮族自治区文化和旅游厅发布了10条广西寒假研学旅行精品线路，邀请全国游客到广西共度暖冬。这10条研学旅行精品线路分别是环大明山生态研学旅行、壮美山水人文自然研学旅行、北部湾海洋科普研学旅行、探秘边关中越边境研学旅行、岭南风情研学旅行、"民族团结一家亲"研学旅行、革命传统教育研学旅行、探秘长寿文化研学旅行、品茶韵之香茶文化研学旅行和古色古香古村落研学旅行，涵盖了多个知名景区，涉及农耕、非遗、工业、民俗、红色文化、自然风光等方面内容，从区域的人文地理和风土人情入手，让游客沉浸式体验八桂风情，感受壮美广西。

任务解析

研学旅行线路与一般的旅游线路是有明显区别的。近年来，各省市根据在地研学旅行资源的特点，推出了相应的研学旅行线路，为研学旅行市场提供了更加丰富的产品选择，积极推动了研学旅行线路市场的规范化和线路制定的科学化。

任务重点

理解研学旅行线路的制定要领。

任务难点

掌握研学旅行线路行程安排的方法和成本核算的方法。

任务实施

制定科学的研学旅行线路是研学旅行课程顺利实施的重要保障。《关于推进中小学生研学旅行的意见》中指出："要以基地为重要依托，积极推动资源共享和区域合作，打造一批示范性研学旅行精品线路，逐步形成布局合理、互联互通的研学旅行网络。"

一、研学旅行线路的制定要领

研学旅行线路是指在一定的地域空间内,研学旅行活动的承办方或供给方针对研学旅行市场的需求,结合一定的交通线路和交通工具,遵循一定的原则,将若干研学旅行基地(营地)与研学旅行课程合理贯穿起来,专门为学生开展研学旅行实践而设计的线路。

研学旅行线路是研学旅行活动的载体,是各个研学点的科学组合。不同于普通的旅游观光线路,研学旅行线路具有明确的研学主题,线路上的每一个研学点都是不同的教学单元,体现了不同的课程内容。研学旅行线路制定是研学旅行课程方案设计的重要一环,科学的研学旅行线路是顺利开展研学旅行活动的重要前提。只有对研学旅行线路进行精心设计、科学规划,才能确保研学旅行的学习成效。因此,要按照一定的要领制定研学旅行线路。

(一)守住安全底线

研学旅行活动的组织以学校为主,以旅行社、研学旅行机构、研学旅行基地(营地)等单位为辅。参加研学旅行活动的大多是身心发展处于不成熟阶段的儿童或青少年,他们生性好动,自我保护意识较弱,在研学旅行这样的校外集体活动中,容易发生意外情况。加之研学旅行中的交通运输、营地住宿、食品安全等外部因素也较为复杂,多种主客观原因均有可能导致安全问题的发生。

在制定研学旅行线路时,应首先确保安全,只有如此,学生才能无后顾之忧,全身心投入研学旅行活动,研学旅游指导师才能更好地开展教育教学活动,研学旅行才能实现更好的育人效果。研学旅行线路中涉及的相关工作人员,应具备良好的安全防控意识和应急问题处理能力,承担起安全管理的职责。同时也应提高学生的安全意识,做好安全教育,尽量规避人员风险。在交通工具、餐饮单位、住宿单位的选择等方面,也应科学把关,严格筛选。

(二)体现教育价值

研学旅行线路的制定应始终遵循教育导向,体现教育价值。旅行是研学的载体,要充分利用旅行中的资源与环境,达到综合育人的目的。研学旅行线路的设计要以学生为主体,关注学生的身心特点、接受能力和实际需要,为教育服务,以立德树人、培养人才为根本目的。

在研学旅行线路主题的选择上,要凸显教育意义,引导学生树立正确的世界观、人生观、价值观,培养学生的实践能力与综合素养。在研学旅行线路内容的设计上,应注重为学生提供丰富的课外内容。课外内容可以是知识的拓展,也可以是技能的提升,还可以是情感态度与价值观的提升等。在研学旅行线路中,应融入丰富有趣的活动,寓教于乐,在活动中体现"教学做"一体化。此外,要在结合教育学、心理学知识,遵循学生认知规律的基础上,将研学旅行资源进行有机组合,以达到更好的教学效果。通过研学旅行,学生能够将中华灿烂五千年的深厚历史文化和改革开放伟大成就具象化,深化对祖国大好河山的热爱之情,弘扬中华传统美德,增强"四个自信",初步养成正确的世界观、人生观、价值观。

(三)优化资源组合与排序

应充分考虑研学旅行目的地的资源基础和特点,打造结构合理的研学旅行线路。

首先,要尽量避免资源的重复。不论是专题型的研学旅行线路还是综合型的研学旅行线路,都要尽量避免重复的课程内容和教学形式。

其次,尽量不走重复的路。重复的线路会降低学生的新鲜感和好奇心,应根据研学点的位置和特点,合理安排时间和研学顺序。

再次,同一条研学旅行线路上的研学点之间的距离要适中,以便合理安排交通工具和旅途时间。空间距离越远,耗费的交通费用和时间就会越长,同时会给学生带来旅途的疲惫感,影响后续环节的教学效果。

最后,在研学点的数量选择方面,也应根据学生的学段、学情和课程要求进行设计。若研学点太少,会影响研学旅行内容的丰富度,难以达到研学旅行目标;若研学点太多,会增加旅行过程的压力,让学生产生疲惫感,也会影响学生对研学旅行内容的消化吸收。

(四)体现地域特色与资源时效性

研学旅行线路的设计要因地制宜,呈现地域特色。应围绕不同学段所侧重的乡土乡情、县情市情、省情国情的要求,设计开发出能够体现地方特色和文化意蕴的研学旅行线路产品。应从历史、民俗、艺术、音乐、建筑、自然、科技、革命传统等方面深入挖掘在地文化,提炼出适合开展研学旅行的课程元素,帮助学生了解属地文化,理解属地文化与其他地区的文化的差异性,并进行深入的探索。"千里不同风,百里不同俗。"不同国家或地区之间的地理环境、基本国情、风土民情都会有或多或少的差异,"文明因交流而多彩,文明因互鉴而丰富"。开展研学旅行活动的目的也正是增进研学旅行对象对研学旅行目的地的文化和属地文化的交互理解,只有理解了不同文化之间的差异,才能更好地促进不同文化之间的交流与合作。

在设计研学旅行线路时,还要注重资源的时效性,尤其是围绕自然资源而设计的课程内容,要遵循季节的规律和特点,让学生感受到季节在自然中的轮回变化。

(五)可落地执行

研学旅行线路的设计,要能够体现可行性,做到可执行、可落地。在有限的时间和适当的成本范围内规划好时间和交通,是能够实现的。基于对客观环境较为准确的预测和对主观意愿的综合考量,可以推断出研学旅行线路的可行性。在选择研学旅行线路时,一般应做到合法合规、全面考虑和优中选优。合法合规要求研学旅行线路的选择必须在法律上得到允许,经过规范的组织程序和审批流程,同时所设计采纳的研学点必须是许可学生出入的场所或地点。在研学旅行线路设计过程中,要从全局出发,系统研究和规划,多方面权衡,既要考虑学生的需要,又要考虑过程的执行,最终确定最优研学点和线路,实现学生获益最大化。

二、研学旅行线路的行程安排

研学旅行线路的行程安排,一般分为以下五个步骤。

(一)选择交通

研学旅行线路的行程安排首先应确定交通线路和交通方式,并选择合适的交通工具。在研学旅行线路的行程安排环节,经常会面临一个选择:是先设计研学旅行线路,然后查找合适的酒店、餐厅,最后再选择合适的车次(航班)?还是先选择合适的大交通方式,再来安排研学旅行线路?在实际工作中,通常会选择后者,因为大交通的方式是客观的,不能根据研学旅行的需求而随意调整,如火车的车次、飞机的航班等,特别是在旅游旺季,会遇到客运繁忙、票务紧张的问题。而研学团组通常具有人数多、有价格限制等特点,留给我们选择大交通方式的空间比较小。所以,通常将选择大交通作为安排研学行程的第一步。在选择大交通的时候,须综合考虑以下五个方面。

1. 参考距离

一般情况下,如果研学旅行目的地与始发地的距离在500千米以内、汽车车程在5小时以内,可以直接选择搭乘旅游大巴作为出行方式;如果距离为500—2000千米,可以选择搭乘火车出行,具体选择普通列车还是动车或高铁,须综合其他因素进行考虑;如果距离为2000千米以上,建议首选搭乘飞机出行,再综合其他因素进行考虑。

2. 直达优先

尽量选择始发站为始发地、终点站为研学旅行目的地的大交通方式。尽量避免从过路站上下车或者转车(机)的情况,这样能给研学旅行活动的实施降低一定的难度。如果避免不了,则须对所有的大交通方案进行分析,选择上下车时间、转车(机)时间充足合理的大交通方案,并给予这一环节足够的重视。

3. 时间合理

时间合理主要是指出发和抵达的时间最好控制在每天的上午九点至下午六点,这样的时间节点最容易衔接其他环节,如接送站、用餐、住宿等,同时也能最大程度上节省团员的体力,减少舟车劳顿。

4. 符合学校需求

学校对学生的综合能力是非常了解的,有时候会根据学情或者基于其他方面因素考虑提出大交通的需求。在安排研学行程时,应当首先满足学校提出的需求,再综合其他因素进行考虑。

5. 实际可行

根据上面的四个条件就基本能够初步设计出大交通方案,接下来还要进一步验证该方案的可行性,主要从以下两个方面进行。

(1) 车票(机票)数量是否充足?注意须确定的不仅是出发当日始发站的票数,还必须确定返程票的数量充足,二者缺一不可。此外,由于设计大交通方案与真正落实大交通方案会有一定的时间差,所以还要预判在出票当日是否有足够的票数,最好能通过提前交纳定金等方式进行预订,以免发生变故打乱计划。

(2)票价是否在预算之内?大交通的费用占整个研学旅行活动费用的比重很大,一定要注意核查票价是否在预算之内,特别是航班的价格。若差距很大、超过预算,则须及时调整出行方案。

(二)安排线路,串点成线

研学行程中连接各个研学点的具体路径安排被称为线路安排,大到城市与城市之间的线路,小到在区、县、乡、村中连接研学点、餐厅、住宿地点的线路,都属于线路安排的范畴。在安排研学旅行线路时,一般遵循以下原则。

1. 合理选择交通方式,不走回头路

在安排城市与城市之间的交通线路时,在条件允许的情况下,尽量避免走回头路浪费时间。

例如,从北京前往陕西开展研学旅行活动,研学旅行目的地包括西安和延安,研学旅行课程主题以汉唐文化研究为主,研学旅行活动以红色教育为辅,在西安逗留4天,在延安逗留1天。因此,学校提出的研学旅行线路设想是先去西安再去延安,最后返回北京。根据这样的需求,可以设计两种线路方案:①北京—西安—延安—北京;②北京—西安—延安—西安—北京。

经过调查发现,延安站是过路车站,往返北京的车次较少,原定的返回时间很难满足研学旅行活动的车票数量需求,因此第一种方案不现实。而第二种方案须先从延安返回西安,再进行转车,这样不仅走了很多回头路,还增加了转车的环节,费时费力,也不可取。

所以,根据实际情况可设计第三种线路方案:先从北京出发,乘火车前往延安;然后从延安乘坐大巴前往西安;最后从西安返回北京。这样设计是因为从北京前往延安、从西安返回北京的车次较多,车票容易购买。另外,北京站、西安站既是始发站,也是终点站,相关人员可以从容地组织团组上下车。经过商议,校方最终选择了第三种线路方案。

2. 合理规划线路时间,确保研学旅行活动准时进行

线路安排不是简单地将研学点串联起来,而是要综合考量三个条件——研学点的位置、课程的时长、研学点之间的车程,进而做出合理的线路安排。例如,在设计北京的研学旅行活动时,有一项活动是在天安门广场观看升国旗仪式,进行爱国主义教育。整个研学旅行课程还涉及在北京故宫博物院、中国国家博物馆、八达岭长城等场所的研学内容。那么在观看完升国旗仪式后该安排什么课程内容呢?众所周知,北京故宫博物院、中国国家博物馆距离天安门广场都比较近,步行即可到达,那么在结束观看升国旗仪式后就直接前往这两个研学点吗?答案是否定的。因为升国旗仪式的时间随日出而定,在夏季有可能在上午五点就已开始,之后再进行一个小时的爱国主义教育,也才到上午六点。而北京故宫博物院的开放时间是上午八点半,中国国家博物馆的开

放时间是上午九点,这期间的研学团组活动不好安排。在实际工作中,通常会在观看完升国旗仪式之后,安排研学团组前往八达岭长城,这样的安排更加合理。在早高峰之前利用便利的交通工具前往八达岭长城,抵达后八达岭长城刚好开放。在八达岭长城的课程结束后,可以顺路安排一些研学点,如颐和园、圆明园遗址公园、清华大学、北京大学等,然后将北京故宫博物院和中国国家博物馆的相关行程安排在研学旅行的后面几天,这样就更加合理地利用了时间。

3. 保证线路安全,排除安全隐患

在选择行车线路时,务必对当地交通、路况等进行调查了解,首选高速公路、国道,避免选择偏僻的、可能存在安全隐患的线路,同时还要注意绕开施工道路。这些工作可以在研学旅行活动准备阶段加以落实。

4. 通过制作行程表单,完成线路安排

在实际工作中,可以通过制作行程表单来完成线路安排。行程表单的内容一般包括以下几部分。

(1)日期。用以指明研学旅行活动的具体日期。

(2)时间节点。用以指明研学旅行活动所用的时间。

(3)地点。用以指明研学旅行活动的具体地点。

(4)行程安排。用以指明具体的活动内容。

案例聚焦

某学校的"从三国看蜀文化"研学旅行行程表单见表7-6。

表7-6 "从三国看蜀文化"研学旅行课程行程表单[①]

日期	时间节点	地点	行程安排	食宿
第一天	上午	北京—成都	先在学校统一集合,乘车前往北京西站。再在北京西站乘高铁二等座前往成都东站。可以在路途中阅读出行手册。火车停靠站时,严禁下车,以免误站。 备注:请携带好行李物品、有效身份证件、学习工具等	安排晚餐;晚上在成都安排住宿
	下午	酒店	乘车前往酒店,办理入住	
第二天	上午	成都—阆中	车程约3.5小时	安排三餐;晚上在阆中安排住宿
	下午	张飞庙	(1)张飞是蜀汉有名的"五虎上将"之一、刘备的义弟。通过参观张飞庙,了解张飞不一样的人生。 (2)跟随非遗传承人学习巴渝鼓舞	

① 相关案例由北京中凯国际研学旅行股份有限公司编制。

研学旅行课程设计

续表

日期	时间节点	地点	行程安排	食宿
第三天	上午	阆中—昭化古城	（1）学习古建筑在冷兵器时代的合理布局和功能作用。 （2）学习三国故事，了解"张飞挑灯战马超"	安排三餐；晚上在剑阁安排住宿
	下午	剑门关	（1）了解剑门关的地貌特点和成因。 （2）了解剑门关栈道的建构特点，理解为什么三角结构是最稳定的。 （3）了解"木牛流马"中的能量守恒关系，体验动手做一辆"木牛流马"	
第四天	上午	剑阁—中国两弹城	（1）了解中国"两弹"的发展历程。 （2）了解核弹与导弹的关系，"聚变"与"裂变"的原理区别。 （3）了解防空洞的排水、空气流动问题是如何解决的	安排三餐；晚上在成都安排住宿
	下午	中国两弹城	聆听专家讲座	
		中国两弹城—成都	乘大巴返回成都，车程约2.5小时	
第五天	上午	三星堆博物馆	（1）了解华夏文明中的长江流域文明。 （2）考古三星堆遗址，研究古蜀文化的发展时间线	安排三餐；晚上在成都安排住宿
	下午	成都武侯祠博物馆	（1）参观成都武侯祠博物馆，了解诸葛亮的文韬武略、鞠躬尽瘁的精神、高风亮节的情操。可组织朗诵《出师表》，抄写《诫子书》。 （2）在锦里古街品尝各种成都美食，感受舌尖上的文化。 （3）参观锦里古街内建于清末民初的四川民居建筑，了解那个时期的建筑风格	
第六天	全天	成都—北京	吃完早餐后前往成都西站，乘高铁二等座返回北京。抵达北京西站后，乘大巴返回学校，结束研学之旅	安排早餐

（三）选择地接社

从研学旅行主题课程的方案设计到组织实施的整个过程，会涉及各种各样的资源，如研学旅行目的地、住宿地点、餐厅、旅游大巴等。这些资源的选择和使用都要求相关从业者具备专业的知识和丰富的经验，特别是当前往异地开展研学旅行活动时，更需投入大量的精力。在实际工作中，研学旅行活动的承办方很难对每一个研学旅行目的地的资源都了如指掌。这时候，研学旅行活动的承办方会采取与当地专业地接社合作的方式，让地接社来安排线路、选择资源、进行接待，相互配合完成研学旅行活动的服务保障工作。但需要说明的是,无论通过什么方式进行资源的采购和线路的安排,都必须严格按照研学旅行主题课程方案的设计流程和服务保障标准进行把控。

在选择地接社时,可以从以下五个方面进行考察。

1. 地接社的资质

具备一定的资质,是地接社被研学旅行活动的承办方选为合作伙伴的前提,也能为研学团组成员的利益提供一定的保障。地接社的资质同时关联着研学旅行活动的承办方的信誉。地接社的资质考察内容包括:地接社是否有国家颁发的旅行社业务经营许可证;是否通过了企业年审;是否足额缴纳了旅行社质量保证金;地接社的业务范围是否与研学旅行活动的承办方的业务范围吻合;地接社有无相对稳定的持证导游;地接社经营是否遵守旅游行业相关政策法规和惯例等。

2. 地接社的规模

规模庞大且人力、物力、财力雄厚的地接社,往往拥有更大、更成熟的供给网络,其业务操作也更熟练,效率更高,是理想的合作伙伴。但是,规模小的地接社也有自身的优势,如在价格、线路、服务等方面可回旋的余地更大。可以根据研学旅行活动的实际情况,酌情选择合适的地接社。

3. 地接社的商誉

商誉不好的地接社会给研学旅行活动的承办方带来很大的服务隐患,因此,考察地接社的商誉非常重要。一个商誉良好的地接社应该是管理有序、操作规范的,并且在消费者心中有较好的声誉,在行业中有良好的口碑,很少发生服务被投诉或拖欠款项等现象,无不良诚信记录。

4. 地接社的业务能力

地接社的业务能力涉及产品开发、接团经验、服务质量、年接团量等方面。应重点考察地接社是否具备接待研学团组的优质条件。

5. 地接社的报价

地接社的报价直接关系到研学团组的预算,因此,研学旅行活动的承办方要在同等条件下选择报价合理且服务质量好的地接社作为合作伙伴。在选择地接社时,绝不能仅考虑报价的高低,低价格极可能导致低品质。在审核地接社的报价时应分析其报价的合理性,要兼顾团队质量、市场情况、旅游淡旺季以及地接社的合理收益等因素,选择性价比高的地接社开展合作。

总之,如果要与地接社进行合作,那么对地接社的选择应该慎之又慎。一个好的地接社不仅能为团员提供良好的服务,还能为研学旅行活动的承办方赢得良好的声誉。如果发现已合作的地接社出现服务质量下降、服务频繁被投诉等情况,须调整地接社选择,及时与其终止合作关系并寻找新的地接社。

(四)选择住宿地点

在安排研学行程时,住宿地点的选择同样须遵循相应的标准,并在进行实地考察之后再做出最终选择。在行程安排中对住宿地点的选择要注意以下四点。

1. 住宿地点的位置

住宿地点位置的选择对研学行程的安排至关重要，合理的住宿地点位置可以极大地节省研学团组在路途中的时间。住宿地点位置最好距离研学旅行目的地40分钟以内的车程，可以利用位置的这一固定标准作为选择住宿地点的先决条件，然后再配合住宿地点的其他标准进行选择。

2. 住宿地点的资质

住宿地点必须能够提供齐全的经营资质证明，包含餐饮服务许可证、公众聚集场所投入使用、营业前消防安全检查合格证、特种行业许可证、税务登记证（或统一社会信用代码证书）等。

3. 住宿地点的价格

核算住宿地点的费用是否符合经费预算，这也是选择住宿地点需考虑的方面。

4. 住宿地点的接待能力与设施情况

住宿地点应能在研学旅行活动期间为研学团组提供标准房间，并且能保证把研学团组集中安排在相同或相邻的楼层。住宿地点的设施最好能满足不同学段和年龄学生的需求，如对于低龄段学生，应考虑到住宿设施的安全性，以及便于跟队教师或研学旅游指导师查寝、照顾学生等相关事宜。

在研学旅行主题课程方案的设计阶段，可以先利用网上查询、电话咨询等方式筛选住宿地点，将符合标准的住宿地点作为备选，待研学旅行主题课程方案确定后，在方案的组织实施阶段进一步落实相关工作。

（五）选择餐厅

在研学行程安排中，应先根据研学旅行主题课程方案中所确定的餐厅的基本条件，结合餐厅提供的照片、菜单等信息初步选择餐厅。待研学旅行主题课程方案确定后，在组织实施阶段对餐厅进行实地考察，而后做出最终决定。餐厅的初步选择主要考虑以下五个方面。

1. 餐厅的位置

在研学行程安排中，餐厅位置的选择须精心设计。由于研学旅行活动每日的行程都不相同，在路途中选择合适的餐厅能够节省大量的时间，如把用餐地点安排在研学旅行目的地与酒店之间，这样在回酒店休息的路上就可以顺便用餐，非常便利。

2. 研学团组用餐需求

将之前获得的需求调查结果，以及学校提出的关于用餐的需求作为选择餐厅的参考条件。

3. 餐厅的资质

餐厅应能够提供齐全的食品经营资质，包含餐饮服务许可证、公众聚集场所投入使用、营业前消防安全检查合格证、税务登记证(或统一社会信用代码证书)等,这是应符合的硬性条件。

4. 餐厅的环境

在选择餐厅时,应考察餐厅是否有能力接待研学团组,环境是否整洁、卫生,菜品质量是否合格等。可以要求餐厅提供环境照片以及菜单,待验证符合条件后,便可将该餐厅作为备选。

5. 餐厅的餐标

餐标是指用餐的标准和价格。应结合餐厅的餐标、菜品质量、用餐环境等进行综合考虑,以符合预算为前提,选择性价比最高的餐厅。

三、研学旅行线路的成本核算

我们设计完研学旅行线路后,须对其进行详细的成本核算,核算的目的既是比对其是否符合预算要求,同时也能更好把控资源供应方报价的性价比。如果线路的成本与预算需求不符,则须对课程方案和线路安排进行调整,直至其符合要求。

(一)确定成本核算的内容

进行成本核算时,首先要把研学旅行线路中所涉及的成本详细罗列出来,为避免遗漏,可以先对成本进行类别的划分,以便于统计,一般分为以下五类。

1. 大交通费用

大交通主要指前往研学旅行地点所乘坐的飞机、火车、轮船等大型公共交通工具。在对大交通的成本进行核算时,要说明每一段行程所采用的大交通方式、等级、费用。

2. 旅行服务保障费用

旅行服务保障费用是指在研学旅行过程中的服务保障环节所产生的费用。我们可以将同一资源供应方所提供的旅行服务保障项目归类在一起。常见的旅行服务保障费用包括以下内容。

(1)车费,是指在研学行程中使用汽车所产生的费用,包含研学团组接送费、研学点之间、食宿点之间的接送费、油费、过路过桥费、停车费、司机劳务报酬等。

(2)住宿费,是指研学团组在行程中所产生的住宿费用。

(3)餐费,是指研学团组在行程中所产生的用餐费用,如有特殊安排可进行备注。

(4)门票费,是指研学团组在研学旅行过程中所产生的景点、参观点等地的门票费用。要注意区分成人票、儿童票或学生票的成本。

3. 研学旅游指导师费用

研学旅游指导师是整个研学旅行服务团队中的核心成员。不同于传统导游或学校教师,研学旅游指导师应自始至终带领学生开展研学旅行活动,参与每一项课程的执行环节。每个研学旅行服务团队会根据课程方案的具体内容,为研学旅游指导师安排相应的工作方式与工作内容,并根据研学旅游指导师的具体情况,结算劳务报酬,必

案例聚焦

▽

甘肃"对话古今·边塞长歌"研学旅行线路安排

要的时候可以单独核算，有时候还会包含研学旅游指导师的交通费、食宿费等相关费用。

4. 课程成本

研学旅行的每一项课程的成本构成各有不同，除了研学旅游指导师的劳务报酬，还包括场地租赁费或场地使用费，教材、辅材等物料的费用，实验仪器或设备的使用费用，耗材费用等。

5. 其他费用

研学旅行活动中还可能会产生服装费、保险费等其他费用，也应一并计算进来，这样成本的核算才能更完整、准确。

（二）制作成本核算清单

为了更清晰准确地呈现各项成本，最好通过制作成本核算清单的方式进行成本汇总与核算。某旅行社的研学旅行线路成本核算清单见表 7-7。

表 7-7　某旅行社研学旅行线路成本核算清单[①]

<table>
<tr><td colspan="9">×××旅行社研学旅行线路成本核算清单</td></tr>
<tr><td colspan="2">学校名称</td><td></td><td colspan="2">出发时间</td><td></td><td colspan="2">出行天数</td><td></td></tr>
<tr><td colspan="2">随队教师人数</td><td></td><td colspan="2">学生人数</td><td></td><td colspan="2">课程负责人</td><td></td></tr>
<tr><td colspan="2">资源供应方</td><td colspan="7">×××旅行社</td></tr>
<tr><td colspan="9">说明：如果随队教师费用与学生费用相差较多，可将教师费用单独制表以便区分</td></tr>
<tr><td rowspan="3">大交通费用</td><td rowspan="2">项目</td><td rowspan="2">单价/元</td><td colspan="3">人数/人</td><td colspan="3">费用/元</td></tr>
<tr><td>学生人数总计</td><td>随队教师人数总计</td><td>师生人数总计</td><td>学生费用总计</td><td>随队教师费用总计</td><td>师生费用总计</td></tr>
<tr><td>往返机票</td><td></td><td></td><td></td><td></td><td></td><td></td><td></td></tr>
<tr><td rowspan="8">师生服务接待费用</td><td rowspan="2">项目</td><td rowspan="2">单价/元</td><td colspan="3">人数/人</td><td colspan="3">费用/元</td></tr>
<tr><td>学生人数总计</td><td>随队教师人数总计</td><td>师生人数总计</td><td>学生费用总计</td><td>随队教师费用总计</td><td>师生费用总计</td></tr>
<tr><td>接送机费</td><td></td><td></td><td></td><td></td><td></td><td></td><td></td></tr>
<tr><td>住宿费</td><td></td><td></td><td></td><td></td><td></td><td></td><td></td></tr>
<tr><td>餐费</td><td></td><td></td><td></td><td></td><td></td><td></td><td></td></tr>
<tr><td>车费</td><td></td><td></td><td></td><td></td><td></td><td></td><td></td></tr>
<tr><td>门票费</td><td></td><td></td><td></td><td></td><td></td><td></td><td></td></tr>
<tr><td>其他费用</td><td></td><td></td><td></td><td></td><td></td><td></td><td></td></tr>
</table>

①相关案例由北京中凯国际研学旅行股份有限公司编写。

续表

说明:若先有项目单价,则用"项目单价×数量×人数"计算项目总费用;若先有项目总预算,则用"项目总预算÷人数"计算项目单价

	项目	单价/元	数量	费用合计/元	备注	
研学旅游指导师费用	大交通					研学旅游指导师费用总计/元:
	门票					
	住宿					
	补助					
	其他费用					

说明:注意研学旅游指导师的成本核算方式,应根据实际产生的成本项目一一核算

	项目	单价/元	数量	费用合计/元	备注	
课程单元费用	外聘教师课酬					课程单元费用总计/元:
	场地费用					
	教材物料					
	其他费用					

说明:研学旅行课程包含多个课程单元,在制作成本核算清单时,应列明每个课程单元产生的费用。相应内容可根据实际情况进行增删

	项目	单价/元	人数/人			费用/元		
			学生人数总计	随队教师人数总计	师生人数总计	学生费用总计	随队教师费用总计	师生费用总计
其他物资费用	学生手册							
	条幅							
	药品							
	讲解器							
	保险							
	其他							

	人数/人		费用/元	
总计	学生人数	随队教师人数	学生费用	随队教师费用

研学旅行课程设计

项目小结

项目七为本书的重点项目,介绍了研学旅行主题课程方案设计的核心内容。本项目首先介绍了研学旅行主题课程方案的设计要求,也说明了完整的研学旅行主题课程方案应包含的相关要素,并提供了示范案例供学生借鉴参考;其次重点介绍了实施流程的编写要求和编写方法;最后对研学旅行的线路制定、行程安排,以及成本核算的方法进行了详细阐述与说明。学生通过本项目的学习,可以全面掌握研学旅行主题课程方案的完整编制过程,并在此基础上完成研学旅行主题课程方案的编写任务。

知识训练

1. 在制定研学旅行线路的过程中,应首先确保( )。
2. 在选择地接社时,一般应考虑到( )、( )、( )、( )、( )。
3. 研学旅行线路的成本核算一般应包括哪些内容?

技能训练

以小组为单位,以你所在的城市为研学旅行目的地,设计出一份主题鲜明的两日游研学旅行主题课程方案。

项目八
研学旅行学生手册的设计

 学习目标

知识目标

掌握研学旅行学生手册设计的原则和步骤,理解不同类型课程单元学生手册设计的基本原理以及设计步骤。

能力目标

能够独立完成研学旅行学生手册的内容设计,能够设计不同类型课程单元学生手册的学习内容。

素养目标

(1)增强责任感和使命感,积极推动可持续发展。
(2)培养行业规范意识。
(3)培养终身学习意识,能够在职业生涯中不断更新知识、掌握新技能,以适应行业的发展变化。

 思维导图

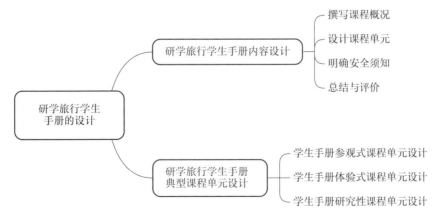

研学旅行课程设计

任务一　研学旅行学生手册内容设计

🔍 任务导入

某中学计划组织一次研学旅行,承办此次活动的研学旅行企业为此设计了详细的研学旅行学生手册。然而,学生和教师对于学生手册的内容及其使用存在不同的看法。

部分师生认为学生手册非常有用,里面详细列出了研学旅行的行程安排、注意事项和活动内容,学生遇到问题时可以随时查阅学生手册,找到解决方法。在研学旅行中,学生须遵守一定的纪律和规定,学生手册中明确列出了这些要求,对于规范学生的行为非常有帮助,可以避免引起不必要的麻烦。

另外一部分师生则对学生手册的使用持保留意见,认为学生手册过于详细,担心学生会过度依赖它。在研学旅行中,学生应该学会独立思考和解决问题,遇到问题就查学生手册,以及学生手册中严格的纪律规定可能会限制学生的创造力和自主学习能力,不利于学生个性和独立性的培养。

🔍 任务解析

研学旅行学生手册作为研学旅行课程的主要载体,其根本作用在于为学生的研学旅行活动提供指导,提升研学旅行的安全性和效率,以及检验学生的学习成果。因此,学生手册对于研学旅行具有十分重要的意义。

🔍 任务重点

了解研学旅行学生手册包含的内容。

🔍 任务难点

掌握研学旅行学生手册中课程概况包含的具体内容。

🔍 任务实施

一、撰写课程概况

研学旅行学生手册的内容是基于研学旅行课程和方案而设计的。为帮助学生全面了解研学旅行活动的课程内容和详细安排,提前做好各项准备工作,学生手册通常会在前半部分对研学旅行活动的课程概况做出介绍,基本包括以下几个方面。

（一）前言

前言一般包括寄语，还可以介绍研学旅行的背景，包括学校组织此次研学旅行的目的、意义，以及学校对学生的期望。在前言内容的最后，可以给出一些使用学生手册的建议和要求。前言可以由校方撰写，也可以由课程设计者撰写，具体内容根据实际需求而定。需要注意的是，前言作为学生手册的第一部分，应当开篇明义，做到重点突出、语言精练、感染力强。

（二）目录

目录（见图 8-1）是整本学生手册的框架和导航，清晰地展示了学生手册的各个部分和主题，能够帮助学生快速找到所需信息。

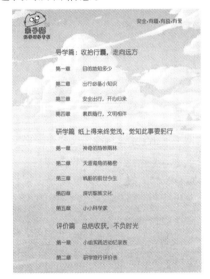

图 8-1 "亲子猫"学生手册目录

（三）行程安排

行程安排是指研学行程的具体安排，其内容包括往返大交通信息，如车次（航班）等信息，还涵盖研学旅行每一天的具体活动及课程安排。根据行程安排，学生能清楚了解每天的学习任务和活动计划。此外，行程安排中还会详细列出用餐和住宿地点等信息，便于学生对整个行程有一个全面、清晰的了解。"中凯国际"某研学旅行课程的行程安排见表 8-1。

表 8-1 "中凯国际"某研学旅行课程的行程安排

日期	时间	活动内容	活动地点	活动说明
第一天 （北京— 杭州）	05:50— 06:20	在学校集合完毕后，乘坐大巴前往北京南站	大巴	请学生携带好物品及相关证件
	07:20— 13:10	乘坐高铁二等座前往杭州东站	北京南站	请学生自行备好火车上的早餐及中餐

续表

日期	时间	活动内容	活动地点	活动说明
第一天（北京—杭州）	13:20—13:40	抵达杭州东站后有序出站	杭州东站	引导学生携带好物品有序出站
	13:50—14:20	乘坐大巴前往西湖	大巴	上车前清点好学生的人数
	14:30—17:00	开展研学旅行课程："西湖采风"	花港观鱼、曲院风荷等	漫步西湖
	17:30—18:30	享用晚餐	餐厅	用餐时引导学生按分配好的座位有序入座
	18:40—19:30	入住酒店	酒店	预订四星级酒店标准间
	19:40—20:00	安全演练	酒店	增强学生的安全意识
第二天（杭州—乌镇）	07:00—08:00	享用早餐	酒店	吃完早餐后，办理退房手续
	08:10—08:50	乘坐大巴前往中国伞博物馆	大巴	请学生携带好行李物品
	09:00—10:10	开展研学旅行课程："中国伞文化"	中国伞博物馆	了解伞文化、伞历史、伞故事、伞艺术以及制伞工艺
	10:30—11:50	开展研学旅行课程："传统工艺 非遗文化"	手工艺活态馆	了解民国时期的厂房风格，传承中华工艺文明
	12:00—13:30	享用午餐	餐厅	引导学生按分配好的座位有序入座
	13:40—14:00	乘坐大巴前往京杭大运河（杭州段）	大巴	—
	14:10—15:00	开展研学旅行课程："运河文化"	运河画舫	感受大运河千年遗韵，了解古运河文化
	15:10—16:30	前往桐乡乌镇	大巴	—
	17:00—18:00	享用晚餐	餐厅	引导学生按分配好的座位有序入座
	18:20—19:00	入住酒店，休息	酒店	预订四星级酒店标准间

（四）行前物资准备

行前物资准备是指学生要提前准备的、参与研学旅行活动所需的物资，一般可分为生活物资和学习资料。研学旅行机构可根据研学旅行的课程特点、课程内容、研学旅行目的地的天气情况等,列出有针对性的物品清单,供学生参考。

1. 生活物资

生活物资包括但不限于证件类(如学生证、身份证等)、衣物类(如外套、换洗内衣、睡衣、袜子等)、鞋子(如运动鞋、拖鞋等)、洗漱用品(如牙刷、牙膏、漱口杯、毛巾、沐浴露、洗发水等)、护肤品(如乳液、面霜、防晒霜等)、电子产品(如手机、相机、耳机等)、必备药品(如感冒药、肠胃药、晕车药、防蚊药等)等。此外,还应将有关法律法规、大交通的相关安全管理条例、研学旅行目的地的相关规定中关于禁止携带的物品的内容进行详细罗列,以免在行程中引起不必要的麻烦。

2. 学习资料

学习资料主要指学生手册、笔、相关书籍等。

在准备物资时,可以采用列清单的方式(见表8-2),让学生对相关内容进行标注,尽量避免物品遗漏或后期丢失。

表8-2 "中凯国际"学生物品准备清单

"中凯国际"学生物品准备清单			
同学们,你们的独立生活就要开始啦,快来整理你们的旅行箱吧! (建议:学生在独立完成本表后将表格交给家长,家长对表中的内容进行检查和填补。学生自己完成的画"√",家长帮助完成的画"/")			
自备物品名称	数量	出发时清点	返回时清点
行李包/箱○ 随身双肩包○ 小挎包○			
研学旅行手册○ 笔○ 书籍○			
手机○ 相机○ 充电器等必需电子产品○			
牙刷○ 牙膏○ 漱口杯○ 毛巾○			
洗发水○ 沐浴露○ 防晒霜○ 手纸○			
火车便餐(禁止携带方便面)○			
保温水杯○ 雨伞○			

续表

___季套装___套〇 上衣___件、裤子___条〇 换洗内衣___套〇 遮阳帽___顶〇 太阳眼镜___副〇 凉拖鞋〇		
必备药品(如晕车药、感冒药等,若有其他病史,请家长写好用药时间和用量)〇		
全程开启理财计划: 　此次携带零用钱___元〇	活动结束时还剩___元〇	
备注:研学旅行活动主办方为每位学员分发研学旅行手册、学员胸卡,将家长给孩子的一封信放入孩子的背包内		

(五) 行前知识准备

行前知识准备是课程方案设计环节中行前学习的重要组成部分,其主要作用在于指导学生在出行前对研学旅行的课程内容进行预先学习,提前了解研学旅行目的地的相关知识,调整个人的身心状态以适应后续的研学旅行课程学习。在设计行前学习知识时应充分考虑学生的视角,根据学情设计学习知识的内容,确保形式多样化、内容丰富且易于学生接受,这样才能有效提升学生主动学习的兴趣,帮助他们更好地完成出发前的知识准备工作。行前知识准备的内容一般分为生活知识和文化知识两个方面。

1. 生活知识

生活知识一般是指出行所乘坐的大交通的相关信息(如车次/航班及其出发/抵达时间等)、研学旅行目的地的天气情况等,可以通过让学生填写表格(见图8-2)的方式,引导学生获取相关知识。

请你根据车次查询高铁的往返时间

	车次	起点	终点	出发时间	到达时间	总时长	总里程	票价
去程								
返程								

请你查询研学过程中的天气预报

日期					
气温/℃					

图8-2　生活知识统计表格示例

2. 文化知识

文化知识一般是指研学旅行目的地的文化、历史、地域特点等相关知识,可以通过推荐学生阅读相关文章和书籍,观看相关视频、影视资料等方式,引导学生获取相关知识。

以四川研学旅行为例,可以设计如下文化知识内容:

北宋咸平四年(1001年),将地处今四川盆地一带的川峡路分为益州路、梓州路、利州路和夔州路,合称为"川峡四路"或"四川路",设四川制置使、四川宣抚使等官职,后简称"四川",四川由此得名。成都为四川省会。"成都"一词借用西周建都的历史:周王迁岐"一年而所居成聚,二年成邑,三年成都",故得名蜀都。蜀语"成都"二字的读音就是蜀都。"'成'者'毕也''终也'","成都"的含义就是"蜀国'终了的都邑'",或者说是"最后的都邑"。

巴蜀地区是中国文明的重要起源地之一,是古代长江上游的文明中心。今天的重庆和四川古称"巴蜀",所谓"巴",大致指今四川盆地东部,所谓"蜀",大致指四川盆地西部和中部地区以及整个盆地连同周边地区。巴蜀文化是一种内涵丰富、特色鲜明、影响深远的文化,是中国文化不可分割的重要组成部分。巴蜀盆地因其地形而成为"四塞之国",古代交通甚为困难,故李白发出"蜀道之难,难于上青天"的感叹。但正因为如此,激励起巴蜀先民向外开拓、努力改善自身环境的决心和勇气。于是,环境与文化相交融,造就了巴蜀先民封闭中有开放、开放中有封闭的历史个性。随着时代的推移,历经上千年的洗练和变革,开放和兼容终于成为巴蜀文化最大的特色,在历史的浪涛中,巴蜀文化将会变得更加意蕴深厚。走进四川,可以感受巴蜀文化深厚的历史底蕴,体悟川地的文化积累与传承。

本次研学旅行将带领学生走进巴蜀地区,拜谒杜甫草堂,参观都江堰水利工程、成都大熊猫繁育研究基地,访学三星堆博物馆和四川博物院,品味四川美食,着汉服拜"灶王"。学生通过相关学习,能够深入了解巴蜀文化,知道巴蜀地区所指的地域范围,了解巴蜀文化的特点,学习巴蜀文化的匠人精神,感悟博大精深的巴蜀文化思想。

本次研学旅行的相关知识推荐包括:

(1)书籍《你不知道的四川》(马恒健,成都地图出版社)。这本书将四川分为五大部分:城堡战场、蜀道古墓、山川峡谷、古镇古寨和灿烂文明。学生阅读此书,可领略四川的人文风景,感受到四川的与众不同。与时下流行的旅游攻略书有所不同,此书的编写带有人文温度,践行着"读万卷书,行万里路"的理念。

(2)纪录片《又见三星堆》。该片伴随式记录了三星堆遗址3—8号坑的发掘全过程,包括铜顶尊跪坐人像、被称作"千里眼、顺风耳"的青铜纵目面具、大量象牙和海贝等的出土过程。从重逢到叩问,人们不禁思考:古老的三星堆人过着怎样的生活?这些斑驳的痕迹里,又藏着怎样金戈铁马的过往?来自海洋的海贝是怎么来到这里的?在古蜀人的世界里,蜀道是否真的"难于上青天"?

研学旅行课程设计

二、设计课程单元

"设计课程单元"的相关内容在本项目任务二部分会具体介绍，此处不再赘述。

三、明确安全须知

学生手册中的安全须知是从学生的视角出发，对可能由学生自身不当行为导致的安全风险进行预警。该部分对潜在的危险行为进行警示，并指出注意事项，同时也提供一些应对紧急情况的处理方法和建议，旨在加强研学旅行活动的安全管理，增强随队教师、学生的安全意识，确保师生的安全和活动的顺利进行。安全须知的内容可以从不同角度展开，但都以认真落实各项安全措施、教育学生遵守各项安全法律法规、引导学生培养自护能力为指导思想，以保障学生的安全为前提，一般包括出行常识、安全注意事项、组织纪律要求、各类突发情况的应急处理办法、应急联系方式等。

在撰写研学旅行学生手册的安全须知时，应基于研学团组的具体情况而定，无须罗列所有可能的安全注意点，选取必要且关键的内容即可。对于一些难以明确界定为安全注意事项还是组织纪律的内容，不必过分关注这些内容的分类，只要确保这些信息能够达到预期的安全提醒作用，就可以将其列入学生手册中。

示例：
××学校河南研学旅行学生手册的安全须知
一、安全注意事项
（1）服从研学旅游指导师的安排和指挥，注意安全，避免发生走失等意外事件。
（2）贵重物品请随身携带。
（3）背包不要手提，要背在双肩上，以免影响参观活动。
（4）全程轻装，少带行李，以免过多消耗体力，影响行进。
（5）有过敏史的学生应提前准备抗过敏药，并告知研学旅游指导师，学生个人应注意避免接触过敏原。
（6）活动时请穿校服及舒适的运动鞋，准备好干粮等食物和充足的饮用水，以便及时补充能量和水分。
（7）活动行进中，切勿分心、东张西望、交头接耳，注意周围情况。在拍摄风景时，应止步后再进行拍摄，以免造成不必要的伤害。
（8）不在危险处照相，以免发生意外。
（9）休息时不要坐在潮湿的地上或风口处。出汗时可稍松衣领，不要脱衣摘帽，以防受寒。
二、出行常识
（1）要穿透气性好、宽松的衣服。外出时要注意防晒，要戴上防晒帽。
（2）气候干燥，应多喝水（不要随意购买街边小贩的饮料）。不要暴饮暴食,否则易患急性胃炎或急性胰腺炎。饭前便后要洗手,不吃不洁食物,若发现餐厅食品有异味,要及时向研学旅游指导师汇报,以便研学旅游指导师及时采取措施。

(3)行前会对每班学生进行分组,担任组长的学生要负责任。在进行参观时,要集体活动,不能擅自离团活动。

(4)书包,以及钱财、相机等贵重物品要随身携带。吃饭、参观、购物时,贵重物品不要随手乱放。

(5)应牢记自己住宿所在的楼层、房间号,搭乘车辆的车号、车标,记住同住同学的姓名。发现他人私自离队时,应马上向研学旅游指导师报告。

(6)乘车时,注意不要拥挤,按顺序上车,记住自己座位周围的同学,若发现少人,应及时向研学旅游指导师汇报。不要乱窜座位,以免紧急刹车时发生危险。

(7)夜晚入睡前,要特别注意房内的电源情况,查看插座上面是否还有正在充电的物品,若有,请拔掉电源。

(8)随时看管好自己的钱财、手机及其他贵重物品,不要随便与陌生人打招呼。记住紧急联络电话,如公安报警电话110、火警电话119、急救电话120或999、交通事故电话122,特别要牢记跟车的研学旅游指导师的电话。

(9)要学会宽容对待他人,与其他同学团结友爱、互相帮助。注意保护环境卫生,注意节约用水。培养时间观念,不要迟到。

(10)不准私自外出,外出时要向研学旅游指导师、领队、驻地负责人请假,经批准后方可外出。

(11)由于天热,每个学生的身体健康状况存在差异,有可能会出现各种各样的情况。遇到蚊虫叮咬时,可以涂抹花露水、防蚊油、清凉油、风油精等。若被蜜蜂叮刺,应及时用细针挑出蜂针,若出现剧痒则要及时前往医院。

三、身体不适及外部突发情况处理

1.身体不适

当自己或他人身体出现以下状况,请立即联系研学旅游指导师或随行教师。

(1)遇到学生晕车的情况。出现晕车的学生应保持心情舒畅,精神放松;少吃油腻食物;少看外面移动物体,闭目养神;口服乘晕宁。建议本身就会晕车的学生在启程前半小时服用1片乘晕宁,还可以服用2片维生素B6,或用橡皮膏贴住脐部等。

(2)遇到学生食物中毒的情况。以细菌性食物中毒最为常见,多发于夏秋季。当食物被苍蝇、蟑螂叮咬过,或是手和餐具不洁,或是食物在加工过程中受到致病菌污染,那么人在进食后均可能发生食物中毒。食物中毒起病急,患者表现为畏寒、发热、腹痛、腹泻、恶心、呕吐等,发病早期病情往往较重。如果学生发生食物中毒,研学旅游指导师应用筷子或者干净的手指促其

研学旅行课程设计

呕吐,并让患病的学生饮用盐水(盐水起到消毒作用,还可以防止虚脱)。遇到因食物中毒引起的休克,不要让患者受风,应抬高其下肢。需要注意的是,在景区活动时,应购买、饮用有知名度的品牌的饮用水,食用器皿要注意消毒,水果应洗后再吃。

(3)遇到学生中暑的情况。研学旅游指导师应立即将患者移至阴凉处,让其平卧并解开衣扣,进行通风降温。还可以让患者饮用适量凉开水(最好是含盐的饮料),若有发热现象,可头敷冷毛巾,或用凉水擦拭身体降温。若患者出现神志不清的情况,可掐其人中穴、双手的合谷穴,以促其苏醒,同时应尽快将其送往医院。

(4)遇到学生晕厥的情况。研学旅游指导师应立即将晕厥的学生平卧于空气流通处,使其头部略低,并去除其脖颈处阻碍呼吸的衣物,抬高其下肢以增加脑血流量。观察其心跳及呼吸情况,若正常,轻拍晕厥的学生并呼唤其姓名,若没有反应,可指压其人中穴。待其清醒后,可让学生饮用一些糖水。若仍不见好转,应立即将学生送往医院或拨打急救电话。

(5)遇到学生骨折的情况。学生在受伤后切忌对伤处进行按摩或揉搓。若是学生四肢部位有骨折,随行医生可就地取材,如用厚纸板、木板、树枝代替夹板,对其伤处进行固定,在用毛巾等软物垫好后,用布条捆紧。

(6)遇到学生发烧的情况。若体温超过38.5℃,一定要及时处理。首先要将发烧的学生进行隔离(不管什么原因),并马上对其进行降温(用冰块或湿毛巾敷在学生的额头处,或用温水擦拭其身体),然后找随行医生帮忙。若情况紧急,应马上将学生送往医院。如果在旅途中有学生发烧,可以将其送回酒店进行隔离,并请随行医生对其进行治疗。

(7)遇到学生被动物咬伤的情况。研学旅游指导师应马上用盐水为其清洗伤口,并将其送往疾病预防控制中心接种狂犬疫苗。

(8)遇到学生流鼻血的情况。学生若左鼻孔流血则应高举右手,若是右鼻孔流血则应高举左手,并抬头45°,研学旅游指导师可以用手蘸取凉水轻拍其额头。

2.外部突发情况处理

当出现以下情况,请保持镇定,及时与研学旅游指导师联系,或进行有序安全疏散。

(1)同学走失。发现同学走失,应及时通知研学旅游指导师、领队,并帮助寻找。若找不到,应寻求帮助,如向派出所和景点有关管理部门求助。

(2)火灾。应熟悉安全通道,不要乘电梯,绝对不能跳楼。可以在阳台或窗口挥动鲜明的东西,等待救援。

(3)地震。若来不及跑出震区,可迅速寻找坚固的墙体蹲靠。应趴在地下,闭目,用鼻子呼吸,保护要害,并用毛巾或衣物捂住口鼻,以阻挡呛人的灰尘。

四、总结与评价

学生手册中的总结与评价是指对学生获得的学习效果及其在活动中的表现的总结与评价。总结与评价的主体可以是教师、学生、研学旅游指导师、家长等。评价的实施一般以评价表为载体,评价表一般包括评价项目、评价标准、量化赋分、自我评价得分、他人评价得分等内容。评价一般分为过程性评价和终结性评价,一般采用量化评价、质性评价、自我评价、他人评价四种方式。相关示例表见表8-3至表8-6。

表8-3　学生过程性评价表

评价项目	评价标准	标准分值	自我评价得分	他人评价得分
时间观念	服从管理,遵守时间节点安排	10分		
专注学习	认真倾听,及时记录,准备充分,有成果收获	10分		
纪律意识	生活自理能力强,不遗失物品	10分		
文明礼仪	言谈举止有礼貌,尊敬教师	10分		
安全意识	有交通安全意识、食品安全意识、住宿安全意识、游览安全意识等,遵守相关安全规定	10分		

表8-4　学生终结性评价表

评价项目	观察评估点	标准分值	自我评价得分	他人评价得分
原创性	分享成果是否为原创?原创的分量有多少?	10分		
主题	主题是否明确?是否来自研学旅行课程实践?	10分		
内容	内容是否丰富、精彩?	10分		
形式	形式是否有特色?是否图文并茂?形式是否为课题内容服务?	10分		
表达	语言表达是否清晰?能否体现自己对问题的独特见解?	10分		

表8-5　学生量化评价表

评价项目	评价标准	标准分值	自我评价得分	同学评价得分	教师评价得分
组织纪律	服从管理,遵守时间节点安排	10分			
专注学习	认真倾听,及时记录,准备充分,有成果收获	10分			
自我管理	生活自理能力强,不遗失物品	10分			
文明礼仪	言谈举止有礼貌,尊敬教师	10分			

续表

评价项目	评价标准	标准分值	自我评价得分	同学评价得分	教师评价得分
安全意识	有交通安全意识、食品安全意识、住宿安全意识、游览安全意识等,遵守相关安全规定	10分			
环保意识	不乱丢垃圾,维护卫生,自觉进行垃圾分类	10分			
团结协作	与同学互相帮助,有集体意识	10分			
表达能力	敢于表达自己的想法,表述清晰	10分			
沟通能力	参与活动时,与同学沟通顺畅	10分			
作业完成	认真完成,积极分享	10分			
交流分享	分享的成果内容丰富,图文并茂,有独到见解	10分			

表8-6 学生质性评价表

评价项目		评价标准	评价等级		
			优	良	中
时间观念	守时	能够按时集合、参观、乘车			
	出勤	没有无故缺勤			
专注学习	学习态度	学习态度端正			
	学习准备	学习准备充足			
	学习过程	能做到及时记录			
	合作学习	能够积极与组内成员合作学习			
	小组交流	能够积极与他人交流分享			
	学习收获	学习成果呈现准确			
纪律意识	服从管理	服从组长管理			
	听从指挥	听从教师指挥			
	规范参观	能够遵循安排,有序参观			
文明礼仪	乘车	能够做到文明乘车			
	参观	能够做到文明参观			
	礼仪	注重礼仪规范			
	交往	能够做到与他人文明交往			
团队意识	组织	团队能够组织有效的活动			
	交流	团队内部成员之间能够进行有效的交流			
	协作	团队内部成员之间能够进行有效的协作			
	和谐	团队内部能够营造和谐的氛围			

慎思笃行

在这个冬天,一群被网友们亲切地称为"小砂糖橘"的广西小朋友,来到今年火爆全网的哈尔滨、漠河等地,受到了当地人非常热情的款待,"小砂糖橘"成了"热门中的热门",他们的旅程也引发了全网关注。

"小砂糖橘"在圣·索菲亚教堂欣赏建筑之美,了解这座历史建筑的文化背景;在哈尔滨冰雪大世界观赏各种冰雕作品,感受冰雪的魅力,激发想象力和创造力;在中央大街漫步,感受这座城市独特的历史韵味以及文化的碰撞融合;在中国最北端,感受极地气候,欣赏独特的自然景观。这一趟旅行不仅可以拓宽"小砂糖橘"的历史、地理和自然科学知识,还可以锻炼他们的自主能力和生存技能,增强他们自我挑战的勇气。

研学旅行让教育从单一的课堂学习转变为更加生动的实践体验,从"书本是孩子的世界"转向"世界是孩子的书本"。这种实践性和互动性是传统课堂所无法比拟的,文旅与教育的结合能够激发学生对学习的兴趣,加深学生对于不同文化和地理环境的认识,提高学生的实践能力,帮助学生更好地理解和吸收知识。

研学旅行为学生提供了一种新颖的学习方式。但也要看到,要想充分发挥研学旅行的潜力,还必须克服一系列挑战。学生(特别是年幼的学生)的安全问题始终是策划研学旅行时的首要考虑,须通过精心策划和严格监管来确保旅途中学生的身体安全和心理健康。

同时,教育内容的深度和广度也不容忽视。研学旅行须超越单纯的观光,将实地体验与教育目标相结合,确保学生能从中获得实质性的知识并学习相关技能,而不是走马观花、"打卡"而已。

(资料来源:臧林熙,《"小砂糖橘"火爆全网,受宠给研学游带来更深层次的启示和可能》,载《中国教育报》,2024年1月。)

任务二 研学旅行学生手册典型课程单元设计

 任务导入

有所收获,是研学旅行的题中应有之义,也是家长和学生的期待。什么样的研学旅行能够满足期待?

"作为家长,我希望能通过研学游这个'行走的课堂',让孩子开阔眼界、增长见识。"曲阜夫子学校的学生家长苏士千表示。

"'君子坦荡荡,小人长戚戚',这次研学游,我学到了不少《论语》知识,懂得了很多

研学旅行课程设计

为人处世的道理……"这是曲阜夫子学校六年级学生孔芯妍的游学日记中的内容。

"研学旅行不仅是一种教育形式,它更体现了全面发展的教育理念,有利于学生提升自我管理水平、增强自身综合能力。"曲阜夫子学校校长程兆见表示。

在中山大学旅游学院教授张朝枝看来,研学旅行让教育走进现实场景,"通过情境式、启发式和体验性学习,激发学生探索未知世界的兴趣以及主动学习的动机,促进书本知识与生活经验的融合"。

(资料来源:《"研学游",如何实现"研学优"》,载《人民日报》,2023年8月。)

那么,应该如何科学地设计研学旅行活动?

任务解析

设计研学旅行活动的关键在于课程内容和教学内容的研发,要充分发挥地域文化优势,注重研学旅行课程知识与学校教材知识的相关性、研学旅行课程内容的专业性,提升研学旅游指导师的综合素养,让学生有所收获。优质的研学旅行产品应该兼具教育教学和旅游体验,遵循教育心理规律,融合知识性、科学性、体验性等特性。

任务重点

了解研学旅行手册不同类型课程单元的基本内容和设计方法。

任务难点

掌握设计研学旅行学生手册参观式课程单元的学习任务的能力。

任务实施

设计研学旅行学生手册的难点和重点主要在于规划课程单元的内容,内容不同,课程单元的展示方式也须做出相应调整,主要涉及学习内容的性质、手册的表现形式、使用功能的侧重点等方面的差异。下面选择学生手册中的三种典型的课程单元进行设计说明。

一、学生手册参观式课程单元设计

参观式研学旅行课程以实地考察和体验为主要学习方式,通常是指前往相关的学习场景,如博物馆、历史遗迹、自然景观等,进行实地考察,通过参观和亲身体验,直观感受和学习相关的科学知识、历史文化、社会情况或环境生态。参观式研学旅行课程注重学生的主动参与和探究,旨在培养学生的观察力、思考力和实践能力。

(一)解读研学旅行课程方案

研学旅行课程方案是研学旅行学生手册的主要设计依据,正确解读课程方案、理解课程方案的理念和要求,有助于完善学生手册的课程结构,确保所有相关参与者,包括教师、学生、家长及协助人员充分理解课程目标、课程内容,以及预期学习成果等,提升教学效果,是设计学生手册前的重要环节。在解读研学旅行课程方案时,须特别关注以下内容。

(1)了解学生的学情,包括学生的知识与技能、身心特征、情感态度等方面。

(2)了解课程目标,明确每个课程单元的目标和预期学习成果,以及评价学习成果的方式。

(3)掌握课程的基本结构,以及实现整体教学目标的途径。理解每个课程单元的重点内容,掌握课程的重难点。

(4)掌握课程单元的活动安排,详细考虑每个活动的流程,包括时间规划、地点安排及所需资源。

(二)明确学习目标

学生手册课程单元的学习目标与课程方案的学习目标是一致的,但因使用者身份和需求不同,具体的描述也就有所区别。

课程方案是站在课程设计者的角度,从设计和组织课程的角度出发,强调教学过程和学习成果,关注学生将通过何种学习活动,在知识与技能、过程与方法、情感态度与价值观层面达到什么样的收获。课程方案包括具体的教学方法、学习资源和评价标准,着眼于通过构建学习经验,实现学习目标。

相对而言,学生手册课程单元的学习目标则须站在学生的角度去解读,以学生为中心,向学生指明他们须关注的学习内容和任务。这些学习目标具体包括学生须掌握的知识点、完成的作业以及参与的活动,旨在指导学生在研学旅行过程中的具体操作,指明学习焦点。跟课程方案相比,学生手册课程单元的学习目标应较为直接和具体,让学生能够清楚地理解他们要做什么,以及怎样才算完成了既定的学习任务。

例如,高三入境研学旅行"长吟泰山道孔儒 寄吾心中志凌云"的课程方案的学习目标为"学生通过攀登泰山,认识到面对高三的学习压力,坚持和拼搏的精神尤为重要,锻炼学习的主动性,提升意志力,树立目标,克服惰性"。该研学旅行的学生手册中,学习目标为"在高三这容易感到茫然的时期,我们来到此地,通过追寻孔子、参加攀登泰山挑战的方式,开阔视野,挖掘潜能,厚植情怀,磨炼坚毅品格,提升自信心,突破自我"。

(三)整理预习知识

学生在参加参观式研学旅行课程之前,如果对课程资源和课程内容一无所知,那么参观式研学旅行课程很容易成为表面化的"走马观花"。为了避免这种情况,确保学生能够在研学旅行课程的实地参观中获得丰富、深刻的学习体验,我们须在学生手册中列出充足的知识内容,并要求学生提前预习。通过这样的方式,学生可以增加自己的知识储备,为参观式研学旅行课程打好基础。只有当学生具备了一定的基础知识,他们才能在参观式研学旅行课程中获得更多的收获和更深的理解。要求预习的知识可以分为两类:一类是研学旅行目的地的相关介绍;另一类是研学旅行课程内容的相关知识。下面以河南"河洛古韵 寻道中原"研学旅行的学生手册为例进行讲解。

该学生手册中,对于研学旅行目的地的介绍具体如下:

河南概况

河南是中华文明的发源地,从夏朝至宋朝,一直是中国政治、经济、文化和交通中心。在漫长的中华文明史中,先后有20多个朝代、200多位帝王在此建都或迁都来此。中国八大古都中,河南一省拥有的古都便占其四,分别是十三朝古都洛阳、殷商古都安阳、八朝古都开封,以及商代都城郑州。

洛阳古称雒阳、豫州,因地处洛河之阳而得名。洛阳有着5000多年文明史、4000多年建城史、1500多年建都史,历史上先后有13个王朝在此建都,是中国建都最早、历时最长、朝代最多的城市,是中华文明的发源地。牡丹因洛阳而闻名于世,洛阳因牡丹而被誉为"千年帝都,牡丹花城"。

安阳古称殷、邺城等,位于河南最北部。安阳是早期中华文明的中心之一,是国家历史文化名城。三国两晋南北朝时,先后有曹魏、后赵、冉魏、前燕、东魏、北齐等在此建都,安阳素有"七朝古都"之称。安阳是甲骨文的故乡、《周易》的发源地。安阳殷墟是我国历史上第一个有文献可考、为考古发掘所证实的商代晚期都城遗址,有"洹水帝都""殷商故都""文字之都"的美誉。

开封简称汴,古称东京、汴京,为八朝古都。历史上的开封有着"琪树明霞五凤楼,夷门自古帝王州""汴京富丽天下无"的美誉,宋都东京城是当时世界第一大城市。开封是世界上唯一一座城市中轴线从未变动的都城,城摞城遗址在世界考古史和都城史上少有。开封有"东京梦华"的美誉,宋朝著名画家张择端的传世名画《清明上河图》为我们生动地记录了开封当年的盛况。

郑州简称"郑",是中华文明的重要发祥地,是古代"三皇五帝"活动的腹地、中华文明轴心区。约3600年前,商朝在此建都,至今中心城区依然保留着7千米长的商代城墙遗址。

该学生手册中,对于研学旅行课程内容的相关知识设置具体如下:

1. 读一本书

(1)推荐书籍:《万古江河》(许倬云,北京日报出版社)。该书以江河流域的扩大比喻文化的发展,从中国文化发轫的地理空间开始谈起,论及史前时期中国文化的多元发展与分合,再细述中国文化在不断地冲突与融合中,一步步扩大,并进入世界体系的历程。全书以中国文化在近代西方资本主义帝国压力下的"百年蹒跚"收尾。

(2)推荐书籍:《河南中原文化》(高文麒,经济科学出版社)。河南古称"中州",意为"国之中、华夏之中",是中华文明的发源地。白马寺号称"释源",汉传佛教自此开枝散叶;少林寺禅武合一,东土禅宗自此发扬光大;嵩阳书院名儒云集,北宋理学家在此传道授业;龙门石窟万象缤纷,佛像雕刻于此,艺术成就登峰造极。关云长忠义长存,阮籍借酒避祸,白居易悠游香山,二祖慧可断臂求法,包龙图铁面无私……这些彰显了中原文化的辉煌。

2. 看一部纪录片

推荐纪录片:《天地洛阳》。一部中国历史,包含了上下几千年的沧桑岁月;一幅中国地图,展示了纵横几万里的广袤疆域。究竟是哪座城市曾经牵动过中国历史的脉搏,究竟是哪一方水土曾经引领过中华文明的风骚? 那就是洛阳,天造地设的千年洛阳城。悠久历史、厚重文化、魅力山水、优雅民风,均展示了洛阳的气质和特色。《天地洛阳》是名副其实的精品之作,融思想性、艺术性、观赏性为一体,运用最新的高清数字影视的表达方式和表现手段,整合洛阳上下几千年最优秀的历史、文化资源,用影像还原河洛历史,用影像书写洛阳记忆。

(四) 设置学习要求

学生手册参观式课程单元的学习要求是指学生在参与研学旅行的过程中须遵循的一系列规定,以确保学生遵守学习纪律,获得高效的学习体验。设置学习要求主要包括以下两方面。

1. 准备学习用品

在研学旅行过程中,学生须使用特定的学习用品以辅助学习。但在参观式研学旅行课程中,学生通常没有机会找其他同学借用学习用品,因此,事先进行准备至关重要。为此,我们须在学生手册中列出必备的学习用品,并提醒学生提前准备,以免遗漏。常见的必备学习用品包括笔、笔记本、耳机等。

2. 遵守学习纪律

这里的学习纪律指的是在参观学习中须遵守的纪律要求,主要包含以下两个方面。

其一是课程资源点的要求,如在博物馆里禁止大声喧哗、要保持安静、禁止开闪光灯等。

示例:

博物馆参观须知

(1)自带液体饮料经本人试喝检验后,方可带入场馆;自带食品经安检后,方可带入场馆。

(2)请勿将各类管制刀具、打火机、光盘、充电宝、自拍杆、脚架、危险品及宠物带入场馆。

研学旅行课程设计

(3)为快速完成安检,请尽量不要携带箱、包(尤其是双肩包和单一尺寸超过40厘米的大包)入场,可存包后再进入场馆。

(4)违禁的私人物品请寄存或于馆外自行处理。

(5)参观前请整理好衣物,衣冠不整者谢绝入内。

(6)参观时请勿大声喧哗,并请将手机设置为静音,以免影响他人参观。

(7)参观时请勿触摸展品。

(8)请在指定区域就餐。

(9)场馆内请勿吸烟。

(10)场馆内请勿奔跑、追逐、攀爬、躺卧。

(11)请协助工作人员维持好展厅内的参观秩序和参观环境。

(12)基于博物馆藏品举办的基本陈列和专题展览,可以拍照留念,但请勿使用闪光灯、自拍杆和脚架。引进的临时性展览,将依据办展协议确定是否可以拍照,若不可拍照,将在展厅内设立明显的提示标识。

其二是基于团队管理的角度,围绕安全管理和文明行为,对学生提出的要求,以维持学习活动的秩序和安全。

示例:

研学须知

(1)备好学习资源,明确学习任务,做好学习规划。

(2)坚持团队行动,合作进行探究学习。

(3)遇到问题或突发事件时应保持冷静,并及时向同伴、研学旅游指导师、辅导员、景区工作人员等求助。

(4)认真聆听讲解,积极思考问题,提升学习质量。

(5)记录学习心得、收获,整理好学习成果。

(6)保管好个人物品。

(7)自觉爱护环境和文物,遵守研学旅行基地的相关规定。

(8)在博物馆进行参观时,注意不要大声喧哗,遵守场馆参观守则,文明参观。

(9)在游客较多的景区,应注意跟紧队伍,按照辅导员或者研学旅游指导师的指示进行参观学习。

(10)游览时不要擅自离队,若遇到问题,应第一时间通知研学旅游指导师。

（五）明确学习内容

研学旅行课程方案中已经确定了学生的学习内容,但为了让学生能提前了解自己所要学习的内容,我们也须在学生手册中进行详细说明,这样既利于学生提前预习,也能在研学旅行课程的实施中为学生提供现场指导和线索。此外,如果学生在现场的学习内容有遗漏,可以根据学生手册的相关说明及时进行补充。

由此可以看出,学生手册参观式课程单元中的学习内容,不是简单地复制课程方案中的相关内容,而是对其进行精选,并归纳出要点和核心议题,旨在保留学生在课程现场的探索激情,鼓励学生通过亲身体验来获得知识。同时,应让讲解员在课程现场为学生提供深入细致的解读,确保学生全面投入课程学习,并实现学习目标。

（六）设计学习任务

研学旅行课程方案的学习任务虽然包含了大量的题目,但这并不意味着它仅仅是"作业"。学生手册的学习任务与研学旅行课程方案的学习方式是紧密相连的,学习方式直接决定了学习任务的内容,学习任务再按照整体的学习流程逐步展开。简单地说,不同类型的研学旅行课程应配备不同的学习任务。对于参观式研学旅行课程而言,学习任务不仅可以评估学生的学习效果,更是引导学生学习的重要依据。

参观式研学旅行课程按照教学方式,一般可以分为讲解式参观课程和任务驱动式参观课程,下面结合案例来阐释这两种不同形式的参观式研学旅行课程的学生手册的学习任务设计策略。

1.讲解式参观课程学习手册的学习任务设计

讲解式参观课程,顾名思义,就是授课方式以讲解为主,学生在参观讲解中获取知识。在讲解式参观课程中,学生一般按照有着明确逻辑的参观线路进行活动。依托这个线路,我们可以设计一系列问题来引导学生学习,这些问题主要分为封闭式问题和开放式问题两大类。

(1)封闭式问题。

这类问题的设计原则是答案可以在参观内容及导览讲解内容中找到,因此,为了回答这些问题,学生须认真聆听讲解员的说明,并细心观察展览物品。我们在设计这类问题时,要覆盖学习内容的关键知识点。通过完成这些学习任务,学生可以进一步巩固所学知识,加深对重点内容的理解。

(2)开放式问题。

设计这类问题的目的是鼓励学生从自己的视角进行观察和思考,结合自己的感受,表达对问题的见解。我们在设计这类问题时,要保证课程能为学生提供充足的、具有深度的信息,确保学生能全面掌握与问题有关的详细资料,引导学生在思考时从多个角度挖掘答案,培养学生独立思考和解决问题的能力。

以河南唐三彩研学旅行课程"河洛古韵 寻道中原"的学习任务为例,具体内容如下:

(1)封闭性问题:唐三彩是中国陶瓷烧制工艺的珍品,属于唐朝生产的一种低温釉陶器,釉彩有黄色、绿色、白色、褐色、蓝色、黑色等,以_____、_____、_____三色为主,所以人们习惯称之为"唐三彩"。因唐三彩最早出土于洛阳,且出土量最多,故亦有"洛阳唐三彩"之称。

(2)开放性问题:请结合讲解内容和课堂所学知识,谈谈唐三彩的制作过程涉及哪些化学知识。

2. 任务驱动式参观课程学生手册的学习任务设计

任务驱动式参观课程,即通过设置任务引导学生主动学习,其学习任务可以分为过程性任务和结果性任务。

(1)过程性任务。

过程性任务类似于封闭式问题,该任务的内容也是学生须学习的重点内容。在设计学习任务时,我们须为学生提供一些线索,这些线索可以以多种形式呈现,如文字、图画、模型等。在设计线索时,须考虑以下两个关键因素。

① 线索的唯一性。这意味着每个线索都应具有独特性和针对性,以确保学生通过正确使用线索能够获得任务的关键信息,进而准确地完成任务。

② 线索的可操作性。这意味着线索应该清晰、明确,并具有实际的操作性。学生须根据线索的指引,结合实际情境进行操作和探索,从而找到完成任务的方法。

(2)结果性任务。

结果性任务与学习目标直接相关。这意味着,通过完成这些任务,学生能够达到预期的学习目标。在设计这类任务时,须注意以下两点。

① 结果性任务应该是开放的,不必为学生提供过多具体线索,应鼓励学生根据个人的兴趣和判断,自主地选择参观内容,通过参观和学习来完成任务。

② 在设置该任务的内容时,须考虑学生的实际情况,确保提出的问题既要切合实际,又不能过于宽泛或抽象,应使大多数学生都能够在规定的时间内顺利完成任务。

以河南洛阳龙门石窟研学旅行课程"河洛古韵 寻道中原"的学习任务为例,具体内容如下:

(1)过程性任务:请在参观过程中找到以下雕像,并在旁边的方框内写出雕像的名称。

（2）结果性任务：卢舍那大佛的艺术魅力带给诗人余光中无限的遐想，请结合学习内容，从文化和艺术角度分析一下卢舍那大佛的特征。

（七）设计总结环节

在研学旅行课程的最后，我们可以为学生留出一定的时间和空间，以便他们在完成课程单元的内容学习后，能够及时记录下自己的收获、感受、疑问等，这些记录将作为他们以后学习的宝贵参考资料，帮助他们更好地回顾和总结所学内容。

以山东研学旅行课程"长吟泰山道孔儒 寄吾心中志凌云"的总结模块"精彩路途"为例，具体内容如下：

高适说："莫愁前路无知己，天下谁人不识君。"鲁迅说："地上本没有路，走的人多了，也便成了路。"《每一步都算数》的歌词中说："人生没有白走的路，每一步都算数。"旅程结束了。我们一起游览了山水，也了解了不同地方的生活；我们一起认识了文化遗产，也感受了泰山的巍峨；我们一起走过了平平坦坦的路，也走过了坑坑洼洼的路。那么，在这段旅程中，你印象最深刻的是哪一段呢？

二、学生手册体验式课程单元设计

在学生手册中，体验式课程单元与参观式课程单元的设计，在起始阶段有着相似的内容结构和内容设计步骤，主要包括解读研学旅行课程方案、明确学习目标、整理预习知识、设置学习要求这几个环节。由于学习方式不同，二者的后续设计步骤会有所区别。接下来，我们将对学生手册的体验式课程单元设计的学习内容、学习流程、学习任务进行详细说明。

（一）明确学习内容

体验式课程注重让学生亲身参与，充分发挥学生的主体性，通过实际操作、角色扮演、模拟体验等形式进行学习，内容丰富、形式多元，通常可以激发学生的兴趣、提升其动手能力，能够给学生带来更为深刻的印象和更优的学习成效。体验式课程的学习内容分为三个层次：基本内容的说明、理论知识和使用方法的提示与引导，以及学生对所学知识的领会与掌握。通过这些层次的学习，学生能够更好地理解课程内容，逐渐掌握理论知识和使用方法。

（二）说明学习流程

相较于参观式课程，体验式课程的学习过程更加丰富和复杂，因此，在学生手册中有必要对体验式课程的学习流程进行一定的说明，以提高课程开展的效率，并确保每个学生的学习效果。每个学生接受知识的能力各异，提前了解学习流程有助于他们更好地掌握自己的学习进度,为顺利实现学习目标打下基础。

(三)设计学习任务

对于体验式课程而言,学习任务往往就是学习过程本身,学习的过程就是完成学习任务的过程,这个过程产生的成果就是学习成果。我们可以在过程中设置相应的题目或者任务,来引导学生完成学习目标,并检验学生的学习成效。

以"畅游光与声音的世界 走进'索尼探梦'科技馆"研学旅行课程为例,可以设计如下学习任务:

1.问题

为什么集音器能将声音传播到相距较远的地方,还能隔绝周围的声音呢?

集音器由两个抛物面反射镜组成,两面反射镜间隔一定距离,可互相反射从对面传送过来的声音。为什么集音器能将声音传播到相距较远的地方,还能隔绝周围的声音呢?这可以用声音在固体和空气中的传播等相关知识解答,其中还涉及数学知识。请找到展品,通过亲身体验探究其中的奥秘吧!

2.方法

(1)方法一:数学实践。

集音器的反射镜可以看作由很多条抛物线构成,圆孔由各抛物线的焦点组成。游戏时,两名学生分别站在每面反射镜前,靠近圆孔说话,这样对方传来的声音就能够聚集在反射镜的焦点处。因此,尽管周围有其他的声音,双方仍可听到对方在一定距离之外所说的话。请你亲身体验集音器传播声音的功能,并完成以下测量任务。

①利用步长测量两面反射镜之间的大致距离,你测量的距离大致是_____米。

②将三个圆柱体抽象成三条线段,以某一条线段与反射镜的交点为原点,这条线段所在的直线为 x 轴,与这条线段垂直的方向为 y 轴,建立平面直角坐标系,则可求出与这条线段共平面的抛物线的方程。具体计算方法:测量该圆柱体的长度,确定焦点坐标为 $(2p,0)$,代入抛物线方程 $y^2=2px$,即可求出抛物线的方程。测量这三个圆柱体的长度,完成表8-7的内容。

表8-7 测量任务表

序号	焦点坐标	对应的抛物线方程
1		
2		
3		

观察表中的数据,这三个抛物线方程是一样的吗?你能得出什么结论?

思考集音器是怎么确定中间的圆孔的,并将结论写在下方空白处。

（2）方法二：设计方案。

你玩过传声筒吗？用一根较长的绳子连接两个纸杯底部,一人在一端纸杯口轻声说话,另一人在另一端的纸杯口就能听到对方声音。那么传声筒与集音器之间有什么联系吗？它们的区别是什么？为什么传声筒能够使远距离的两个人互相对话？其原理是什么？集音器能够隔绝周围的声音,将声音传播到较远的位置,其原理又是什么呢？

通过搜集资料或者询问展馆的工作人员,比较传声筒与集音器的异同,将结果填入表8-8中。

表8-8　传声筒与集音器的异同

比较内容	传声筒	集音器
原理		
相同点		
不同点		

如果将传声筒的纸杯改造成集音器的反射镜的形状,还能传声吗？请你结合传声筒和集音器的原理设计一个改造方案,将方案的具体内容填入表8-9中。

表8-9　传声筒的改造方案

传声筒的改造方案	
改造原理	
改造目的	
改造步骤	
预期结果	

三、学生手册研究性课程单元设计

研究性课程以培养学生发现问题、提出问题,进而解决问题的能力为基本目标,着重于让学生自主探索和研究某一问题或主题,可以由研学旅游指导师提出问题引导学生,或让学生自选研究主题,然后通过收集数据、调查、实验探究等方法进行深入的研究。学生在这一过程中可以学习如何进行科学研究,如何分析和解决问题,从而提高自主学习和科学研究的能力,培养探究精神,同时获得丰富的科学文化知识和体验。

研学旅行课程设计

相较于参观式课程和体验式课程,研究性课程为学生设定了更高层次的要求:学生须自主确定学习内容,"学什么""怎么学""学到什么程度"都由他们自己决定。关于"学什么",已经在前文进行了介绍,因此,下文将集中讲述如何设计学生手册的教学单元内容,以指导学生解决"怎么学"的问题。

(一) 介绍研究方法

研究性课程主要针对高中生群体。高中教育仍属于基础教育的一个阶段,其研究性课程与大学及科研机构中的研究,在本质意义上和要求上存在显著差异。高中的研究性课程在形式上类似于"研究",但其实际上是指一种全面的学习形式。在进行学生手册研究性课程单元设计时,首要任务是向学生介绍以下三种常用的研究方法。

1. 文献法

文献法是一种极为基础的、用途极为广泛的收集文献资料的方法,是指通过系统地收集、阅读和分析有关文献资料,获取与研究主题相关的背景信息、理论基础、以往的研究成果和数据。在如今这个网络信息高度发达的时代,互联网提供了更加广泛的信息来源,文献法的应用也变得更为多样和高效。

2. 访谈调查法

访谈调查法是一种通过直接对话来搜集信息和数据的方法。在访谈过程,研究者通过事先设计好的问题与受访者进行面对面或远程的交流,听取他们的观点、经验和感受。在访谈前,要获取受访者的同意(达成口头约定或签署纸质同意书),确保他们知情参与访谈,并了解其提供的信息会被如何使用。对访谈内容应进行适当记录,可以是录音、记笔记、录像等形式,但必须先得到受访者的许可。还应保证所收集的信息得到安全存储,并仅用于研究。在访谈结束后,应系统地分析访谈内容,注意保持分析的一致性和可靠性。

3. 问卷调查法

问卷调查法是一种极为常用的搜集资料的方法,通过设计和发放问卷来搜集信息。这种方法简便易操作、节省时间,研究者可以迅速从大量受访者那里搜集数据。问卷可以是纸质的,也可以是电子的。与纸质问卷调查相比,网络问卷调查通常成本更为低廉,无须印刷,对环境也比较友好。而且在如今这个互联网快速发展的时代,有许多在线问卷设计工具和分发工具可供使用,借助这些工具,问卷可以被快速而广泛地传播给受访者,响应速度通常很快。大多数在线问卷工具能提供实时的数据分析功能,可迅速汇总和分析问卷数据,生成图表和报表,与人工处理数据相比,其处理数据所需时间更短,产生的错误更少。不过,在运用问卷调查法时,须注意以下几个关键点。

(1)问卷设置方面。问卷应该设计得直观易懂,问题应简明扼要,避免模糊或引导性的措辞。问题可以是封闭式的,如选择题、是非题等;也可以是开放式的,让受访者自由回答。

(2)简洁性方面。问卷内容不宜过多,以免受访者感到厌烦。问题应当与研究目标直接相关。

(3) 匿名性和保密性方面。应保证回答的匿名性,以增强受访者答案的真实性和受访者参与访问的积极性。此外,应对收集的数据严格保密。

(4) 数据分析方面。可以使用合适的统计方法和工具分析问卷结果,得出相关结论。

(二)提供开题报告模板

开题报告是指开题者对科研课题的一种文字说明材料,用于概述研究目的、研究方法、预期结果和时间表等。在面向高中生的研究性课程中,撰写开题报告是一个重要阶段,能帮助学生明确研究焦点,指导其后续的研究活动。但从学情特点考虑,一般在这个阶段不做严格要求,可提供开题报告模板(见表8-10)供学生参考使用。

表8-10 研究性课程开题报告模板

小组名称		指导教师	
研学线路			
选题名称			
选题依据	(简要说明选题的背景、研究意义;简述选题的研究现状和自己的观点)		
研究内容			
主要研究方法			
主要参考资料			
研究基本思路			
小组成员及任务分工			
姓名	特长	主要任务	工作要求
研究进程计划			
时间	计划完成的工作任务		负责人

续表

小组名称		指导教师	

（三）提供结题报告模板

结题报告是指在研究结束时，对整个研究项目进行总结的文档，呈现研究过程中的各种发现和成果，以及对于这些成果的分析和讨论。结题报告可以是论文，也可以是研究报告；可以二者都准备，也可以只准备其中一个。面向高中生的研究性课程，在结题报告方面不做严格要求，可提供结题报告模板（见表8-11）供学生参考使用。

表8-11　研究性课程结题报告模板

小组名称		指导教师	
研学线路			
选题名称			
摘要	（简要说明研究目的、研究方法、研究结果等内容）		
选题依据	（简要说明选题的背景、研究意义；简述选题的研究现状和自己的见解）		
研究内容和方法			
参考文献			
过程中遇到的问题及解决方法			
研究开展的具体情况			
时间	负责人	研究内容	完成情况

续表

研究成果及形式			
具体成果		成果形式	
课题组自我评价			

(1)课题组成员为结题所做的工作(具体到个人)。

(2)本次研究工作有哪些成功之处与不足之处？对于不足之处,应如何改进？

课题研究结题意见：

指导教师：

项目小结

研学旅行学生手册不仅是为学生的研学旅行活动提供指导和信息的重要工具,也是确保活动顺利进行、活动目标实现、活动安全有保障的关键。本项目主要对研学旅行学生手册设计进行了介绍,并结合几类典型的课程形式,针对性地进行了学生手册设计说明。

知识训练

1.研学旅行学生手册的内容主要包括哪几个方面？

2.你认为参观式课程学生手册和体验式课程学生手册在内容设计方面的重点分别是什么？

技能训练

运用你所学的知识,选择一处博物馆,设计参观式课程的学生手册。

项目九 研学旅行典型专题课程的设计

学习目标

知识目标

(1) 了解各专题课程的基本概念、设计原理和方法。
(2) 熟悉各专题课程的基本体系和框架。
(3) 运用所学知识解决专题课程的设计难题。

能力目标

(1) 熟悉各专题课程的设计原则和目标,能够设计符合不同学龄段学生的专题课程内容。
(2) 能够完成典型主题的研学课程方案的设计与制作。

素养目标

(1) 具备研学旅行课程设计所需要的综合能力,树立从事相关工作的职业自信与职业认同。
(2) 培养审美意识和鉴赏能力,提高对不同主题的理解能力。

思维导图

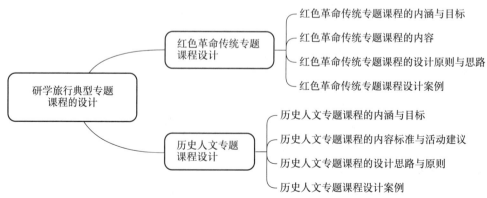

项目九 研学旅行典型专题课程的设计

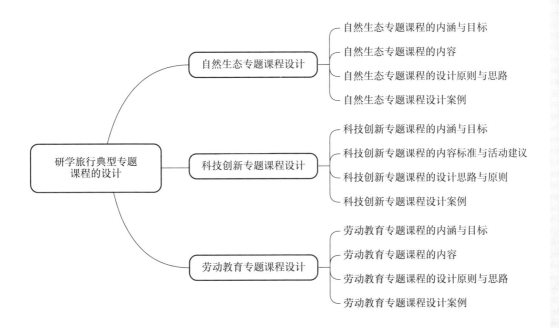

任务一 红色革命传统专题课程设计

任务导入

岁月悠悠，红军长征已经过去了九十余年。九十年可以是一个人生命的长度，九十年也可以见证一段历史的转折变迁。在物质水平不断提高的今天，面对看起来离我们"遥远"的长征，学生们经常会产生疑问——长征是否已经成为过去时？为何要重走长征路？

家国情怀和信仰是我们不断前行的动力，也是我们面对困难与挫折时的精神"食粮"。红军长征中蕴含着的"艰难困苦，玉汝于成"的精神，使其成为人类历史上的一个伟大奇迹。

习近平指出：每一代人有每一代人的长征路，每一代人都要走好自己的长征路。2021年是建党100周年，2021年春季学期是"十四五"的第一个学期，教育部决定在全国中小学组织开展"从小学党史 永远跟党走"主题教育活动。全国各地爱国主义教育基地以此为契机，把具有伟大历史教育意义的"红军长征"作为红色革命传统专题课程之一，在广大青少年群体中开展"励志小红军 永远跟党走"主题教育活动。引导广大青少年继承革命传统，弘扬革命精神，传承红色基因，将个人理想与祖国发展紧密结合起来，争做担当民族复兴大任的时代新人。

研学旅行课程设计

◎ 任务解析

(1)在设计红色革命传统专题课程之前,须对红色革命历史意义形成全面的认知。
(2)可以通过不同课程形式,体现"走好新时代的长征路"。

◎ 任务重点

在设计红色革命传统专题课程时,须深入理解革命先烈的英勇奋斗精神、坚定的理想信念等,并把这些精神融入课程学习内容或实践项目。

◎ 任务难点

(1)红色革命精神是中华民族的宝贵财富,如何在新时代传承和发扬这些精神是一个难题,此外,我们在设计红色革命传统专题课程时,应思考如何引导学生将红色革命精神应用到学习生活中。
(2)在设计面向中小学生的红色革命传统专题课程时,要突出课程内容的教育性和成长性。

◎ 任务实施

一、红色革命传统专题课程的内涵与目标

(一)红色革命传统专题课程的内涵

"红色文化"一词在近几年的研学旅行活动中出现频率很高,是继承传统与创新发展的产物。继承是指在马克思主义的正确指导下,中国共产党前仆后继、积极投身无产阶级革命;创新是指在中国特色社会主义的建设浪潮下,取得辉煌成就和伟大胜利。红色文化蕴含着丰富的革命精神和厚重的历史文化内涵,是中华民族的精神底色。新时代,弘扬和发展红色文化,是筑牢文化自信、凝聚时代力量、奋进伟大征程的内在支撑和强大动力,能够进一步推动中华文明的有效传承。

(二)红色革命传统专题课程的目标

1. 知识与技能目标

(1)通过参观革命遗址或纪念馆,了解中国革命历史的基本脉络。
(2)配合实践课程学习,了解革命战争中英雄先烈的感人事迹,具有对理想信念的整体认知。
(3)参与情景模拟活动,感悟红军英勇无畏的革命精神,理解革命精神与团队协作的重要性。

2. 过程与方法目标

(1)培养艰苦奋斗、吃苦耐劳、不怕牺牲的革命精神。

(2)增强面对困难的信心和勇气,以及在复杂情境中解决问题的能力。

(3)能讲述一段红色故事,向周围的人传播红色故事和红色精神。

(4)回顾和总结自己在研学旅行实践过程中的收获和成长。

3.情感态度与价值观目标

(1)坚定共产主义远大理想,牢固树立正确的世界观、人生观、价值观。

(2)培养家国情怀和社会责任感。

二、红色革命传统专题课程的内容

红色革命传统专题课程的内容主要包括以下几个方面。

(一)红色教育基地参观

红色教育基地是指具有重要历史意义和红色文化内涵的地方,如延安革命纪念馆、陕北革命根据地、中央革命根据地等。学生可以通过实地参观红色教育基地,了解中国共产党的革命历程、革命精神和革命英雄事迹,加深对中国共产党的历史和文化的理解。

(二)红色文化体验

红色文化体验是指通过各种形式的活动,如观看红色电影、欣赏红色音乐、阅读红色书籍等,来体验和感受红色文化。这些活动可以让学生更加深入地了解中国共产党的历史和文化,增强他们的爱国主义情感和责任感。

(三)红色主题教育活动

红色主题教育活动是指通过各种形式的教育活动,如红色讲座、红色微课堂、红色情景演绎等,来弘扬革命精神和红色文化。这些活动旨在让学生更加深入地了解中国共产党的历史和文化,增强他们的文化自信和集体主义精神。

(四)红色艺术创作

红色艺术创作是指创作与红色主题相关的艺术作品,如绘画、雕塑、音乐、戏剧等。

红色革命传统专题课程可以根据红色教育基地的特色、学生的年龄特点、学科教学的内容需要,围绕"传承红色基因,争做时代新人"的理念,践行"研"和"学"齐抓并举。建议小学低年级以"爱家乡,学榜样"为主题,开展到红色村庄体验当地风俗活动;小学中高年级以"热爱祖国,诵读红色故事"为主题,开展手工制作革命道具、聆听革命伟人的故事、采访老红军战士等活动;初中年级以"爱祖国,感党恩"为主题,开展创作红色诗词活动;高中年级以"走好新时代长征路"为主题,通过设计红色遗址打卡线路、演绎革命情景剧等沉浸式体验,传承红色精神。

总而言之,红色革命传统专题课程是指以研学旅行为载体,通过观光游览、模拟体验、学习探讨等多种形式提高学生的红色文化素养,培养学生爱党、爱国、爱家乡的实践教育活动。开展红色革命传统专题课程的目的是传承与发展红色文化,培养一代又一代拥护中国共产党领导和我国社会主义制度、立志为中国特色社会主义事业奋斗终身的有用人才。

三、红色革命传统专题课程的设计原则与思路

（一）课程设计原则

红色革命传统专题课程设计应秉承传播红色优秀传统文化、突出价值引领、传承红色精神的原则，依托红色旅游资源，通过情景化、项目化的课程形式，发挥红色教育功能，赓续红色血脉，汲取红色力量。

（二）课程设计思路

针对不同学段，红色革命传统专题课程的设计思路有所不同，但常见的设计思路为设计体验式活动，包括穿红军服、吃红军饭、听红色故事、唱红歌、行红军路等。

（1）穿红军服。

红军服代表的是一种精神、象征着一段光辉的历史。穿着红军服，有助于营造浓厚的研学氛围，也能使学生更容易融入活动情境。图9-1为学生着红军服进行爱国宣誓。

图9-1　学生着红军服进行爱国宣誓

（2）吃红军饭。

红军饭是艰苦条件下红军常吃的各种主食，如红米饭、南瓜汤等。吃红军饭可以引导学生忆苦思甜，继承革命先辈艰苦奋斗、吃苦耐劳的优良传统。

（3）听红军故事。

学生通过聆听老红军讲述当年父辈鲜为人知的革命故事，回首峥嵘岁月，深刻体会和感悟红军精神。

（4）唱红歌。

开展"同唱红歌，红歌对唱"活动，重温战争年代的革命激情，用歌声歌颂如今来之不易的美好生活，祝福伟大祖国。

(5) 行红军路。

重走长征路(见图9-2),参观红军当年战斗过的地方。模拟红军行军过程中"投掷手榴弹""穿越封锁线""搭桥渡江"等体验式活动,学生通过参与这些活动,体会吃苦耐劳、艰苦奋斗的精神。

图9-2 重走长征路

总体而言,在设计红色革命传统专题课程时,须结合红色资源的特点、研学旅行课程目标、研学旅行活动内容等进行综合考虑。科学地规划和实施红色革命传统专题课程,可以让学生更好地了解中国共产党的历史和文化,增强学生的爱国主义情感和社会责任感,提高学生的综合素质和实践能力。

四、红色革命传统专题课程设计案例[①]

下面以全州—兴安2日研学旅行课程"重走长征路,做新时代接班人"为例进行讲解。

1. 课程简介

爱国主义是动员和鼓舞中国人民团结奋斗的一面旗帜,是全国各族人民共同的精神支柱。加强爱国主义教育,继承和发扬爱国主义传统,对于振奋民族精神、增强民族凝聚力,具有重要的现实意义。爱国主义教育基地是激发爱国热情、凝聚人民力量、弘扬民族精神、传承红色基因的重要场所,红色精神是我们宝贵的精神财富,二者在社会的发展中发挥着重要作用。为了能够更加深入地了解革命先辈们英勇抗争的革命故事、缅怀先烈们在广西这片土地上的峥嵘岁月,特设计"重走长征路,做新时代接班人"研学旅行课程。

2. 课程目标

该研学旅行课程将课堂知识延伸至课外实践活动中,增强了学习的交互性、趣味性,让学生在"玩中学、学中悟",立足革命纪念馆丰富的红色教育资源及优越的自然环境,设计了集体宣誓、参观纪念场馆、聆听革命故事等一系列仪式和活动。学生通过徒

---

①相关案例由广西中国旅行社有限公司的陈瀚峰编写。

步闯关挑战,体验再走长征路,从而磨砺意志,历练心理素质,学会听党话、感党恩,树立正确的世界观、人生观、价值观。

3. 学习领域

该研学旅行课程知识涉及语文、自然、科学、社会实践等相关学科领域。

4. 学习方式

学习方式包括自主选题、任务驱动、访谈调研、多模态识读、动手体验、分享讨论等。

5. 课程说明

(1)研学方向:长征历史、红色文化创新创造。

(2)活动时长:两天。

(3)研学地点:桂林全州、兴安。

(4)研学对象:小学六年级学生。

6. 研学链接

六年级上册语文教材(部编版)第5课将毛泽东的诗作《七律·长征》安排为学习内容。"五岭逶迤腾细浪,乌蒙磅礴走泥丸。""五岭",是横亘在广西、广东、江西、湖南四省区边境的大庾岭、骑田岭、都庞岭、萌渚岭、越城岭的总称。20世纪30年代,中央红军长征途经广西兴安、全州、灌阳、龙胜、灵川、资源等县。其间发生的湘江战役,是关系着红军生死存亡的极为壮烈的一战,充分体现出红军战士"一不怕苦,二不怕死"的革命英雄主义精神。

7. 课程安排

课程安排具体见表9-1,活动相关照片请扫二维码查看。

表9-1 课程具体安排

活动时间	活动主题	活动地点	活动内容	住宿
第一天	开启研学之旅	学校	在学校集合,开展"行前一课",说明安全注意事项,导入课程知识,开启研学之旅	在全州安排住宿
	聆听与湘江战役有关的红军故事	红军长征湘江战役纪念园	(1)探究课题:研学旅游指导师给学生发放任务卡,引导学生打卡红军长征湘江战役纪念馆,重温湘江战役的英雄人物事迹。学生根据任务卡,在纪念馆内寻找相应的爱国英雄,记录他的事迹,完成该英雄的肖像剪影画。 (2)互动课题:通过小组代表分享探究成果,形成简单的湘江战役英雄人物关联表。 (3)研学目标:培养自主学习能力,提升动手能力,学习英雄楷模的精神	
	爱国宣誓	凭吊广场	互动课题:在红军长征湘江战役纪念园的凭吊广场制作小白花,举行庄重爱国宣誓	

活动相关照片

续表

活动时间	活动主题	活动地点	活动内容	住宿
第一天	忆苦思甜	古井山庄	(1)红军餐体验:分组制作顶锅饭,品尝红米饭、南瓜汤。 (2)研学目标:"一粥一饭,当思来处不易。"感知劳动的辛苦,培养勤俭节约的习惯	在全州安排住宿
	红军长征突破湘江第一渡	大坪渡口	(1)现场教学:在中央红军突破湘江第一渡——大坪渡口现场学习1934年红军抢渡湘江的悲壮历史,领会湘江战役中"勇于胜利、勇于突破、勇于牺牲"精神的时代意义和价值。 (2)互动课题:模拟红军行军过程中的"投掷手榴弹""穿越封锁线""搭桥渡江"等活动。学生通过参与这些体验活动,体会吃苦耐劳、艰苦奋斗的精神	
第二天	唱红歌,颂党恩	长征国家文化公园	(1)互动课题:红歌是一种力量,也是一种信仰。开展"同唱红歌,红歌对唱"活动,让旋律催人奋进,激励斗志。 (2)研学目标:伴随优美的旋律,唱出激情澎湃的歌声,重温战争年代的革命激情,用歌声歌颂如今来之不易的美好生活,祝福伟大祖国	在兴安安排住宿
	突破湘江	界首红军堂	(1)历史课题:由专业教师为学生教授湘江战役历史课程,组织学生诵读诗词《湘江为英雄歌唱》。 (2)研学目标:全面了解抢渡湘江的历程,感悟坚定信念、顾全大局、紧密团结、不畏牺牲的长征精神	
	重走长征路	马渡桥	(1)互动课题:本着"苦不苦,想想长征两万五;累不累,想想革命老前辈"的理念,身披长征装备,背上辎重,重走长征路,用脚步丈量长征历程。 (2)研学目标:引导学生树立正确的世界观、人生观、价值观,助力学生成长	
	回顾与总结	光华铺阻击战旧址	(1)巨幅画创作:画作《我心中的长征》,通过人物的动作和神情,结合色彩来表达创作者对长征精神的感悟。 (2)小组讨论:湘江血战靠什么取得胜利?湘江战役对长征有什么重要意义? (3)总结:红军长征精神是中华民族百折不挠、自强不息的民族精神的最高表现,是我们革命和建设事业走向胜利的强大精神力量。作为当代学生,我们应从红色研学中汲取力量,好好学习、开拓创新、艰苦奋斗、无私奉献	

8. 研学成果

研学成果包括思维导图"英雄人物关联表"、巨幅画《我心中的长征》等。

9. 研学分享

用戏剧方式进行"寻找英雄人物"研学分享，创新学习知识的方式。

10. 人员匹配

(1) 研学旅游指导师：负责研学旅行课程的讲解和活动引导。

(2) 学校带队教师：协助研学旅游指导师开展课程导入的相关工作。

(3) 随团人员：负责团队后勤保障，并协调处理研学旅行过程中出现的问题。

任务二　历史人文专题课程设计

任务导入

2023年5月14日，广西野趣研学教育科技有限责任公司开展"四大发明"系列研学旅行活动——"自然美学花草纸，小小非遗传承人"历史人文类研学旅行活动。研学旅游指导师小陈前期"踩点"研学旅行基地、调查研学旅行资源、前往图书馆查阅造纸术相关技术及历史知识，并与广西工艺美术大师、小学语文教师进行了"头脑风暴"，在此基础上，研发出面向小学4—6年级学段学生的研学旅行课程。研学旅行课程一经推出，便吸引了许多家长和孩子前来报名参加。活动执行下来，家长和孩子表示非常喜欢，活动很有意义。

研学旅游指导师小陈研发课程的过程有哪些是值得借鉴的？

任务解析

(1) 在设计历史人文专题课程时，须将专业知识与学科知识相融合。

(2) 在设计面向不同学龄、学段、学情学生的研学旅行课程研究性学习任务时，须结合实际情况有所调整。

任务重点

了解历史人文专题课程的设计原则与思路。

任务难点

掌握历史人文专题课程的内涵与目标。

任务实施

一、历史人文专题课程的内涵与目标

中华文明绵延上下五千年,有着顽强的生命力,是中华儿女的宝贵财富。在时代不断更替的历史长河中,中华优秀传统文化历久不衰。中小学生可以通过研学旅行活动学习、探究中华优秀传统文化,了解底蕴深厚的中国历史,进而树立将中国优秀历史文化发扬光大的意识,增强文化自信。

(一)历史人文专题课程的内涵

随着社会教育理念的不断发展,研学旅行在历史人文教学方面的作用和意义愈加凸显。历史人文专题课程涉及历史、文化、价值观等方面,关注人类文化中先进的价值观及其规范,通过对历史文化的深入挖掘,将历史逻辑与现实逻辑打通,提高中小学生的综合素质和人文素养。

(二)历史人文专题课程的目标

历史人文专题课程设计以历史为依托,挖掘历史文化中的人文精神内涵,以适应时代发展的精神需求;通过讲述史实、学习人文精神,培养学生的人文意识,促进学生在文化知识、道德精神等领域的全方位发展,增强学生的主动探索意识。

二、历史人文专题课程的内容标准与活动建议

历史人文专题课程以历史遗迹与文物、非物质文化遗产、历史聚落、纪念场所、历史题材艺术、家国情怀等为课程内容,通过体会中华优秀传统文化、哲学智慧、道德伦理、文学艺术特色、传统科技工艺创造、历史名人名事等,培育学生的家国情怀、国际视野、社会责任感等。

(一)历史人文专题课程的内容标准

1. 历史遗迹与文物

(1)还原遗迹的历史环境,感受历史发展,了解名人名事,体验民风民俗。

(2)了解文物背景,学习文物工艺,透过文物感受那个时代的文化底蕴。

(3)通过现场观察历史遗迹、文物,认知其年代,了解其背景,学习其文化,进一步培育对家乡的热爱之情,树立建设家乡的志向,增强文化自信。

2. 非物质文化遗产

(1)通过现场学习,了解非物质文化遗产的含义,传承非物质文化遗产,领略非物质文化遗产之美。

(2)领悟非物质文化遗产的历史背景与文化传统。

3. 历史聚落

(1)了解历史聚落的文脉与文化价值。

(2) 了解历史聚落的文化传承及其现代发展。

4. 纪念场所

(1) 了解纪念场所的历史。
(2) 弘扬纪念场所所代表的精神和价值观。

5. 历史题材艺术

(1) 感受、欣赏历史题材艺术。
(2) 初步学会历史人文题材艺术创作。

6. 家国情怀

(1) 提升家国情怀素养，做到将家国情怀内化于心、外化于行。
(2) 传承优良传统，树立文化自信。

（二）历史人文专题课程的活动建议

(1) 参观古聚落、古遗址，与当地居民进行访谈。走访当地与住房和城乡建设、文化和旅游等方面工作相关的管理部门和组织机构，了解当地图书、方志、档案、谱牒、文史、建筑设计、文化创意、艺术创作和演艺等方面的建设，访问相关网站，收集当地文献资料，进行实地拍摄、测量，复原历史。举办专题研讨会、模拟考古发现发布会等活动。担任志愿者，参与寻根恳亲等活动。

(2) 参观老革命根据地、革命活动和战争遗址、红色名人名事纪念场所，访谈当事人和相关人员，走访当地与宣传、民政、文博等方面工作相关的部门和组织机构，了解当地图书、方志、档案、文史、艺术创作和演艺等方面的建设，访问相关网站，收集当地文献资料。感受当地环境，实地体验生活，包括：担任志愿者，参与革命文化整理、革命文物保护、老革命根据地扶贫脱贫等工作；举办革命节庆或纪念活动、革命传统传承培训营、红色故事会、红色文艺创作班、红色文化采风展等丰富多彩、喜闻乐见的活动。

(3) 参观人文历史古迹、文化遗产地、博物馆、历史文化街区、历史名城等，通过对典型历史时期的史实、历史人物、各类历史文化遗存等内容的学习与探究，掌握中华文明发展的历史脉络，培养文化认同与文化自信。

(4) 提交、展示、交流及相互评价研学实践成果，召开校方、学生和家长共同参与的总结交流汇报会。

三、历史人文专题课程的设计思路与原则

（一）课程设计思路

在设计研发历史人文专题课程时，首先须正确认识人文知识，熟悉并掌握历史知识。其次，应在客观事实基础上，形成自己的认知。历史知识是对发生的历史事件的一个反映，不同历史时期有着不同的人文精神。研学旅游指导师不能根据主观想法去评论历史人物或者事件，而须结合实际情况进行综合评价。最后，应设计合理且趣味性强的教学方案，并据此进行有效教学，使学生在学习时获得乐趣，如开展历史事件学

习活动时，可以模拟一些场景，进行沉浸式情景教学。

（二）课程设计原则

1. 目的性原则

开展历史人文专题课程的初衷是希望能够透过历史学习人文知识，从而达到素质教育的目的、实现历史人文育人价值，首要原则是学习历史人文知识，将书本上的知识具象化，延展书本上没有的知识，使学生通过历史人文专题课程获取更多生活知识，帮助学生陶冶人文情怀、丰富人文素养。

不同的研学旅行基地拥有不同的历史人文资源。因此，在开展历史人文专题课程时，要对这些资源进行综合考量、合理运用，以历史人文专题课程标准以及研学旅行课程的具体要求为依据，把握教学目标，有目的、有计划地开展活动，使研学旅行基地的教育价值在研学旅行过程中得到充分发挥。历史人文专题课程通过在真实情景中进行爱国主义教育、优秀传统文化教育，培养学生的人文历史素养，构建唯物史观，弘扬家国情怀，使学生真正学有所得、观有所获、游有所感。

例如：广元天立国际学校开展的"探寻文化脉络，重返汉代风云"研学旅行活动，把课堂搬到了汉中市博物馆，让学生在参观博物馆的过程中，学习这片土地上的文化积淀与历史变迁，近距离"接触"汉朝的陶器、青铜器、玉器等珍贵文物，与千年前的文明进行"跨时空对话"。

2. 适应性原则

历史人文专题课程本质上是一项教育活动，因此，开展历史人文专题课程应当遵循教育教学的基本规律，要充分考虑主客体的发展情况。在设计历史人文专题课程时，应符合学生各阶段身心发展的特点、历史人文教育的具体要求，并与历史教学内容建立强关联性等。夸美纽斯曾说过：一切教学的科目都应加以排列，使其适合学生的年龄。在设计和开展历史人文专题课程时，要综合考虑有着不同接受能力的学生的学习需要，关注学生个性和共性发展，最大限度地使学生能够融入教学活动，并能够适应研学旅行课程的教学形式。在课程内容的选取上，也应当以省情、国情为主。在选取研学旅行基地的过程中，还要充分考虑到研学旅行基地与历史人文类教学内容的关联性，选择典型的、适配度更高的研学旅行基地，更能够充分发挥历史人文专题课程的教育意义。

以杭州市永天实验小学开展的"童心趣游，寻历史人文足迹"研学实践活动为例，该校在同一主题下，针对不同学龄段的学生，设计了不同的活动环节。例如：安排一至三年级的学生对浙江省非物质文化遗产馆进行寻访，通过搭建简易模型、观察馆内展品、进行手工拓印等活动，了解浙江的非物质文化遗产，感受非物质文化遗产的魅力。安排四至六年级的学生走进浙江省博物馆，通过观看视频资料、导师讲解、边看边记笔记等方式，感悟浙韵文化，欣赏浙江地区各个历史时期极具代表性的文物遗存和文明印记。

在设计历史人文专题课程时，还要考虑到教师的教学水平和研学旅行实践能力。

历史人文专题课程教学对教师的综合能力要求比较高,因此,课程相关设计要与当下教师的研学旅行实践能力相适应。

此外,学校与研学旅行基地也应当考虑各自的实际情况是否能够支持历史人文专题课程的开展等问题。

总之,开展历史人文专题课程应当综合考虑,统筹规划,因地制宜,因材施教。

3. 体验性原则

历史人文专题课程具有实践性和体验性的特点,课程活动通常采用讲解、实操等形式。学生可以通过实地参观、实践体验,拉近书本知识与现实的距离,从而收获知识,提升综合素质,实现知行合一。

在设计历史人文专题课程时,应考虑到研学旅行基地的实际情况,注重提升学生的体验感和参与度。可通过在研学旅行基地开展形式多样的活动来提升历史人文专题课程的实践性和体验性,如充分利用研学旅行基地的历史人文资源,结合先进数字化技术(如VR等),使学生身临其境,感受历史的宏大。学生通过参与研学旅行基地开展的体验活动,在实践的过程中将历史与现实生活联系起来,将情境化的知识学习转化成正向的情感、正确的态度和价值观。

4. 整体性原则

历史人文专题课程体系的构建是一项系统工程,是指在历史人文教育价值观的指导下,将历史人文专题课程的相关知识要素和历史人文资源要素进行有机组合,在动态管理中实现最终的课程目标。历史人文专题课程体系一般由教学目标系统、教学关联系统、教学体验系统、教学实践系统、教学评价系统等子系统组成。各子系统既相对独立,又相互依附、相互制约,组成一个相互关联的整体。

5. 安全性原则

设计历史人文专题课程时,要考虑到学生在参观研学旅行基地期间的学习、生活等方面的基本保障。

在活动开展前,首先要尽量选择安全系数高的研学旅行基地作为目的地,一些设施设备陈旧、使用时间过长,或者发生过安全事故的地方,要引起重视和警惕。应与研学旅行基地相关负责人提前对接工作,避免出现因为团队人数过多而无法提供优质服务的情况。

其次,教师要科学制定安全防范措施和应急预案,并对学生进行安全教育。在校外活动中,教师对学生的掌控力会相对降低,因此教师在出行的前、中、后期都要注重学生的安全问题,避免出现损害师生人身财产安全的情况。

再次,研学旅行基地也要指派具体的工作人员,如讲解员等,围绕本次活动的开展提供讲解,避免学生因为不了解研学旅行基地的环境、资源等而不能有效进行学习活动。

最后,要做好研学旅行基地的安保工作,相关人员要制定多个应急预案,并通过合法合规的程序审核,规范和保障师生的出行安全、饮食安全、住宿安全、卫生安全等,对研学旅行过程中可能出现的紧急情况进行必要的防范。

6. 评价多元化原则

历史人文专题课程应实现多元化的评价模式：针对不同的评价对象，可以分别设计对学生的评价、对课程的评价、对承办方的评价等；在评价内容方面，应从不同的维度对学生的研学旅行过程表现和研学成果进行综合性评价。在研学旅行基地开展历史人文专题课程的过程中，教师要注意观察学生在活动过程中的表现状态，如与其他同学是否相处融洽、是否与团队成员团结互助、是否听从指挥、学习态度是否认真、提问是否活跃、研学成果是否突出等，以发展性评价为出发点，从不同角度进行观察，采用自我评价、团队间评价、教师评价、承办方评价等方式，通过评价反馈促进学生学习、帮助教师提高教学水平等。

7. 实事求是原则

历史知识是对发生的历史事件的一个反映，不同时期的历史传达出的人文精神不同。研学旅游指导师不应仅凭主观想法去评论历史人物或者事件，而应基于客观事实形成自己的认知，结合实际情况进行综合评价。

四、历史人文专题课程设计案例

下面以南宁市民族文化艺术研究院设计的研学旅行课程"我是邕剧小传人"为例进行讲解。

（一）课程背景和设计理念

在新时代人才强国战略和"双减"教育改革举措的背景下，进行小学研学旅行课程设计时，应秉承以下理念。

1. 以培养学生综合素质为导向

小学研学旅行课程设计强调培养学生综合素质和核心素养，侧重于实践能力、解决问题能力和创造力的培养。课程设计以国家非物质文化遗产、南宁地方戏剧邕剧为主体。邕剧是南宁本土文化的标识，研学旅行课程"我是邕剧小传人"符合教育部对小学阶段研学旅行的指导性要求，侧重立足本土，让学生了解本土历史人文知识。

作为研学旅行的目的地，南宁市民族艺术基地是南宁市的研学旅行基地，设有邕州剧场、新会书院、本土戏剧展示馆、排练厅等文化艺术设施，是一个集文化艺术的保护、展示和研究于一体的单位，是开展研学旅行活动、提升学生综合素质的极佳场所。

2. 体验真实的情境、真实的创作

身处真实的情境、参与创作体验活动，更能促进学生的知识体系向能力体系转化。从这个设计理念出发，我们设计了"我是非遗小传人"的系列活动之一——"我是邕剧小传人"，让学生在研学旅游指导师的指导下，按照真实、完整的流程制作一部戏剧，合理分工，团结协作，最终完成排演一出剧目的课程目标。

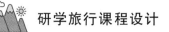

3. 以学生为主体

本课程鼓励学生从自身成长需求和兴趣出发,选择活动内容,主动参与实践活动。在课程设计和实施过程中,我们坚持以学生为主体的定位,具体体现为以下几个方面。

(1)根据学生身心发展阶段的特点设计课程。

(2)尊重学生的意愿和兴趣。

(3)激发并提升学生的创造力和创新精神。

(二)课程主题

本课程的主题为"我是邕剧小传人"。邕剧是国家级非物质文化遗产代表性项目,是南宁本土文化的标识,是一门综合艺术,是通过研学旅行活动培养学生综合素质的极佳载体。

(三)课程目标

1. 增强价值体认

学生通过观看邕剧《骄傲的画眉鸟》,并对其进行改编,从而了解当地文化标识,培养热爱家乡文化和民族艺术的情怀,并在劳动光荣、创造可贵的价值观指导下,认识到青少年爱慕虚荣、好逸恶劳带来的恶果。

2. 强化责任担当

学生对邕剧《骄傲的画眉鸟》进行改编,制作一部儿童剧,这培养了他们热爱中国传统戏剧的情怀,增强了他们传承中国传统戏曲文化的使命感。

3. 提高解决问题的能力

指导学生对邕剧《骄傲的画眉鸟》进行改编,打造一部包括编剧、表演、导演、配器、舞美、音效、道具、服饰、字幕等在内的全部流程都是由学生自己亲自负责的儿童剧。学生在研学旅游指导师的指导下,提高实践能力和解决问题的能力。

4. 激发文化创意的热情

在研学旅行的过程中,尊重和保护学生的兴趣,激发学生的创造力和创新精神,鼓励学生充分发挥自己的想象力,大胆将自己的想法付诸实践。

(四)研学旅行对象

研学旅行对象为小学高年级(四、五、六年级)学生。此阶段的学生以直观、具体、形象的认知思维为主,这正是形成行为习惯和是非对错判断力的时期。儿童剧是小学生喜欢的戏剧形式,儿童剧《骄傲的画眉鸟》的设计考虑了这一年龄段学生的特点,是为小学生量身定制的、寓教于乐的研学旅行产品。

(五)课程内容

"我是邕剧小传人"研学旅行课程是在"戏曲进校园"活动的基础上实施的课后研学旅行活动,活动持续的时间为十五天,前面十三天的学习安排在课后一小时,最后两天的学习安排在周末。

1.研学旅行前

(1)开展研学旅行讲座,让家长了解什么是研学旅行,让学生了解什么是"邕剧""儿童剧"。

(2)对家长、学生、校方进行问卷调查。

2.研学旅行中

(1)安排学生到新会书院参观邕剧展示馆。

(2)安排学生到邕州剧场观演邕剧《骄傲的画眉鸟》。

(3)探秘剧场,参观邕州剧场舞台、音控室、化妆室、服装室、道具室、乐池、录音棚等。

(4)根据制作一台戏的流程和功能,组织九个兴趣组,包括编剧组、演员组、导演组、乐器组、舞美组、音效组、道具组、服饰组、字幕组,让学生根据自己的爱好选择参加。

(5)分组行动,带着任务进行实践。

① 编剧组任务:将一部时长近一小时的邕剧小戏,改编成一部时长为二十分钟左右的儿童剧。

② 演员组任务:完成儿童剧《骄傲的画眉鸟》的表演。

③ 导演组任务:根据剧本,设计符合角色性格、富有童趣的表情和动作。

④ 乐器组任务:完成全剧的邕剧风格打击乐的演奏。

⑤ 舞美组任务:设计四个不同季节的舞美场景。

⑥ 音效组任务:完成全剧的舞台音效制作与录音合成。

⑦ 道具组任务:设计和制作全剧所需的道具,如鸟巢、叶子、珠宝、森林币等。

⑧ 服饰组任务:设计和制作全剧所需的画眉鸟服饰、布谷鸟服饰、啄木鸟服饰、乌鸦服饰、蜂鸟服饰、喜鹊服饰、大懒虫服饰等三十套服饰。

⑨ 字幕组任务:制作和操控全剧的字幕。

(6)合成全剧。

(7)进行研学成果汇报演出。

3.研学旅行后

收集学生、家长、校方的反馈意见,整理材料,总结经验和存在问题。不断完善和提高研学旅行产品的质量。

(六)课程保障

1.研学旅行基地工作领导小组与专项小组

南宁市民族文化艺术研究院成立了研学旅行基地工作领导小组,负责对研学旅行基地工作进行统一领导和指挥。

该领导小组下设五个专项小组,包括研学旅行课程研发及培训师资小组、研学旅行课程实施小组、研学旅行课程评估小组、设施设备及后勤保障小组、外联组。

2. 具体工作职责和分工

(1)应急处理领导小组工作职责:负责全面领导、管理研学旅行基地的工作。具体包括:根据研学旅行基地可能的突发情况,批准启动应急预案,领导、组织、协调应急处理工作,下达应急处理指令;负责重大事项的决策,发布事件的重要信息。

(2)应急处理专项办公室工作职责:在应急处理领导小组的指导下,按照分工做好日常防控工作;紧急应对和处理事件;提出紧急应对意见和建议;及时反馈紧急事件处理情况。

① 研学旅行课程研发及培训师资小组工作职责:根据实际情况研发和完善研学旅行基地课程,组织师资培训,使研学旅行基地研究及课程研发工作更加科学化、规范化、制度化、人性化和专业化,拓展研学旅行基地研究的广度、深度和梯度,开创研学旅行基地研究及课程研发工作的新格局,推动研学实践教育质量的全面提高;认真制订研学旅行课程研发工作计划,按照工作计划有步骤、有重点地开展课程研发工作;做好教科研及课程研发活动情况记录,完成学期、学年度工作总结;承担领导小组交办的其他工作。

② 研学旅行课程实施小组工作职责:负责研学旅行基地课程方案和各项教育教学管理制度的具体落实工作;负责研学旅行课程实施过程的管理工作,以及研学团组的管理工作;做好研学旅行课程实施的质量检测、评价分析和学生学分认定工作,指导研学旅游指导师全面贯彻落实"新课标"的精神,保证课程实施的质量;承担领导小组交办的其他工作。

③ 研学旅行课程评估小组工作职责:严格按照相关要求,对研学旅行课程的教学理念、组织管理、教学计划,以及研学旅行基地的课程设置、课程管理、师资队伍建设、部室建设进行全面系统评估。

④ 设施设备及后勤保障小组工作职责:严格执行"统一领导,分级管理,管用结合"的原则,有计划地进行教学设施设备的购置。管理、使用教学设施设备的人员,应明确岗位职责,熟悉业务,保证人员安排相对稳定。注重教学设施设备的日常维护、维修工作,以延长其使用年限。加强教师教学设施设备应用能力培训,注重教学设施设备的应用研究,发挥教学设施设备的积极效用。建立教学设施设备使用考核评比制度,努力提高教学设施设备的利用率。负责后勤保障、隔离区域的设置和保障、环境保洁消毒和转运车辆的调度;做好进出人员的登记;加强与地方公安部门的联系,做好研学旅行基地内外的安保防范工作。承担领导小组交办的其他工作。

⑤ 外联组工作职责:积极发挥本组作用,与有可能成为合作伙伴的各企业、学校以及涉及的相关政府职能部门做好沟通与交流,建立良好的合作关系,以便这些合作伙伴能为研学旅行基地开展的各项活动提供所需物资,保障活动设施设备完善、服务到位。并定期向教育主管部门汇报基地研学实践教育工作情况,以便教育主管部门根据

研学旅行基地的工作进展,及时对后续工作做好指挥与安排。

3. 具体工作要求

(1)信息及时报告。严格实行研学旅行基地课程安全教育指导手册等的制度要求,做好应急预案,与研学旅行基地有关的安全事故应及时向上级汇报。

(2)增强责任意识和大局意识,确保研学旅行基地的工作宽到边、沉到底,全覆盖、无死角。保证各个岗位都有人员在岗,安排工作任务时,有足够的力量完成好各项工作。

任务三　自然生态专题课程设计

任务导入

党的十八大以来,我国生态文明建设步入快车道,自然教育受到广泛关注。党的十九大报告提出"加快生态文明体制改革,建设美丽中国。人与自然是生命共同体,人类必须尊重自然、顺应自然、保护自然"。党的二十大报告提出要构建"人与自然和谐共生的现代化"。习近平总书记多次强调:建设生态文明,关乎人民福祉,关乎民族未来。我国坚持人与自然和谐共生,坚持节约资源和保护环境的基本国策,这也是我国自然教育的基本指向。

任务解析

理解生态文明与自然教育的关系是设计自然生态专题课程的基本要求。

任务重点

(1)设定清晰的课程目标,在课程设计环节中多采用实践体验的方式,引导学生讨论与自然生态相关的问题,并设计课程评价环节。

(2)结合研学旅行基地设计出与当地特色文化、自然生态活动相契合的主题活动,确保课程独具特色。

任务难点

(1)自然生态专题课程涉及的学科比较广泛,如自然、社会、生物、地理等学科,我们在设计自然生态专题课程时,须将这些学科知识有效整合,梳理成各学龄段学生易于接受的知识内容。

(2)要想实现在自然生态专题课程实施中培养学生的情感态度与价值观,就应在开发设计课程时进行创新,融入教育教学智慧,实现实践性与教育性的融合。

任务实施

一、自然生态专题课程的内涵与目标

（一）自然生态专题课程的内涵

自然生态专题课程以自然界的万物为载体，开展生态课程，让学生感受生活、热爱生活、享受生活。保护自然生态是自然教育的重点，通过体悟自然、传承文明，培养保护生态环境的责任感和行动力。以下从不同层面对自然生态专题课程的内涵进行分析。

（1）知识层面：自然生态专题课程会涉及生物多样性、生态系统功能、环境保护等方面的知识，可以让学生了解自然界的运行规律和生态系统的运作方式。

（2）技能层面：通过实践性和探究性的学习活动，学生可以掌握观察、记录、分析自然生态的相关技能。同时，他们还能学会通过实际行动参与保护环境，如进行垃圾分类、植树造林等。

（3）价值观层面：自然生态专题课程强调人与自然的和谐共处，培养学生的生态意识和环保意识。通过体验和感悟自然之美，学生能够树立尊重自然、保护自然的价值观。

（4）情感层面：学生通过与自然的亲密接触，培养对大自然的热爱和敬畏之情，学会尊重和珍惜生命。

（5）实践应用层面：自然生态专题课程强调将所学知识和技能应用于实际生活中，鼓励学生将环保理念付诸行动，在日常生活中践行节约资源、减少污染、保护生态环境。

综上所述，自然生态专题课程是一个多维度的课程体系，旨在提升学生对自然环境的认识，培养学生尊重和保护自然的情感、态度和价值观，并最终落实到具体的环保行动中。

（二）自然生态专题课程的目标

1. 知识与技能目标

（1）通过接触大自然，将科普知识与感官体验相结合，在自然生态课堂中仔细观察生态系统中的各种要素，加深对自然生态的理解，学会独立思考和判断。

（2）能进行基本的实验和研究，探索自然生态现象的规律，掌握一定的研究方法和手段，增强实际操作能力。

（3）运用所学的知识对复杂的生态问题进行分析，找出关键因素，提出合理的解决方案，培养创新意识。

2. 过程与方法目标

（1）培养观察和探究能力，探究各种生物与其生存环境之间的关系，增强对自然环境的敏感度和好奇心。

（2）通过研究生态系统中的各种问题，培养分析和解决问题的能力，从而更好地应

对现实生活中的挑战。

(3)通过各种互动体验来提升动手实践能力,培养丰富的想象力和创造力,拓宽眼界,增强文化交流能力,培养交流分享的意识并能从中获得乐趣,促进自身在学习和成长等方面的第二次飞跃。

3.情感态度与价值观目标

(1)通过实践体验,学会珍惜自然资源,培养环保意识和责任感,树立可持续的发展理念。

(2)激发自主学习和团队协作的能力,培养与自然共情、与万物共生的能力。

(3)学会亲近自然,了解保护生态平衡的重要性,感知生命的神奇力量。

二、自然生态专题课程的内容

自然生态专题课程是一门探索自然环境与人类生活关系的课程,通过走进大自然,了解自然生态系统的基本原理、生物多样性、环境保护以及可持续发展等方面的知识,从而培养对自然环境的敬畏与爱护之心。自然生态专题课程的内容一般分为以下几部分。

1.生物多样性

生物多样性是自然生态中极为重要的部分,包括生物种类和生态系统的多样性。学生将学习不同生物体的基本特征、生命过程和生态关系,了解地球上存在的各种生物种类的总体数量,以及生物的分类、分布等。

2.生态系统功能及其相互关系

学生将了解生态系统是如何通过能量的流动和物质的循环维持自身的平衡和稳定的,以及物种之间的相互依存关系。

3.生态位与食物链

学生将学习物种在生态系统中所占据的特定位置和角色(生态位),以及不同物种之间由于摄食关系所形成的一种联系(食物链)。

4.生态环境

学生将在研学旅行基地学习不同的生态环境,如森林、草原、河流、湖泊、海洋等,了解它们的特点和相互关系。

5.环境保护与可持续发展

学生将了解人类活动对自然环境的影响,学会采取相关措施来保护环境,促进人与自然的和谐共生。

6.实践与应用

自然生态专题课程会安排实践活动,如观察动植物、进行实验研究等,让学生置身于自然环境,培养观察能力,以及分析和解决问题的能力。

通过自然生态专题课程,学生不仅能了解与自然生态相关的科学知识,还能培养环保意识和实践能力。

三、自然生态专题课程的设计原则与思路

（一）课程设计原则

首先要根据当地的自然环境、生态特点和文化背景,设计具有当地特色的研学旅行课程。

其次,应针对不同季节、自然现象设计出不同的课程主题,使学生能够深入探究某一领域的自然生态知识,提升将知识运用到实践中的能力。

再次,要考虑青少年学生学习和认知的特点,面向不同的学生设计的引导方法要有所差异。

最后,鼓励学生之间的互动与合作,通过小组讨论、团队协作等方式,培养学生的合作精神和沟通能力。

（二）课程设计思路

(1)明确研学旅行目标:包括培养学生观察和了解自然环境的能力、增强学生的生态意识和环保意识等。

(2)选择合适的研学旅行目的地:根据研学旅行目标,选择适合的自然生态研学旅行目的地,如具有丰富生物多样性和独特生态系统的自然保护区、森林公园等。

(3)制订研学旅行计划:制订详细的研学旅行计划,包括研学旅行时间、活动安排、人员配置等内容。

(4)设计研学旅行活动:包括观察和记录生态系统的组成、分析生态系统中的能量流动和物质循环等内容。

(5)注重实践与体验:通过实地考察、实验研究等方式,让学生亲身体验自然环境,培养其观察能力,以及分析和解决问题的能力。

(6)引导思考与反思:在研学旅行过程中,引导学生思考人类活动对自然环境的影响,以及如何采取措施来保护环境,促进人与自然的和谐共生。同时,也须引导学生反思自己的行为对环境的影响,培养其环保意识和责任感。

(7)评估研学旅行效果:在研学旅行结束后,须评估研学旅行效果,可以通过问卷调查、小组讨论等方式了解学生的收获和感受,以便不断改进和优化研学旅行课程方案的设计和实施。

总体而言,在设计自然生态专题课程时,须注重实践性和体验性,引导学生思考和反思,培养其环保意识和责任感。同时,也须注重安全保障工作,采取一系列措施确保学生的安全和健康。

四、自然生态专题课程设计案例①

下面以"走进高峰,穿梭森林,探索大自然秘密"研学旅行课程为例进行讲解。

1. 课程特色

(1) 走出课堂,走进缤纷世界。

(2) 通过研学旅行活动,走进高峰森林公园,探秘植物,开阔视野,丰富学习生活。

(3) 校企合作,"双师型"教师教授课程,"教学做"合一。

(4) 自我展现,自我锻炼,自我熏陶,自我成长。

2. 课程意义

(1) 以"课程+体验"的形式,培养学生的动手能力、创新精神和艺术创造力。

(2) 结合课程内容设计研学旅行线路,丰富学生的学习生活,培养学生对家乡的热爱之情。

(3) 以广西中草药植物为载体,加深对药用植物的认识,提升人文素养。

3. 课程说明

(1) 研学方向:自然生态。

(2) 活动时长:1天。

(3) 研学旅行目的地:高峰森林公园。

(4) 研学旅行对象:初中一年级学生。

4. 课程目标

(1) 在高峰森林公园探索森林的奥秘,亲近自然,了解森林文化。

(2) 通过体验与实践,了解大自然的馈赠,提升生态保护意识。

(3) 在探究活动中,培养团队协作意识、动手能力和吃苦耐劳的精神。

5. 学习领域

该研学旅行课程知识涉及生物、地理、自然、美术、科学、社会实践等相关学科领域。

6. 学习方式

学习方式包括自主选题、参观调研、多模态识读、动手体验、分享讨论等。

7. 课程安排

课程具体安排见表9-2,活动相关照片请扫二维码查看。

---

① 相关案例由广西中国旅行社有限公司的陈瀚峰编制。

表 9-2　课程具体安排

活动时间	活动主题	活动地点	活动内容	学科领域
行前	行前一课	学校	研学旅游指导师结合PPT进行课程导入,帮助学生初识高峰森林公园。同时,说明研学旅行线路、研学旅行注意事项,组织学生进行分组,并分配好研学任务,让学生带着问题进行研学,提升研学旅行实效	—
07:30—08:00	安全教育	学校	在学校操场集合,组织安全教育活动,说明研学旅行相关规则等	—
08:00—09:00	开启研学	学校	乘坐大巴前往研学旅行基地,开启森林探秘之旅,拥抱大自然	—
09:00—09:20	传承"艰苦创业"精神	高峰林场艰苦创业馆	(1)研学内容:参观高峰林场艰苦创业馆。展馆设计以林场林业发展历史和相关图片为主要内容,展示林业人生活、工作的老物件和各类林下经济产品。 (2)研学目标:传承"艰苦创业"精神	语文、历史
09:20—09:30	科技之美	影院	在裸眼3D极限飞球影院观看纪录片《壮美广西》	文化、科技
09:30—11:00	探秘林下经济"密码"	生命河谷	(1)研学内容: ①沿着生命河谷进行森林徒步。认识"中越友谊树"——灰木莲、异木棉、月季,以及草珊瑚、两面针等广西特色中草药植物,进行植物形态观察,了解广西中草药植物的作用,完成《植物探秘手册》。 ②手工制作"中草药植物养生锤"。利用园区的艾草、丁香、决明子等中草药植物,制作养生保健的锤子。 (2)研学目标:记录植物特性,根据探秘线索搜寻对应植物,完成自然笔记,了解森林文化	多学科融合
11:00—11:30	拥抱春天播种梦想	百草园	(1)劳动实践:组织学生参与植树活动,体验挖坑、培土、打水、浇树等劳作过程。 (2)研学目标:增强环保意识,做到维护"山水林田湖草沙生命共同体",做一名"植绿、护绿、爱绿"的绿色守护者	劳动实践
11:30—13:00	能量补充	餐厅	组织学生在餐厅享用快乐午餐(简餐)	—

活动相关照片

续表

活动时间	活动主题	活动地点	活动内容	学科领域
13:30—15:30	生态环保探究	大草坪	(1)实验探究：以实验的形式模拟水土流失。小组讨论水土流失的成因，并准备好相应的器材。研学旅游指导师组织学生通过实验探究水土流失与植被、降水量、土质、坡度的关系，结合对实验结果的分析，感受到生态保护的重要性。 (2)研学目标：全面了解水土流失的相关知识，提高实践能力，养成保护环境的良好习惯	自然
15:30—16:00	研学分享	空地	研学旅游指导师引导学生分享对生物多样性具体表现的理解，培养学生对自然生态的保护意识	多学科融合
16:00—17:00	满载而归	—	统一安排学生有序乘车，结束研学旅行活动	—

8. 研学成果

研学成果包括实验结果、劳动成果、自然笔记等。

9. 研学分享

(1) 以班级或年级为单位，展开自然资源调查，并组织"神奇的植物王国"主题班会。

(2) 小组成员可以以多元化的方式(如绘画、贴画、自然创意画、画报、PPT等)，完成"神奇的植物王国"主题作品，在主题班会上分享。

10. 人员匹配

(1) 研学旅游指导师：负责研学旅行课程的讲解和活动引导。

(2) 学校带队教师：协助研学旅游指导师开展课程导入的相关工作。

(3) 随团人员：负责团队后勤保障，并协调处理研学旅行过程中出现的问题。

任务四　科技创新专题课程设计

任务导入

研学旅游指导师小黄接到带领学生前往中国科学院光电技术研究所开展研学旅行活动的计划单，为了更好地开展研学旅行活动，小黄在设计学习计划单及研学旅行课程方案的同时，通过知网等线上平台查阅相关专业科技知识。在对学生进行研学行前课教学时，小黄将与科技创新发展有关的社会热点与课程内容结合，引起学生对本次研学旅行课程的极大兴趣。

　　研学旅游指导师小黄在组织开展科技创新专题课程的过程中有哪些地方值得借鉴？是否有可以改进的地方？

任务解析

科技创新专题课程的研发设计须与科技发展紧密结合。

任务重点

挖掘科技创新专题课程的内容。

任务难点

在设计科技创新专题课程时，将课程内容与前沿科技发展相结合。

任务实施

一、科技创新专题课程的内涵与目标

　　习近平总书记指出：科技是国家强盛之基，创新是民族进步之魂。科技兴则民族兴，科技强则国家强。站在新起点，我们比历史上任何时期都更接近中华民族伟大复兴的中国梦，实现中国梦离不开科技创新的助推。科技实力和创新能力决定着国家、民族的前途和命运。如何在课程教学中有效培养学生的核心素养，让学生爱科学、懂科学，成为当下科技创新专题课程内容设计的重中之重。

（一）科技创新专题课程的内涵

　　科技创新类研学旅行是将科技创新教育与研学旅行有机结合的一种学习方式，在活动中不仅可以丰富学生的科技文化知识，而且能培养学生的科学创新素养，为学生的全面发展奠定基础。我们在开展科技创新类研学旅行实践活动时，可以通过设计研学内容，运用多元的教学方法，让学生明确活动的目标，从而帮助学生快速投入到活动中，在提高活动效率和完成目标的基础上，进一步培养学生的科学创新素养。

（二）科技创新专题课程的目标

　　针对人才创新能力不足的问题，《国家中长期教育改革和发展规划纲要（2010—2020年）》提出了思路、举措，指出要加大教学模式和教学方法方面的改革。先试点再推开，注重对学生实施"学思结合、知行统一、因材施教"的培养，让每个学生找到适合自己的教育，激发他们的创造力和积极性。

　　国家的发展离不开科技。培养科技创新人才是改革的需求，也是时代的需求。从小引导和培养青少年对科学的兴趣，启发青少年的科学思维，对于培养科技创新人才至关重要。

二、科技创新专题课程的内容标准与活动建议

科技创新专题课程在内容上应以专业化、前沿化为特点,强调对科学的理解和对科学方法的掌握,而不是对科学知识的死记硬背。科技教育应真正做到具有多样性与针对性,因地制宜、因材施教,培养学生细心观察、认真思考的能力,将科学教育的内容与学生日常生活联系起来,引导学生了解自然和社会,并能利用学到的科学知识解决自身问题。本书参考段玉山等人的《研学旅行课程标准(二)——课程结构、课程内容》,将科技创新专题课程内容设置为科技发展、科技研发、科技建设、科技伦理等方面,主要体现数学、科学、物理、化学、生物、信息技术等学科在研学旅行中的作用,借助现代人工智能、VR、AR、3D打印等技术、科学探究和实验方法,依托科技馆、科技活动、科研机构、高等院校、国家重大工程、现代产业园区等,通过参观、讲座、实验操作等形式,培育学生科学伦理、创新意识、劳动观念等方面的素养。

(一) 科技创新专题课程的内容标准

1. 科技发展

实地认知科技发展过程及区域特征;评价科技发展成果对当地社会发展的贡献。

2. 科技研发

初步了解科技研发程序、方法;参与科技创新实践。

3. 科技建设

了解重大建设项目中的科技应用;参与科技建设活动,对当地科技建设提出意见或建议。

4. 科技伦理

评价现实科技项目中的科技伦理,在实践中提升科技伦理素养;感受、创造科学美。

(二) 科技创新专题课程的活动建议

(1) 参观科技场馆,体验科技实验、游艺设施,聆听解说,参与互动。走访政府科技部门,了解相关图书、科技情报、档案、方志等,访问相关网站。收集当地文献资料,调查科技重大项目的当地受众,撰写科技发展调查报告、科技实验报告,举办科技伦理讨论、辩论会,模拟科技立项论证会,结合校内设施开展小发明、小创新活动并举办成果展示汇报会。

(2) 参观高新技术开发区、高科技企业、高新农业园区、重大工程建设项目、科研机构和台站,了解实验、生产设施,聆听解说,开展调查。走访政府工业和信息化部、农业农村部、交通运输部、生态环境部门、国防部、教育部等,了解相关图书、科技情报等,访问相关网站。

(3) 收集当地文献资料,调查科技成果的当地受众,撰写科技应用调查报告,举办

以"科技与生活""科技与社会""科技与城乡""科技与环境""科技与海洋""科技与军事""科技与艺术""科技与人生规划"等为主题的讨论、辩论会,模拟科技立项论证会,结合校内设施开展与科研机构和高科技企业合作的科技活动,定期举办成果展示汇报会。

(4)参加学校与社会合作举办的以物种培育、农产品二维码追溯、无人机、3D打印、机器人、绿色用品、互联网营销、艺术科技等为专题的科技竞赛。

(5)参加国际、国家和地方科技组织、机构举办的各种专题科技考察活动。

三、科技创新专题课程的设计思路与原则

(一)课程设计思路

科技创新专题课程的开发和设计要充分考虑科技创新人才培养的特点,既要注重选取适合科技创新专题课程的教学方法,也要注重课程的目标定位、课程类型的系统性和全方位展示。科技创新专题课程的总体规划途径包括:兴趣培养—实验和观察—知识拓展—科学训练—参与科技实践活动。

在课程目标定位上,要充分考虑学生对科学态度和科学过程的理解,并针对课堂内容,设置课前和课后问题,设计"职业生涯"主题讨论,深入激发学生对科技的热情。在课程教学中,应鼓励学生分享有关科技创新的体悟,提升学生对科技创新的理解和兴趣。

在开展研学旅行活动之前,应规划完整的活动方案,明确活动的目标和方向,这样学生可以做好心理准备,知道自己研学旅行的目的,同时也能做好活动预设,规避活动中可能遇到的阻碍,从而推动活动顺利进行。在设计方案时,要结合学科特点、学生身心发展规律以及区域特点综合考虑,明确活动总目标,围绕总目标细化具体活动方案,从而保证活动过程井然有序,让学生朝着总目标探索求知,提高活动的质量和效率。此外,还可以进一步将活动总目标细化为多个小目标,从实现一个个小目标向实现总目标推进,以提高活动的规范性和科学性,提升学生的科学素养,促进学生身心健康发展。

(二)课程设计原则

1.教育性原则

在科技创新专题课程设计原则中,最重要的是教育性原则。教育性原则要求在设计课程时,应根据学生的兴趣特点,研发学生专属的教育计划或课程,如开发DIY实验、科学表演、探究式课程等;打造体现高度创新性、互动性、专业性的教育活动,并积极探索科技创新专题课程建设,力求与学校教育有效衔接。作为推动素质教育发展的重要载体,科技创新专题课程应当从促进学生身体和心理发展的角度出发,结合学生的现实生活,提高学生的综合素质。学生在研学旅行过程中所获得的体验,都是以一定的知识储备为前提的,因此,科技创新专题课程要在活动中深化对学生的科技创新

教育,注重跨学科知识的融合。同时,在课程的实施过程中,为避免出现"只研不学"、研学旅行活动与校内科技创新教育相割裂的情况,应始终贯彻教育性原则,多方面规范引导,组织学生开展探究式教学,引导学生认识与运用科技创新相关知识,通过协作探索、亲身体验的方式,在科技创新实践氛围中受到教育,确保学生掌握相关知识。

2. 体验性原则

学生参与研学旅行活动,在实践中获得直观感受,从而受到综合教育。因此,科技创新专题课程要特别强调体验性原则,突破传统课堂教学的局限,在创新性的科技类场馆中进行科技创新教育,引导学生在实践活动中学习,将理论密切联系实际。科技创新专题课程开发要以学生为中心,以学生的直观感受为主,指导学生进行实际操作,提升学生的参与感,让学生在实践过程中获得成长。传统的课堂教学注重学生的学习结果;科技创新专题课程教学则侧重于学生的学习过程与感受,引导学生在与环境的互动中认识世界,了解科技,深化对科技创新教育的理解。

3. 整合性原则

科技创新专题课程作为一门综合性实践活动课程,要将科技类研学旅行资源与校内相关教材、课标整合在一起,综合考虑学生的知识储备,对学生进行全方位教育。科技创新专题课程不仅要整合校内外的有利资源,衔接学生的课堂教学与校外生活,还要进行跨学科知识的融合,将各学科知识有机融入主题活动,促进学生综合素质的发展。此外,科技创新专题课程还可以整合利用不同的研学旅行资源。例如,在考虑当地实际情况的前提下,将同属于某一主题的科技馆、科研院校等资源整合在一起,丰富研学旅行活动的项目,开发多条研学旅行线路,以加深学生对科技创新主题活动的认识,并可以通过在不同场所对学生进行科技创新教育,来达到最优的教学效果。

4. 安全性原则

科技创新专题课程涉及的环节较多,且都是在校外进行,学生的安全自始至终都应得到有效保障。在校外开展活动时,因学生的自主管理能力和防范意识较弱,学生的安全问题显得尤为突出。在研学旅行活动开始前,学校和研学旅行基地应制订活动计划和紧急预案,选择安全的出行方式,对相关人员进行培训,检查好各项设施,避免产生不必要的风险;在研学旅行活动过程中,研学旅行基地的工作人员、学校教师应对每一位学生做好监督管理,防止出现安全事故;在研学旅行活动结束后,相关组织者应对安全管理工作内容进行及时总结,及时改进活动中的不足。要在研学旅行课程的每一环节落实好学生和教师的安全保障工作,明确各方责任,使学校、家长、研学旅行基地、学生都能放心。研学旅行安全管理工作是一项须不断改进、完善的工作,更应借鉴先进经验,并结合实际情况加以创新,这样才能保障研学旅行课程的顺利开展。

5. 多元化评价原则

在设计科技创新专题课程时,还须设置研学旅行活动的评价和反馈部分,汇总来自学校、研学旅行企业、学生、教师等多方对现阶段研学旅行情况的反馈与评价,为后续改进与提升课程提供重要参考信息。可按照科技发展、科技研发、科技建设、科技伦理四个维度对科技创新专题课程进行评价;还可以对学生的学习态度、学习方式、合作学习、问题解决、学习成果等方面进行具体的表现性评价。

四、科技创新专题课程设计案例

下面以广西研学旅行课程"探索地铁奥秘,感悟科技魅力"为例进行讲解。

(一)研学旅行对象

研学旅行对象为小学3—6年级学生。

(二)研学旅行目的地

研学旅行目的地为南宁轨道交通运营有限公司中小学生研学实践教育基地。该基地有着丰富且独具特色的科普资源(如研学旅行场地、专业设备、专业师资等),截至2023年12月,该基地拥有7个车辆段、5条地铁线路、104个地铁车站,以及调度控制中心大楼等。学生走进南宁轨道交通运营有限公司中小学生研学实践教育基地,不仅可以了解到广西甚至全国地铁建设与发展的历程,感受到科技创新给人们出行带来的便捷,同时也能开阔眼界、增强实践动手能力,树立正确的劳动价值观与职业观,厚植家国情怀,增强民族自豪感。

(三)课程设计理念

本课程在设计时积极贯彻《中小学综合实践活动课程指导纲要》及党的二十大报告的要求。党的二十大报告强调"要坚持教育优先发展、科技自立自强、人才引领驱动,加快建设教育强国、科技强国、人才强国",办好人民满意的教育,完善科技创新体系,加快实施创新驱动发展战略,深入实施人才强国战略,不断塑造发展新动能新优势。从《全民科学素质行动规划纲要(2021—2035年)》到《关于新时代进一步加强科学技术普及工作的意见》再到党的二十大报告,都在推进科学教育,可见科学教育非常重要。

本课程以南宁轨道交通运营有限公司中小学生研学实践教育基地为依托,对南宁轨道交通研学旅行资源进行了深入了解、价值发掘和有效整合,并植入教育理念和方法,在确保安全的基础上,开展生动活泼、有序有效和具有目的地特色的科普研学实践教育活动,在教育"双减"下做好科学教育加法,激发青少年学生的好奇心、想象力、探求欲,让学生在研学实践的过程中,通过研中学、学中研、研中思、思中行,研学并举,知行合一,了解科技的发展动态,增长见识,拓宽文化视野,形成高尚情操,提高适应能力和应变能力,德智体美劳全面发展。

(四)课程目标

1.知识与技能目标

(1)观察学习智慧车站内的数字化、智能设施设备,搭乘华南地区首条全自动运行地铁线路,提升对科技创新改变生活的认知。

(2)运用数学方法与知识,对各个地铁站上下车人流进行相关统计与分析,感悟生活中的数学应用。

(3)揭秘南宁地铁调度控制中心是如何对地铁进行指挥与调度的,学习地铁模拟驾驶技术,当一回"地铁小司机"。

2.过程与方法目标

(1)通过科普讲解、现场见习、互动体验、观察调研等方式方法,运用所学的知识综合分析问题、解决问题,从而提升认知能力以及创新能力。

(2)通过"小小站务员"体验,主动宣传文明乘车礼仪与安全出行观念,提升乘坐地铁的安全意识与公民社会责任感。

(3)学习地铁驾驶知识,体验模拟驾驶培训实操,激发学习兴趣与职业兴趣,培养动手实践能力。

3.情感态度与价值观目标

(1)感受国家地铁科技发展的日新月异,体悟科技创新成果给人们出行带来的便利,激发好奇心和想象力,培养勇于探究的科技创新精神。

(2)深刻领悟科教兴国的重要意义,激发家国情怀,增强民族自豪感和自信心。

(3)通过职业启蒙教育,初识地铁运营中所涉及的不同工作岗位及其工作职责,树立正确的劳动价值观与职业观。

(五)学科链接

该研学旅行课程的关联学科及链接课程见表9-3。

表9-3 关联学科及链接课程

关联学科	链接课程
语文	人教部编版语文教材二年级上册课文《曹冲称象》
数学	人教部编版数学教材二年级下册课文《数据收集整理》; 人教部编版数学教材五年级下册课文《折线统计图》; 人教部编版数学教材六年级下册课文《绿色出行》
生活与科技	人教部编版生活与科技教材二年级第四册课文《各种各样的交通工具》
品德与社会	人教部编版品德与社会教材四年级上册课文《公共场所拒绝危险》《当危险发生的时候》

(六)课程安排

该研学旅行课程的具体安排见表9-4。

表9-4 课程具体安排

教学结构	时间	课程主题/地点	课程内容
导学	课程实施前三天	以班级为单位开展主题班会	(1)阅读导学:自主查阅书籍、网络信息等,收集资料,了解世界地铁的发展史、南宁乃至全国的地铁建设的发展历程与取得的成就。 (2)视频导学:组织观看轨道交通宣传短片(纪录片或短视频)。 (3)课题导学:了解研学流程及内容,分小组设计地铁研学课题方向以及制订研学旅行计划。 (4)安全教育:了解研学行程的线路安排以及安全注意事项
研学	08:30	在学校集合出发	在学校集合,统一乘车前往地铁广西大学站。研学旅游指导师发放研学旅行手册,并向学生介绍本次课程的具体安排,强调研学旅行活动的注意事项
	08:30—09:00	前往地铁广西大学站	抵达地铁广西大学站(M出口)大厅
	09:00—09:35	走进南宁首个数字化、智慧地铁站——广西大学站	走进广西首个智慧地铁站——广西大学站(5号线),了解地铁车站的数字化、智慧化服务,参观智慧电子信息屏、智能询问机器人,以及智能客服中心的先进设施设备,体验用AFC(自动售检票系统)购票
	09:40—10:00	探秘地铁站的中枢控制系统——综控室	参观地铁站的中枢控制系统——综控室,近距离观察控制系统、IBP盘(综合后备盘)、FAS图文电脑,了解综控室有哪些智能先进系统对列车运行、地铁站设备进行监察和控制,保障地铁站秩序与地铁安全、正常运营
	10:05—10:35	我是小站务员	(1)前往地铁5号线候车台,认识地铁站重要设备——屏蔽门,了解其发展史与重要作用。 (2)揭秘地铁5号线"防挤神器"是如何监测车厢拥挤度的。 (3)化身"小小站务员",诵读地铁安全文明"三字经",使用规范用语与礼仪动作指引乘客安全文明乘车
	10:40—11:10	我是地铁观察员	乘坐华南地区首条全自动运行地铁线路——5号线,感受科技创新给人们的出行带来的便捷(广西大学站—小鸡村站)。分组统计所在车厢每一站的上下车人数,并完成记录表,对比不同站点的上下车人数变化,找出人流变化的原因
	11:20—11:50	屯里车辆段	出站后,换乘接驳车前往轨道交通1号线屯里车辆段
	12:00—13:30	基地餐厅	中午在基地餐厅补充能量后,稍作休息

续表

教学结构	时间	课程主题/地点	课程内容
研学	13:40—14:20	科技筑梦向未来,强国少年勇担当	(1)认识南宁地铁工匠、劳模,了解他们的名字及事迹。 (2)观看中国地铁发展史的相关视频,了解中国地铁是如何走向世界前列的。 (3)在纸上写下自己对地铁未来的畅想,并将纸条贴到"梦想树"上
	14:25—15:10	我是"地铁小司机"	(1)了解并学习模拟驾驶室司控台的相关设施设备与功能。 (2)了解乘务运作方式,体验地铁司机独特的工作规范,如"手指口呼"等操作流程。 (3)亲自动手操作地铁模拟驾驶仪,体验地铁司机日常驾驶工作,当一回南宁"地铁小司机"
	15:15—15:20	轨道交通运营控制中心综合调度指挥大楼	乘坐接驳车,前往轨道交通运营控制中心综合调度指挥大楼A1楼
	15:30—15:55	探秘地铁"最强大脑"——OCC	(1)参观神秘的南宁地铁运营组织指挥"中枢"——OCC,了解OCC是如何对地铁进行运行调度与指挥的。 (2)认识地铁运营指挥中心——OCC的不同工作岗位与职责
	16:15	轨道交通运营控制中心综合调度指挥大楼	(1)颁发研学实践证书,合影留念。 (2)乘车返回学校,研学旅游指导师在车上总结点评当日的研学实践内容,学生分享收获与感想。 (3)完成研学旅行手册与成果汇报计划
展学	课程实施后一周内	以班级为单位组织主题班会	课后分组总结研学旅行成果,择日以班级为单位组织主题班会,开展成果汇报 完成研学旅行手册与成果汇报计划,学生可在下列任务中三选一。 (1)根据本次研学旅行活动,制作一份"南宁地铁5号线乘车指南"。 (2)南宁地铁文明小使者:向小区居民、学校同学、亲戚家人宣讲如何做到文明出行,向大家普及在地铁上遇到紧急情况时的处理办法,以及使用"儿童防丢绳"乘坐地铁的危害。 (3)给南宁轨道交通运营有限公司的一封信:通过你的观察,你认为南宁的地铁建设有哪些地方是值得肯定的,又有哪些地方还需要改善和提升?如果由你来设计一条经过你家的地铁线路,你将如何设计

续表

教学结构	时间	课程主题/地点	课程内容
评学	课程实施后一周内	以班级为单位组织主题班会	（1）各学员对自己在本次研学旅行活动中的表现进行自我评价。 （2）研学旅游指导师对学员在本次研学旅行过程中的表现打分。 （3）各小组学员在小组内部进行研学旅行活动表现互评。 （4）班主任对学生汇报作品给予点评

（七）服务保障

相关服务保障的具体内容见表9-5。

表9-5 相关服务保障

安全保障	组织系统的学生安全课堂
	对每位工作人员均有定期安全培训，相关工作人员有能力应对突发事件
	有安全突发事件处理预案
食宿保障	严选住宿环境安全、整洁、卫生的酒店或研学旅行营地
组织保障	就餐场所均依法取得食品生产许可、食品流通许可、餐饮服务许可等，并对食材及卫生条件进行不定期抽查，确保饮食安全
	有完善的组织系统，各项工作事宜均落实到每个组织部门
制度保障	《研学旅行安全管理制度》
	《研学旅行服务规范准则》
	《研学旅行统筹管理制度》
	《研学旅行住宿管理制度》
	《研学旅行行为规范准则》
保险保障	为每位学生投保保额为30万元的意外险
团队保障	根据研学旅行对象人数和课程安排，配备数量充裕的后勤服务保障人员
	配备专业且数量充足的研学旅游指导师，保障研学旅行质量
交通保障	出行选用有运营资质的空调大巴车，并派用驾驶经验丰富的司机，保证行程安全、舒适
医疗保障	配备随团医务人员及常备药品（如防晕车药物、感冒治疗对症药品、抗过敏药品、止泻药品、消毒药品、防治中暑药品等），提前熟悉离研学旅行营地最近的三甲医院，以备不时之需
应急保障	有科学合理、可执行的应急预案

任务五　劳动教育专题课程设计

任务导入

从茹毛饮血到刀耕火种,人类文明的发展历史也是通过劳动利用自然、改造自然的历史。五谷飘香,牛羊成群,这些资源既是自然的馈赠,也凝结了人类的智慧。如今的学生都在"钢筋水泥"里长大,缺乏劳动锻炼,他们对于劳动的认知不深,多半将"劳动"片面理解为体力劳作。只有遵循学生的身心发展规律,有计划地在校外安排劳动教育,才能真正落实立德树人根本任务。

2020年中共中央、国务院印发的《关于全面加强新时代大中小学劳动教育的意见》提出,"根据各学段特点,在大中小学设立劳动教育必修课程""中小学劳动教育课每周不少于1课时""将劳动素养纳入学生综合素质评价体系"。根据该文件精神,可以看出劳动教育的重要性。

任务解析

(1)应该如何设计劳动教育专题课程并使其服务于学校的劳动教育课程呢?
(2)劳动教育可以通过哪些方式开展?

任务重点

(1)注重培养学生的劳动技能,引导学生通过实际操作培养动手能力和解决问题的能力。
(2)引导学生了解劳动的价值和意义,让学生体验劳动的艰辛和乐趣,加深对劳动光荣的理解。
注重培养学生的环保意识,引导学生保护环境,节约资源,加深对绿色发展理念的认同。

任务难点

(1)将理论知识与实际操作有效结合,确保学生在实践中能够真正理解和应用所学知识。
(2)能够在有限的资源条件下设计出高质量的劳动教育专题课程。
(3)能够不断更新和拓展劳动教育专题课程的内容,使其更加符合现代教育的理念和要求。

任务实施

一、劳动教育专题课程的内涵与目标

（一）劳动教育专题课程的内涵

劳动教育是指遵循学生身心发展的规律，引导学生在学习劳动与实践过程中逐步形成适应个人发展和社会发展的正确价值观、必备品格和关键能力。从学生自身来说，劳动能让学生感到幸福，获得成就感；从价值方面来说，劳动有利于培养人的"三观"（世界观、人生观、价值观），营造良好的社会风气。因此，我们可以整合家庭劳动教育与社会劳动教育，遵循学生身心发展规律，对劳动教育专题课程进行整体的设计和规划。

（二）劳动教育专题课程的目标

1. 知识与技能目标

（1）树立正确的劳动观念，认识到"劳动最伟大"，培育热爱劳动、尊重劳动者的正向情感。

（2）通过劳动知识科普活动，了解劳作的不同种类，以及劳作的方法和技巧，培养观察力、审美力和创造力。

（3）通过参加生产劳动，初步养成认真负责、吃苦耐劳的品质。

2. 过程与方法目标

（1）发展初步的筹划思维，形成必备的劳动技能，并具有一定的设计能力。

（2）学习特定的工艺或劳作方法，能够运用多学科知识解决遇到的问题，并完成劳动任务。

（3）在劳动体验中涵养德行、升华人格。

3. 情感态度与价值观目标

（1）学习并领会劳动精神、劳模精神、工匠精神。

（2）通过持续性劳动实践，领悟并自觉弘扬勤俭节约、创新奉献的劳动精神。

二、劳动教育专题课程的内容

首先，劳动教育专题课程应以创新、实践、奉献为引导，完善"劳育为本，全面发展"的培养体系，根据学生不同阶段的特点和身心发展的规律设计课程内容。例如：对于小学低年级的学生，应引导学生认识劳动，学习劳动；对于小学中高年级的学生，应侧重培养学生的劳动习惯；对于初中生，应以劳动探索为主，引导学生进一步认识自我，提高学生的劳动创造能力；对于高中生，应以树立劳动志向为主，引导学生学习工匠精神，完善自己的生涯规划。

其次，劳动教育专题课程内容应涵盖不同领域的劳动知识和技能，帮助学生全面

了解劳动的本质和意义,提高学生的综合素质和社会适应能力。

最后,劳动教育专题课程内容应关注时代发展和社会需求,在设计时应结合当前科技发展情况和行业趋势,引入最新的劳动技能和知识等,使课程内容更加贴近实际生活和工作。

三、劳动教育专题课程的设计原则与思路

(一)课程设计原则

当前部分地区的学校存在劳动教育形式较为单一,课堂内以系统讲授劳动理论知识为主,校园场地资源有限,课程碎片化,课程内容大多与传统手工业或机械制造业中的传统项目有关,与学生的生活实际联系得不够紧密,不能调动学生主动参与劳动的热情等问题。因此,在设计劳动教育专题课程时,应明确目标,以培养学生的劳动观念、劳动技能和创新精神为重点,以促进学生的全面发展;应深挖现代企业或新农事下的劳动体验,并做到多方协同,形成育人合力,引导学生树立正确的劳动观念,激发学生的创新意识。

(二)课程设计思路

依据劳动的主题、涉及的领域等内容,可以设计以下课程方向。

1. 手工技能课程方向

手工技能包括手工编织、木工制作、厨艺等。该课程方向注重培养学生的动手能力和实践操作能力。

2. 生产劳动课程方向

生产劳动包括农业劳动、工业劳动等。该课程方向注重引导学生体悟生产过程和劳动的艰辛,培养学生积极的劳动意识和正确的劳动习惯。

3. 社会服务课程方向

社会服务包括志愿服务、社区服务等。该课程方向注重引导学生服务社会,在实践的过程中培养学生的社会责任感和公民意识。

4. 家政服务课程方向

家政服务包括家庭卫生清洁、家居维修等。该课程方向注重引导学生了解家庭生活技能和家务管理,提高学生的生活自理能力。

5. 创新创造课程方向

创新创造包括创意设计、科技制作等。该课程方向注重激发学生的创新思维和创造力,培养学生的创新精神和实践能力。

6. 职业规划课程方向

职业规划包括职业生涯规划、职业技能培训等。该课程方向注重帮助学生了解相关职业的发展情况和就业前景,提高学生的职业素养和就业竞争力。

总之,在设计劳动教育专题课程时,应注重课程内容的实践性和综合性,做到涵盖多个领域,以培养学生的全面素质和社会适应能力为目标。同时也要根据学生的年龄和兴趣特点,选择适合的劳动教育方式和内容,让学生在劳动中获得成长和进步。

四、劳动教育专题课程设计案例①

下面以研学旅行课程"自然'稻'理"为例进行讲解。

(一)课程说明

该课程坚持将自然课堂与生态稻田相结合,以寓教于乐的形式进行劳动教育的普及,让学生感受丰收带来的乐趣,引导学生热爱劳动,学会感恩,养成珍惜粮食的良好习惯;引导学生观察与思考,并进行大胆创作,学会表达自己的感情,培养艺术的思维和感知力。

(二)课程方案

(1)课程主题:自然"稻"理。
(2)研学旅行目的地:广西南宁水稻基地。
(3)研学旅行对象:小学四年级学生。

(三)课程目标

(1)通过水稻知识科普,了解水稻的种类、种植技术、病虫害防治措施,掌握农作物种植的相关知识;通过观赏稻田风光,培养观察力、审美力和创造力。

(2)通过体验割稻、拾稻、捆稻,学习农耕技巧,体验到农事劳作的不易,培养劳动的自豪感,领悟农业发展的重要意义。

(四)课程内容及安排

具体课程内容及安排见表9-6。

表9-6 课程内容及安排

活动主题	活动内容	活动目的	关联学科
行前一课	学生在学校集合,乘大巴前往水稻基地	—	—
前往基地	研学旅游指导师在大巴上对学生进行水稻相关知识科普	稻田初认知	地理
3D艺术稻田	学生乘坐小火车,近距离感受稻田的稻香;登上水稻观景平台欣赏3D艺术稻田的艺术风格	陶冶艺术情操,在心中描绘属于自己的稻田艺术画	美术

---

① 相关案例由南宁中国青年旅行社罗欣提供、广西中国旅行社有限公司陈瀚峰整理。

续表

活动主题	活动内容	活动目的	关联学科
稻田课堂	引导学生思考问题：水稻是南方人的主食来源，那么米饭又是如何制成的呢	将理论知识与生活实际紧密联系起来，了解米粒的构成以及水稻成长过程，激发学习热情	历史、语文
稻田课堂	农业技术人员讲解稻田的病虫害防治措施，引导学生学习水稻收割步骤，为学生分发工具，并讲解安全注意事项	了解水稻种植的田间管理模式，熟悉收割水稻的方法	科学
收割水稻	学生下到稻田中，拿起镰刀亲身体验农事劳作，参与水稻收割等劳动	掌握正确、快速收割水稻的方法；体会劳动的不易，学会热爱劳动和劳动人民	劳技
稻谷脱粒	学生在研学旅游指导师带领下，分组进行稻谷捆扎和脱粒实践	了解米饭背后的故事，体会"谁知盘中餐，粒粒皆辛苦"的深刻含义	品德与社会
补充能量	学生品尝由当地食材制作的特色簸箕宴	学会珍惜和感恩，感悟"劳动最伟大"	—
非遗手工	学生在研学旅游指导师的带领下，了解非遗传承技艺——点米成画，并动手设计属于自己的非遗作品	陶冶艺术情操，培养热爱生活的态度	美术
美食制作	学生以小组为单位，通过磨米浆制作岭南特色肠粉	理解团队协作的重要性，意识到饮食文化传承的重要性	—
交流分享	学生进行总结分享，完成研学旅行手册	—	—

（五）服务体系/后勤保障

（1）车辆：配备空调旅游车。
（2）用餐：享用特色簸箕宴。
（3）服务：专业研学旅游指导师全程讲解，辅导教师全程陪护。
（4）保险：为学生投保旅游人身意外伤害险。

项目小结

本项目结合研学旅行典型专题课程，主要介绍了研学旅行专题课程的内涵与目标，以及研学旅行专题课程的设计原则和思路。学生通过本项目的学习，可以基本掌握各类研学旅行专题课程的内容设计方法。

研学旅行课程设计

⛵ **技能训练**

以小组为单位,选择所在城市某一专题类型的中小学生研学实践教育基地(营地),设计一日研学旅行课程方案,并结合课程方案组织相关研学旅行活动。

参考文献

[1] 李岑虎.研学旅行课程设计[M].3版.北京:旅游教育出版社,2023.

[2] 邓德智,刘乃忠,景朝霞.研学旅行课程设计与实施[M].北京:高等教育出版社,2021.

[3] 罗祖兵.研学旅行课程设计[M].北京:中国人民大学出版社,2022.

[4] 彭其斌.研学旅行课程概论[M].济南:山东教育出版社,2019.

[5] 李立欣.研学旅行课程的设计与范例[M].太原:山西科学技术出版社,2020.

[6] 梅继开,张丽利.研学旅行课程开发与管理[M].武汉:华中科技大学出版社,2023.

[7] 王道俊,郭文安.教育学[M].7版.北京:人民教育出版社,2016.

[8] 全国十二所重点师范大学.教育学基础[M].3版.北京:教育科学出版社,2014.

[9] 钟启泉,汪霞,王文静.课程与教学论[M].上海:华东师范大学出版社,2011.

[10] 王亚超,邓德智,王彬.研学旅行指导师理论与实务[M].北京:中国旅游出版社,2020.

[11] 薛兵旺,杨崇君.研学旅行概论[M].3版.北京:旅游教育出版社,2023.

[12] 许昌斌,李玺.研学旅行项目开发与运营[M].武汉:华中科技大学出版社,2023.

[13] 胡光明,徐志伟.研学旅行运营实务[M].北京:人民邮电出版社,2022.

[14] 吴颖惠.研学旅行学校指导手册[M].北京:北京师范大学出版社,2022.

[15] 韦欣仪,邹晓青.研学旅行产品设计[M].武汉:华中科技大学出版社,2023.

[16] 李建刚,谷音,王军.研学导师实务[M].武汉:华中科技大学出版社,2022.

[17] 邓青.研学活动课程设计与实践[M].北京:高等教育出版社,2022.

[18] 魏巴德,邓青.研学旅行实操手册[M].北京:教育科学出版社,2020.

[19] 余国志.研学实战方法论[M].北京:中国旅游出版社,2020.

[20] 李文,吴小勇,张晓霞.研学旅行课程的地理担当[J].中学地理教学参考,2018(5).

[21] 万方.湘西德夯苗寨体育研学旅行课程设计研究[J].旅游纵览,2020(23).

[22] 莫明星,胡英清,邱团,等.中国景区青少年营地教育设计研究[J].体育科技,2017,38(5).

[23] 殷世东,汤碧枝.研学旅行与学生发展核心素养的提升[J].东北师大学报(哲学社会科学版),2019(2).

[24] 张帝,陈怡,罗军.最好的学习方式是去经历:研学旅行课程的校本设计与实

施——以重庆市巴蜀小学为例[J].人民教育,2017(23).

[25] 袁也,吴福忠,林峰.基于跨学科主题学习的地理研学旅行案例设计——以"区域发展"为例[J].地理教学,2023(11).

[26] 邹明贵.基于项目式学习的研学主题课程设计与实践——以鹤山市大雁山公园研学旅行为例[J].中学历史教学参考,2021(24).

[27] 肖劲.中小学工业研学旅行课程设计研究与实践——以湖南株洲"动力之旅"研学主题为例[J].教育观察,2023(17).

[28] 宋世云,刘晓宇.中小学研学旅行课程建构的基本要素[J].教学与管理,2020(31).

[29] 刘晓宇.研学旅行课程主题深化的路径[J].教学与管理,2021(25).

[30] 娄晓黎.地理研学旅行中目标和路线的设计问题及改进[J].地理教学,2020(23).

[31] 段玉山,袁书琪,郭锋涛,等.研学旅行课程标准(一)——前言、课程性质与定位、课程基本理念、课程目标[J].地理教学,2019(5).

[32] 张春丽,王艳芝,程黎,等.创意物化的理论探析与实践思考[J].中国教育学刊,2020(9).

[33] 张天麟.一个教学改革的突破口——教育目标分类法[J].教育丛论,1989(1).

[34] 施良方.泰勒的《课程与教学的基本原理》——兼述美国课程理论的兴起与发展[J].华东师范大学学报(教育科学版),1992(4).

[35] 石伟平,周加仙.斯坦豪斯课程理论概述[J].外国教育资料,1999(2).

教学支持说明

为了改善教学效果,提高教材的使用效率,满足高校授课教师的教学需求,本套教材备有与纸质教材配套的教学课件和拓展资源(案例库、习题库等)。

为保证本教学课件及相关教学资料仅为教材使用者所得,我们将向使用本套教材的高校授课教师赠送教学课件或者相关教学资料,烦请授课教师通过加入旅游专家俱乐部QQ群或公众号等方式与我们联系,获取"电子资源申请表"文档并认真准确填写后发给我们,我们的联系方式如下:

地址:湖北省武汉市东湖新技术开发区华工科技园华工园六路

邮编:430223

研学旅行专家俱乐部QQ群号:487307447

研学旅行专家俱乐部
群号:487307447

扫码关注
柚书公众号

电子资源申请表

填表时间：_____年___月___日

1. 以下内容请教师按实际情况写，★为必填项。
2. 根据个人情况如实填写，相关内容可以酌情调整提交。

★姓名		★性别	□男 □女	出生年月		★职务	
						★职称	□教授 □副教授 □讲师 □助教
★学校				★院/系			
★教研室				★专业			
★办公电话		家庭电话			★移动电话		
★E-mail（请填写清晰）					★QQ号/微信号		
★联系地址					★邮编		

★现在主授课程情况	学生人数	教材所属出版社	教材满意度
课程一			□满意 □一般 □不满意
课程二			□满意 □一般 □不满意
课程三			□满意 □一般 □不满意
其 他			□满意 □一般 □不满意

教 材 出 版 信 息						
方向一		□准备写	□写作中	□已成稿	□已出版待修订	□有讲义
方向二		□准备写	□写作中	□已成稿	□已出版待修订	□有讲义
方向三		□准备写	□写作中	□已成稿	□已出版待修订	□有讲义

请教师认真填写表格下列内容，提供索取课件配套教材的相关信息，我社根据每位教师填表信息的完整性、授课情况与索取课件的相关性，以及教材使用的情况赠送教材的配套课件及相关教学资源。

ISBN（书号）	书名	作者	索取课件简要说明	学生人数（如选作教材）
			□教学 □参考	
			□教学 □参考	

★您对与课件配套的纸质教材的意见和建议，希望提供哪些配套教学资源：